中央高校基本科研业务费资助：中央司法警官学院监所治理体系和治理能力现代化研究专项项目“清末民国时期北京监狱研究（1907—1937）”（XYJS2101）的研究成果。

民国时期监狱近代化研究

——以北京监狱为例

崔嘉欣　著

河北大学出版社
·保定·

民国时期监狱近代化研究
——以北京监狱为例

出 版 人：朱文富
责任编辑：王红梅
装帧设计：杨艳霞
责任校对：耿兆飞
责任印制：常　凯

图书在版编目（CIP）数据

民国时期监狱近代化研究：以北京监狱为例／崔嘉欣著．-- 保定：河北大学出版社，2023.2
ISBN 978-7-5666-2032-3

Ⅰ．①民…　Ⅱ．①崔…　Ⅲ．①监狱－历史－研究－北京－民国　Ⅳ．① D929.6

中国国家版本馆 CIP 数据核字 (2023) 第 001286 号

出版发行：河北大学出版社
地址：河北省保定市七一东路 2666 号　邮编：071000
电话：0312-5073019　0312-5073029
邮箱：hbdxcbs818@163.com　网址：www.hbdxcbs.com
经　　销：全国新华书店
印　　刷：保定市北方胶印有限公司
幅面尺寸：170 mm×240 mm
印　　张：13.25
字　　数：210 千字
版　　次：2023 年 2 月第 1 版
印　　次：2023 年 2 月第 1 次印刷
书　　号：ISBN 978-7-5666-2032-3
定　　价：58.00 元

目　录

绪　论

一、选题缘起及研究意义

自19世纪中叶鸦片战争以后，随着西方列强侵略，清廷主权日削，国力日衰，中国逐渐由封建社会转变为半殖民地半封建社会，也被迫开始了由传统社会向近代社会的转型过程。到19世纪末，清政府在内外交困的情况下，被迫推行新政和监狱改良，在监狱改良过程中诞生了中国第一批新式监狱。其中，以北京监狱的发展最具代表性。

北京监狱自清末筹建到北京解放前，历经晚清、北洋政府、南京国民政府、日伪统治和抗战胜利后南京国民政府接收等五个时期，经历了从晚清监狱改良到民国狱制转型的整个历史过程。该监狱是中国近代第一座隶属于中央的新式监狱，一开始就作为“模范中之模范”的监狱建造，即使在1928年该监狱改属河北省地方监狱后，仍是全国其他各监狱学习的模本，具有很强的示范效应。因而，它在很大程度上是中国监狱由传统向近代转型过程的一个缩影，在近代中国监狱发展史上具有重要的历史地位及影响。然而，目前学术界对北京监狱的研究较为薄弱，已有成果或只观照晚清改良时期，或停留在对该监狱某些制度的孤立研究，缺乏对其历史及制度转型的完整性研究，更缺乏将其置于当时社会背景下，对其历史和经验教训加以深度分析与系统总结的成果。

本研究在以往研究成果基础上，以清末监狱改良时期、北洋政府时期和抗日战争全面爆发前的南京国民政府时期的北京监狱为主要研究对象，主要依据档案等原始资料，深入考察北京监狱的建立、发展与演变进程，分析该监狱不同阶段的组织机构变迁、教育教诲、罪犯作业制度演化和罪犯服刑状况，并对其做出较为全面、客观的评价，系统总结其转型的经验教训，说明北京监狱在民国时期中国狱制的转型与发展过程中产生的重要影响。本研究不仅在一定程度上弥补了民国时期监狱个案研究的不足，推动了近代地方监狱史研究，而且从近代中国监狱转型的高度对其加以审视和探讨，为深化和提升中国近代监狱史研究提供了具有典型意义的个案材料和理论支持。

二、学术史回顾

关于北京监狱问题的相关研究，主要涉及近代以来有关近代中国监狱史宏观研究与微观研究两个方面。

（一）国内近代监狱史研究

大体看来，国内的中国近代监狱史研究经历了如下三个阶段，并且每个阶段都呈现出不同的状况。

第一阶段：晚清到新中国成立前（20 世纪初至 1949 年）

自晚清以来，随着中国监狱改良运动的兴起，国内掀起了监狱学研究热潮，特别是进入民国以后，出现了一批著名的监狱研究者，如王元增、赵琛、李剑华、孙雄、严景耀、芮佳瑞等。他们的研究虽更多侧重于监狱学理论与实务层面，但其中也对晚清监狱改良以来的监狱史多有涉及。如王元增 1912 年编著、1913 年修订的《北京监狱纪实》和 1924 年所著的《监狱学》，虽分别是关于北京监狱实务和监狱学理论的著作，但其中也记录或反映了晚清以来该监狱的筹建和发展历程。他的《北京监狱作业实务汇编》一书则收集了 1915 年前北京监狱的丰富史料。孙雄、赵琛、芮佳瑞的监狱学著作，也往往以近代以来的监狱改良作为研究和理论依据，并提出了有关问题的观点和论述。尤其是孙雄在 1936 年出版的《监狱学》第四章中，对“我国监狱沿革及改良情形”做了专门考察，其中对清末改良、北洋政府时期和截至 1935 年的南京国民政府时期的监狱改良过程做了比较系统的研究。严景耀通过对 20 世纪初至 30 年代中国监狱的历史与现实进行分析考察，也对晚清以来的中国监狱改良提出了一些可贵看法。比如他认为清末民初监狱改良的“最大原动力，是要收回领事裁判权”①。因此，上述学者是中国近代监狱史的最早一批研究者，这一时期是中国近代监狱史研究的发轫和初步形成时期。这些学者指出了民国时期监狱改良中的一些问题，如经费匮乏、官僚腐败等，但在总体上给予了正面评价。

第二阶段：新中国成立到改革开放前（1949—1978 年）

1949 年新中国成立后，由于受苏联社会主义劳动改造思想与经验的影响，中国监狱学术研究领域盛行以苏联经验为模板的劳动改造学说体系，监狱研究注重对国家意识形态的演绎和诠释，近代中国监狱改良中的现代性因素被全盘否定，因而中国近代监狱史研究基本处于停滞状态。②

第三阶段：改革开放至今（1978 年至今）

改革开放后，尤其是 20 世纪 80 年代中期以后，随着原有劳改学体系的逐步调整，国内的监狱史研究缓慢复苏，一些通史性、专题性和地方性近代监狱研究成果相继问世。这些成果主要围绕以下三方面展开。

1. 中国狱制的近代化转型

20 世纪 80 年代中期后，国内监狱史研究受国内历史研究现代化范式的影响，逐步改变了原来注重对国家意识形态演绎和诠释的倾向，转而从狱制近代化转型角度展开对中国监狱史的研究。这既表现在一些通史类著作对近代监狱史的探讨上，也包括对晚清以来中国狱制转型进行探讨的专著或论文。薛梅卿主编的《中国监狱史》是中华人民共和国成立以来最早的一部通史性著作，首开中国监狱通史性研究之风气。该书在涉及民国时期的监狱状况时主要介绍了北洋政府时期的监狱立法和特点、概况及狱制特征，国民党政府时期监狱立法、监狱设置与管理体制，普通监狱与特殊监狱的不同体系，并揭示了其本质和特征，同时对民国时期普通监狱的具体管理制度也做了介绍。③ 万安中主编的《中国监狱史》对北洋政府的监狱立法和监狱改良管理制度进行了介绍，包括收监制度、监禁和戒护制度、给养制度、卫生与医疗制

---

① 民进中央宣传部编：《严景耀论文集》，开明出版社 1995 年版，第 76 页。

② 参见杨庆武《近代以来中国监狱史研究述评》，《河北工业大学学报》（社会科学版）2016 年第 3 期，第 55—62 页。

③ 参见薛梅卿主编《中国监狱史》，群众出版社 1986 年版。

度、劳役制度、教诲教育制度、释放制度等方面的内容，并深刻剖析了北洋军阀政府狱治的黑暗状况。对国民党政府监狱（1927—1949）主要从监狱立法、监狱的设置和管辖、管理制度等方面进行介绍，并揭示了国民党政府监狱统治的本质特性。① 张凤仙在其《中国监狱史》中也谈到了近代监狱史的状况，主要是将民国时期的监狱制度作为中国监狱发展过程的一个部分进行介绍，以揭示其本质。② 总体而言，这几部监狱通史多数是作为专业教材编著而成，虽然其内容对近代狱制转型有所涉及，但大多是制度层面的介绍，缺乏全面、系统和深刻的分析，难以展现近代狱制转型的全貌。

关于对近代狱制转型的评价，许章润认为："中国人对于狱制改革的觉悟是在清末沈家本改制时。此时，西方各国的狱制改革方兴未艾，其中心正逐步由英国移向美国。沈家本的狱制改革其实已是亡羊补牢，赶世界狱制改革的末班车了。"③ 赵晓华认为："从清末监狱改良的实际效果看，这场标志着中国法制近代化的运动无疑是失败的。"④ 在王勇看来，"沈家本改革中国旧监狱的主张，冲击了数千年的旧的狱政思想和旧的狱制，揭开中国监狱改良和关注罪犯权利的序幕"⑤。徐黎明认为，"在思想方面，它催生了中国近代监狱思想，初步实现从传统的注重惩罚折磨犯罪人的报应刑思想向注重改造教育犯罪人的教育刑论转型"；"在监狱体制方面，清末监狱改良事业开创了中国监狱史上近代监狱体制之先河"；"正缘于此，清末狱制基本为后来的民国政府所全盘承继，无论是在清末时期创建的罪犯习艺所、模范监狱，还是其时所培养的监狱管理人员，悉被民国政府纳入，改造利用，引中发挥，甚至连《大清监狱律草案》亦被作为后来的《中华民国监狱规则》之蓝本而予萧规曹随。"⑥

还有部分研究者对于诸如监狱管理机构、监狱管理人员、教育教诲、罪

---

① 参见万安中《中国监狱史》，中国政法大学出版社 2010 年版。

② 参见张凤仙《中国监狱史》，群众出版社 2004 年版。

③ 许章润：《清末对于西方狱制的接触和研究：一项法的历史和文化考察》，《南京大学法律评论》1995 年第 2 期，第 38—49 页。

④ 赵晓华：《清末法制改革中的人才准备》，《华南师范大学学报》2004 年第 2 期，第 89—94 页。

⑤ 王勇：《浅论清末的狱政改良》，山东大学 2005 年硕士学位论文。

⑥ 徐黎明：《清末监狱改革研究》，山东师范大学 2002 年硕士学位论文。

犯作业、罪犯日常生活等具体的实务问题进行了专题研究。通过这些研究，人们可以更为详细地了解监狱的细节和运作实态。监狱管理人员是刑罚执行的具体实施者，他们素质的高低直接关系着监狱制度的实施效果。梁翠等指出我国监狱官近代化始于清末监狱改良，主要表现在三个方面：一是新型监狱配置新型监狱官；二是设学堂、提品级、培育新型监狱官；三是颁布法律法规，明确监狱官职责。① 马自毅、王长芬认为，清末监狱改良，传统狱制逐渐转型，其最具近代意义者当属举办教育、培养监狱管理人员，优给津贴，提高品级，借"新人"行"新法"，以期"待遇隆则狷洁之士自至"，"登进严则贪墨之风自绝"。"然观念羁绊，学之无成，委任非人，使监狱改良的主角依然是观念尚未更新的旧人，善政未得善果。"② 关于罪犯的日常生活，对于常人来说充满着神秘感。孙春蕾对民国时期青岛监狱罪犯的衣着、饮食、居住、活动、医疗卫生、会见与书信等日常生活进行了考察，认为与古代监狱以"苦人""辱人"形式惩罚罪犯肉体和精神的手段不同，近代监狱对罪犯日常生活制度的规定体现了注重人道与人性化的特征。③ 对于罪犯作业问题，高艳认为我国传统劳役刑罚行刑效果不理想，清末地方监狱对罪犯作业的创办、收回治外法权的要求是清末民初时期罪犯作业得以推行与发展的原因，而经费短缺、产品积压、罪犯劳动力素质较差是制约罪犯作业发展的主要因素。④ 不过，其专著在实证分析方面有待进一步加强，而且对于罪犯作业制度异变为忽视社会功能一味追求经济效益，缺乏必要的分析与反思。对于罪犯教育教诲制度，张东平指出，教育教诲在近代以教育刑为理念的监狱制度中占有重要位置，教育教诲具有矫正罪犯思想、启迪人性与防治犯罪的双重功能，因而民国政府出台了多项监狱法律制度，规定了教育教诲制度的内容，确定了教育教诲优先的原则。⑤

---

① 参见梁翠、杨晓辉、王智新《浅析我国监狱官近代化之始》，《湖北警官学院学报》2011 年第 2 期，第 95—97 页。

② 马自毅、王长芬：《狱务人员与清末监狱改良》，《社会科学》2009 年第 8 期，第 152—158 页。

③ 参见孙春蕾《近代青岛监狱犯人日常生活史问题研究》，青岛大学 2018 年硕士学位论文。

④ 参见高艳《清末民初罪犯作业研究》，中国社会科学出版社 2008 年版，第 38—46 页。

⑤ 参见张东平《近代中国监狱的感化教育研究》，华东政法大学 2011 年博士学位论文。

2. 监狱思想研究

随着研究的深入，近代监狱史研究由制度层面延伸到了思想层面，一些监狱思想史论著对近代监狱思想进行了梳理和研究，成为监狱史论坛的新亮点。徐黎明在《近代监狱改良思想的兴起》一文中，考察了资产阶级改良派的监狱改良思想，认为它既是中西文化冲击碰撞的结果，又与当时的启蒙与救亡密切相连，肯定了它的积极意义。① 万安中的《我国狱政思想及其发展特征初探》从四个方面论述了我国狱政思想发展沿革的历史和特征，总结了狱政思想由野蛮到文明、阶级性、民族性以及影响监狱立法和监狱管理制度的发展规律，有一定的学术参考价值。②

徐黎明、刘媛媛、毛晓燕、蒋琳等对沈家本、董康等重要人物的狱制思想进行了具体的探讨。徐黎明指出，沈家本狱制思想的基础是“仁政与慎刑”，其狱政思想的宗旨是“感化主义”。沈家本认为“监狱者，感化人而非苦人辱人者也”。他很崇尚我国古代的明刑弼教、矜老怜幼的主张和近代资产阶级所提倡的感化主义，反对残酷的威吓、惩罚主义，主张犯罪的人是可以被感化的，监狱应是感化犯罪人的场所。③ 刘媛媛指出，沈家本提倡“刑者非威民之具，而以辅教之不足者也”，即沈家本认为刑罚是制止犯罪的手段，而非根本途径。根本途径则在于德政，在于教化。沈家本认为，很多人犯罪是由于缺少教化，将他们关押起来进行感化教育，能取得好的效果。纵不能尽人而感化之，即使十人中得六七人或四五人或二三人，则犯罪必日见其少，风俗也会日进于良，治安就可长保。④ 蒋琳对董康的狱制思想进行了分析，认为董康去日本考察接触到了西方先进的现代监狱思想，并将其与中国的监狱管理实际相结合，形成了他的监狱改良思想。董康主张监狱立法，对狱政进行改良，对刑罚制度进行改革，对罪犯的管理应遵循公平、严正、仁慈三个基本要素。⑤

① 参见徐黎明《近代监狱改良思想的兴起》，《山东工商学院学报》2004 年第 2 期，第 78—82 页。
② 参见万安中《我国狱政思想及其发展特征初探》，《学术研究》2002 年第 5 期，第 93—96 页。
③ 参见徐黎明《沈家本监狱改良思想探析》，《山东师范大学学报》2002 年第 4 期，第 75—78 页。
④ 参见刘媛媛《沈家本狱制思想及其实践》，中国政法大学 2007 年硕士学位论文。
⑤ 参见蒋琳《董康与清末监狱改良》，湘潭大学 2010 年硕士学位论文。

3. 地方监狱史研究

地方监狱史是中国监狱史研究中需要重点关注的内容。近年来，地方监狱史的研究多集中于对广东、天津、北京、上海、四川、陕西、山东等地监狱的考察。关于广东监狱史的研究，万安中教授一直致力于此，发表了多篇文章，主要有《清代广东监狱初探》①、《民国时期广东监狱发展研究》②、《试论北洋军阀时期广东的监狱》③、《国民党统治时期广东监狱发展探讨》④ 等。作者介绍了清代到民国时期广东监狱的设置与历史演变，对广东监狱的机构设置、人事管理制度、监犯管理进行了详细的介绍。万安中教授开启了广东监狱史研究的先河，对广东地方监狱史的研究具有重要意义。王树荣认为，民国时期广东地区的监狱具有自身鲜明的特点，其按照北洋政府和南京国民政府的监狱法律制度建设和管理，并结合广东自身的特点加以实行，使得广东省的监狱建设取得一定成效，监狱管理水平得到了进一步的发展。⑤ 秦娟的硕士论文《民国时期陕西监狱建设与管理研究》对民国时期陕西地方监狱的建设与管理制度进行了探讨，重点介绍了行刑制度、医疗卫生制度、教育教诲制度的内容，并分析了监狱管理存在的问题及原因（主要是经费短缺与缺乏有效的监督机制）。值得一提的是，文章对当时陕西监狱囚犯的生存状况进行了观照。⑥ 李雪梅对民国时期四川第一监狱的建设与管理进行了研究，对监狱的机构设置，管理人员的职位、薪资、奖惩与责任等进行了详细考察，指出了民国时期四川第一监狱管理存在的问题，对其原因进行了分析，如经费投入不足、监狱管理人员素质不高等。⑦ 张宁对国民政府时期湖北监狱管理制度进行了介绍，其认为国民党政府时期的湖北监狱制度是对广大人民群众的专政独裁工具，体现了国民党政府统治的黑暗与腐朽，但未对国民政府时期

① 万安中：《清代广东监狱初探》，《学术研究》1998 年第 6 期，第 66—68 页。

② 万安中：《民国时期广东监狱发展研究》，《广东社会科学》1995 年第 6 期，第 56—63 页。

③ 万安中：《试论北洋军阀时期广东的监狱》，《广东史志》2003 年第 3 期，第 24—27 页。

④ 万安中：《国民党统治时期广东监狱发展探讨》，《中山大学学报》2003 年第 3 期，第 84—88 页。

⑤ 参见王树荣《民国时期广东监狱建设与管理研究》，暨南大学 2008 年硕士学位论文。

⑥ 参见秦娟《民国时期陕西监狱建设与管理研究》，西北大学 2015 年硕士学位论文。

⑦ 参见李雪梅《民国时期四川第一监狱建设与管理研究》，四川师范大学 2010 年硕士学位论文。

监狱管理制度的进步性进行客观评价。[①] 杨猛认为民国时期河南监狱机构设置和制度运行在北洋政府和南京国民政府阶段既表现出相当的承继性，又各自具有不同的时代特点。[②] 对于近代以来上海监狱史的研究，目前现有的研究成果多集中于对提篮桥监狱的考察，如刘颖《提篮桥监狱与上海监狱制度的现代化初探》[③]、郑巧《上海提篮桥西牢与清末监狱改良：从报刊舆论出发（1901—1911）》[④]、徐家俊《上海提篮桥监狱》等。《上海提篮桥监狱》一书对提篮桥监狱的重大历史事件、管理人员、知名罪犯（如章太炎、邹容等）的服刑生活进行了介绍，但该著作仅是采取纪实的写法对提篮桥监狱的人与事进行叙述，缺乏学术性的研究。

（二）有关北京监狱的研究

笔者查阅中国知网、万方、维普等专业学术数据库发现，有关北京监狱的论文仅有 4 篇。赖生亮的硕士学位论文以京师第一监狱（北京监狱）为中心，通过考察分析罪犯权利、罪犯管理、教育教诲等制度在该监狱的实践状况，以宏观的角度对民国时期的监狱改良与现代化进行了研究。[⑤] 张东平的论文《民国时期的监狱图书馆及出版物——以京师第一监狱为中心》提到北京监狱除了建有图书馆外，还率先创办了监狱出版物，其对出版物登载内容的采撷与筛选，印证着监狱行刑模式的教育宗旨。[⑥] 姜中光的论文《中国第一座新式监狱建筑——京师模范监狱评析》介绍了京师模范监狱的建造缘由、过程、布局及建筑情况，指出作为阶级专政工具的监狱建筑有其特定的功能，

① 参见张宁《国民党政府时期湖北监狱管理制度研究》，《湖北警官学院学报》2006 年第 4 期，第 83—87 页。

② 参见杨猛《略论民国时期河南地方的监狱建设》，《河南司法警官职业学院学报》2006 年第 4 期，第 22—25 页。

③ 刘颖：《提篮桥监狱与上海监狱制度的现代化初探》，《广西政法管理干部学院学报》2011 年第 5 期，第 95—99 页。

④ 郑巧：《上海提篮桥西牢与清末监狱改良：从报刊舆论出发（1901—1911）》，复旦大学 2009 年硕士学位论文。

⑤ 参见赖生亮《民国时期的监狱改良与现代化——以北京监狱为中心的考察与分析》，首都师范大学 2008 年硕士学位论文。

⑥ 参见张东平《民国时期的监狱图书馆及出版物——以北京监狱为中心》，《山西师范大学学报》（社会科学版）2013 年第 4 期，第 139—142 页。

“该建筑的建成是中国监狱建筑的一大进步，是中国近代公共建筑中一个性质特殊的建筑遗物”①。该文只是从建筑学的角度对北京监狱的建筑进行了研究介绍，对于从历史学的角度研究北京监狱意义不大。高翔的《民国时期北京监狱“三科两所”管理体制研究》对北京监狱“三科两所”（“三科”即第一科、第二科、第三科，承担收监、拘禁、戒护、作业等职能；“两所”即教务所、医务所，承担教育教诲、医疗保障等职能）管理体制的内容、实际运行做了考察和评价。②

通过对上述研究成果的梳理可以看出，到目前为止，学界对于中国近代监狱史的宏观研究成果较为丰富，但对北京监狱的研究仍比较薄弱。这些成果对推进中国监狱史和北京监狱史研究具有重要价值，起到了促进作用，但存在的问题也不容忽视。从中国近代监狱史的宏观研究来看，现有研究成果质量参差不齐。在研究时段上，现有的研究大部分是集中于传统时代监狱体系及制度的研究，集中于清末监狱改良的研究，对民国时期监狱研究的成果相对较少。在研究内容上，现有的研究成果更多的是偏重于宏观制度层面的分析，侧重于相关法律条文的梳理，对微观层面的地方性以及特定类型的监狱研究相对薄弱。

从对北京监狱的研究看，其局限性主要是：第一，虽有个别论文对北京监狱的制度做了某些研究，但对该监狱本身的历史研究尚不完整、全面。以往的研究主要围绕监狱制度方面，而对其他方面鲜有涉及，如对监狱管理人员、罪犯的活动缺乏相应的研究，存在重制度、轻人事倾向，使监狱多重人物面相被枯燥的制度条文所遮蔽，因而不能反映其整体面貌。第二，存在重视制度设计、忽视制度实践状况的倾向，导致其评价往往过高，并依此作为近代监狱改良效果的依据，难以对近代监狱状况做出客观结论。第三，在资料的使用上，以往研究多使用文集、资料汇编等资料，对档案等一手资料使用相对较少，这也制约了研究成果的科学性和可信度。

---

① 姜中光：《中国第一座新式监狱建筑——京师模范监狱评析》，《北京建筑工程学院学报》1998年第1期，第72—83页。

② 参见高翔《民国时期北京监狱“三科两所”管理体制研究》，《河南师范大学学报》（哲学社会科学版）2016年第3期，第115—119页。

三、研究方法、研究思路与创新点

（一）研究方法

本书主要运用历史分析法、比较分析法和历史社会学分析法，对问题进行多层次、多角度、长时段研究。

历史分析法：从基本的历史史实出发，采用实证方法，将收集到的北京监狱原始档案资料和相关的文史资料进行整理、编排、比对、归纳、提炼、分析，坚持史论结合，以史带论，力求勾勒出清末民国时期北京监狱的发展历程，对其进行多层次、多角度、历史性与共时性的综合研究。

比较分析法：将北京监狱与传统监狱以及同时期中国的其他监狱加以比较，从而概括出该时期北京监狱的特点、地位及影响。

历史社会学分析法：把北京监狱看作一个“小社会”，并将这个“小社会”置于当时中国“大社会”下，探讨北京监狱与民国政局变动之间的关系及其在转型过程中所受到的影响。

（二）研究思路

本书拟采取经线与纬线相结合、微观与宏观相结合、理论与实际相结合、历史与现实相结合的“四结合”研究思路，对该时期的北京监狱进行多角度、多方位的研究。

经线与纬线相结合：在经线上，将其分为晚清创建、北洋政府时期快速发展、南京国民政府时期缓慢发展三个阶段，详述该监狱的建立与发展历程，并对各阶段状况做出评价；在纬线上，以监狱机构和管理人员、教育教诲、作业制度等为主线和重点，分别研究不同阶段的监狱狱政制度、行政管理制度的演变与不同阶段的特征，并分别做出评价，映射北京监狱对近代中国监狱的多重影响。通过经线与纬线的结合研究，完整、多维度地反映该时期北京监狱的发展面貌。

微观与宏观相结合：把北京监狱的个案研究置于近代中国宏观背景和国家政权本质下加以考察，为认识和评价该时期北京监狱制度的本质及其作用提供客观标准，对不同阶段和发展进程做出总体评价。

理论与实际相结合：不仅研究该监狱的制度设计，而且考察其制度的实际执行情况，在二者统一的基础上做出评价。同时，注重把新式监狱理念与当时中国实际特别是不同统治政权性质紧密联系，深入考察西式监狱理念在该监狱不同时期的植入、承接、转换与变异，客观、公正地评价其对狱犯改造和统治阶级所起的作用。

历史与现实相结合：既把握研究对象，对其进行客观的历史研究与评价，又关注现实，特别是总结该监狱的历史经验教训对于当前实行依法治监、建设现代监狱具有一定的启迪和借鉴作用。

（三）创新点

第一，本书通过对北京监狱管理机构与人员的考察，认为制定合理机制、选任合格监狱管理人员，并养成其适应近代教育刑的素养，是能否发挥近代监狱教化功能的重要前提。

第二，本书通过对北京监狱教育教诲实施状况的考察，认为该监狱教育教诲没有达到理想的效果，甚至发生异变。其原因主要在于其教育教诲实践与其他行刑实践一样，不得不面临种种内外矛盾，如教育教诲人员少与受教监犯人数多且不断增加的矛盾、现代教育刑制度与当时中国国情之间的矛盾以及当时国家政权性质与教育教诲需要之间的矛盾。这些矛盾造成了北京监狱教育教诲与教育刑制度和效果之间的明显差距。

第三，本书力求超越以往对该监狱仅限于清末、民初、南京国民政府某一时期或该监狱某一制度狭窄内容的研究局限，将北京监狱置于近代中国社会和狱制转型的潮流及当时的世界大背景下，对该监狱1907—1937年前后30年的历史进行长时段考察，以及对民国时期各项监狱制度在北京监狱实际运行状况的分析，说明北京监狱对民国时期中国狱制的转型与发展产生了重要影响。同时，也揭示出一所监狱在近代化转型过程中无法完全独立于历史与社会的影响，因而在制度的具体运行中出现诸多问题，制度与实践、理想与现实之间存在矛盾与差距。

四、基本概念与研究时段界定

（一）基本概念

1. 监狱

监狱的概念，有狭义、广义之分。狭义的监狱是指统治阶级关押已决犯的场所，即依照国家法律而设置的刑罚执行机构。西方学者把监狱概括为专门羁押自由刑罪犯的公共营造物，实际就是指法理意义上的既决监。从广义上说，监狱泛指以国家强制力为后盾，拘束、限制人身自由的关押或劳动场所。诸如自由刑（徒刑或拘役）罪犯判决后的执行场所；古代充军、流刑等犯人待解待发的羁押场所和发配劳役的场所；死刑犯暂时收监等候处决的场所；刑事被告人等嫌疑犯、未决犯的看守场所；危害社会治安的各种违法分子的拘留处所；少年罪犯、失教者的感化教养机构；皇室贵族的软禁之地；还有宗室贵族、地主、军阀、土豪、族祠私设的牢房等。本书研究对象和范围采狭义说。

2. 旧式监狱与新式监狱

新中国成立前的监狱，有传统旧式监狱和近代新式监狱之分。中国传统旧式监狱是一种羁押犯人等候审理以及拘禁证人的机构，其主要职能是关押犯人，防止犯人逃跑，“不外乎缧绁桎梏使犯人不至逃亡为毕事”①。并且依据犯罪者罪行的大小，对犯罪者施以相应的惩戒，主要是以肉体刑为主，这种基于“报应”思想的刑罚，是旧式监狱刑罚的基础。近代开始的狱政改革，引入了西方的司法理念，监狱成为对已经定罪的犯人施以刑罚和采取其他措施的场所。近代新式监狱执行刑罚是为了化除犯罪人的恶性，培养其生存技能，出狱后回复普通人的生活。②

民国时期北京的监狱主要分为三类：新式监狱、法院看守所和军人监狱。新式监狱又称新监，主要监禁被法院判处徒刑或拘役的犯人；法院看守所是关押刑事被告人，即未决犯的场所；军人监狱是监禁被判处徒刑和拘役的陆海空军人及视同军人的场所，同时也监禁依照法令受军事裁决的非军人。作为本书研究对象的北京监狱为新式监狱。

3. 北京监狱

北京监狱筹建于清末，启用于民国元年（1912），在近代中国历经晚清、北洋政府、南京国民政府、日伪统治和南京国民政府接收等五个时期。到新中国成立前人民政府接管该监狱为止，该监狱随着当时中国时局的变迁、政权更迭，前后经历了8次更名，使用了8个名称。

---

① 肖世杰：《清末监狱改良——思想与体制的重塑》，法律出版社2009年版，第6页。

② 参见芮佳瑞《监狱法论》，商务印书馆1934年版，第3—4页。

（1）京师模范监狱。清末监狱改良时期，把各省城建立的新式监狱称为“模范监狱”。因京师为首都，系“首善之区，观听所集”，并且该监狱为法部所属监狱，理应为“模范中之模范”①，因此，该监狱被命名为“京师模范监狱”。

（2）北京监狱。民国元年（1912）5月，中华民国北洋政府司法部派员接收京师模范监狱。同年8月17日，司法部认为监狱名称使用“模范”字样，既不足以规范将来，也似嫌赘复，于是将监狱更名为“北京监狱”，隶属北洋政府司法部，系中央监狱。

（3）京师第一监狱。民国二年（1913）7月7日，北洋政府司法部颁发《划一监狱、看守所名称办法令》，规定全国监狱一律以所在地命名。民国三年（1914）10月3日，北洋政府司法部令北京监狱改名为京师第一监狱，仍归司法部管辖。因当时北京有两所监狱，一所是北京监狱，另一所是宛平监狱，两所监狱同属京畿管辖，所以令北京监狱更名为京师第一监狱，宛平监狱更名为京师第二监狱。

（4）北平第一监狱。民国十七年（1928）6月3日，国民革命军北伐军攻占北京，推翻北洋政府。6月21日，南京国民政府令北京改名为北平特别市。6月28日，奉战地政务委员会命令，京师第一监狱更名为北平第一监狱。

（5）河北第一监狱。民国十七年（1928）7月14日，因北平市与京兆地区一起并入河北省，南京国民政府司法行政部为便于管辖，令北平第一监狱更名为河北第一监狱，归河北高等法院管辖。自此，该监狱由中央监狱变为地方监狱。

（6）北平河北第一监狱。民国二十三年（1934）5月26日，河北第一监狱奉命在名称之前冠以“北平”二字，名为北平河北第一监狱，以示地域上的区别，仍归河北高等法院管辖。

（7）北京第一监狱。民国二十六年（1937）8月，侵华日军攻占北平后，华北地区汉奸伪政权的警察局接管了北平河北第一监狱。民国二十七年（1938）7月，华北伪政权将北平改为北京特别市，北平河北第一监狱更名为北京第一监狱。

---

① 薛梅卿等编：《清末民初改良监狱专辑》，中国监狱学会1997年印刷，第41页。

（8）河北第一监狱。民国三十四年（1945）8月，侵华日军投降，汉奸伪政权被取缔，监狱复名河北第一监狱，隶属河北高等法院。

（9）河北北平第一监狱。民国三十七年（1948）1月，该监狱更名为河北北平第一监狱，隶属河北高等法院。

1949年1月，北平和平解放和人民政权接收该监狱后，先后更名为华北第一监狱、北京市人民法院监狱和北京市监狱。

由于该监狱更名较多，为便于研究，本书将在“北京监狱”概念下展开研究。

（二）研究时段

本书以该监狱1907年6月被清廷允准筹建，到1937年7月北京沦陷和该监狱落入日伪统治前后30年历史为研究时段。鉴于南京临时政府时期监狱改良暂时停顿的情况，本书以该监狱在晚清时期、北洋政府时期和南京国民政府统治时期状况为考察重点。如此界定其研究时段，主要是因为：该时段北京监狱性质和发展状态具有一致性和相对稳定性。其间，该监狱制度虽有部分改变，但总的来看，其半殖民地半封建社会监狱的基本性质未发生变化，且不少制度得到传承，因而能够比较真实地反映该监狱的面貌和本质。而1937年7月北京沦陷后至1945年日本投降前该监狱沦为日伪统治的工具，抗战胜利后国民党接收时期又处于不稳定状态，因而暂不将其纳入研究时限。当然，为更好地说明问题，本书在写作过程中根据研究主题需要，在内容上适当使用本时段前后的一些材料。

第一章　北京监狱的创建（1907—1911）

第一节　北京监狱创建的背景

北京监狱作为中国一所近代监狱，其创建问题似乎只涉及该监狱个案本身，但它并不是一座普通的近代监狱，而是中国第一座近代化中央监狱，并且是由中国腐朽的清王朝筹建的与其封建道统有很大不同的一所近代新式监狱，这使其超越了个案范畴，成为对清末监狱改良乃至清末新政有重要影响的全局性问题。因此，对北京监狱创建问题的探讨，必须将其置于当时整个中国社会和晚清王朝内政外交总体格局的宏观背景下加以考察，才能对这个封建王朝创建该监狱的动因做出深入和客观的说明。

一、中国传统狱制的基本特征

中国监狱自夏朝产生后，经历了几千年的发展，逐步形成了相当完备的封建监狱制度体系。尽管历代狱制有所不同，但由于其根本制度是构建在封建专制制度和小农经济基础之上，因而呈现出一些共同的特征。

（一）高度皇权专制

古代中国是一个皇（王）权高度专制的国家。皇帝具有至高无上、无所不包和几乎不受任何约束的绝对权力。监狱作为巩固自身统治、维护统治阶级利益的暴力机器，当然成为历代皇权中的重要组成部分。不管是监狱立法、狱官任免，还是狱政管理与监督，甚至犯人的生死予夺之权等都掌握在皇帝手中。

（二）实行行政、司法、狱政合体的监狱体制

目前，中国学界虽否定了流行多年的“诸法合体，民刑不分”所谓中华法系特征说①，但在司法实践上，实行行政、司法、狱政合体的司法体制是不争的事实。各王朝虽形式上有大理寺之类的立法机构和刑部之类的司法机构，但这些机构都是在皇帝专断之下的御用机构，均无独立权力可言，中央监狱也同样从属于皇帝控制下的刑部机关。其地方司法权及其最主要的司法机关——监狱，则直接由各级行政长官管辖，这些长官集行政权与司法权（包括监狱管理权）为一体。即使法典形式上“民刑有分”，但在司法实践上仍是“民刑不分”。同时，到清末之前有关监狱的“断狱”条文被涵盖在《唐律疏议》《大明律》和《大清律例》等法典当中，而始终未形成独立的监狱立法，使监狱立法在形式上具有分散性。这种行政、司法、狱政合体的司法及监狱体制，说明中国古代监狱深受皇权和地方行政权支配与干预，监狱不能也从未成为独立机关，而成为体现皇族大臣和地方统治者意志的工具，是狱政腐败和任意践踏罪犯权利的根源。

（三）形式上提倡礼法结合，实际上采取惩罚主义

儒家虽提出“明德慎罚”“德主刑辅”的礼法结合的治狱思想，并在一定程度上影响了当时的监狱制度与实务，使中国古代监狱时而闪现某种程度的慎刑、恤刑、悯囚的人文主义②之光，然而这一些在本质上不过是早熟的中国“统治者为维护封建统治，采用的政治欺骗手段罢了”③，其实际奉行的是威吓主义、惩罚主义和报复主义。“束其身体，节其饮食，隘其居处，无非多方折磨，启其悔过迁善之心。”④ 因此，监狱刑罚残忍、狱政黑暗、压榨残酷，被称为“人间地狱”。在南北朝之前，中国监狱仍沿用夏商周奴隶制时期的黥、劓、膑、宫、大辟等极其残忍的五刑制度。南北朝以后，虽转而实行笞、杖、

① 参见杨一凡《中华法系研究中的一个重大误区——“诸法合体、民刑不分”说质疑》，《中国社会科学》2002 年第 6 期，第 78—94 页。

② 参见王运红、张双英《人文主义视角下的中国古代监狱制度》，《河南科技大学学报》（社会科学版）2011 年第 5 期，第 87—92 页。

③ 万安中：《论中国古代监狱管理制度的沿革及其特征》，《广东社会科学》2000 年第 6 期，第 98—104 页。

④ 刘锦藻：《清朝续文献通考》，商务印书馆 1936 年版，第 9926 页。

徒、流、死五刑制度，但仍十分残酷和野蛮。封建统治者为惩罚罪犯并弥补其犯罪给社会带来的损失及行刑成本，实施残酷的劳役制度，强制他们从事繁重劳动，无偿为统治者创造财富。统治者试图通过威吓、惩罚和报复，震慑罪犯，减少犯罪。

（四）实行严明的等级特权制度

中国历史上法家的主要代表——商鞅虽提出“王子犯法与庶民同罪”思想，但不论哪个王朝实际上都鲜能做到，实际实行的是“礼不下庶人，刑不上大夫。刑人，不在君侧”。即使对皇族犯罪有所惩罚，一般也不经过司法程序，不交一般监狱收押，而是“刑于家室”或“幽于别所”，享受不同于一般罪犯的待遇。元朝和清朝在监狱管理上，明文规定蒙古族、满族罪犯在监狱中可享受多方面优越待遇，而在一般监狱关押的普通犯人则遭受前述的残酷折磨与压榨。

到清代，清廷在继承历代尤其是明朝法律的基础上制定了《大清律例》，使古代狱制更加完备，成为中国古代狱制的集大成者。①清朝为呈现“修德安民”的形象，对刑律做了某些改革，使一些惩罚如笞刑、杖刑等由重变轻，但为强化统治，更多刑罚是由轻变重②，如死刑中的凌迟刑，不论在适用范围和行刑方式上都有所扩大，因而清朝监狱的残酷与黑暗也达于顶峰。据清咸丰年间《居官日省录》卷四描述：“罪人之苦，牢狱为最。”“监狱为至苦不堪之地。禁卒牢头，为残忍狠毒之人。罪人苟入其中，非买命有钱，未有不受异样凌虐者。夏月暑湿，冬月寒冻，尤易毙命。”“犯人入狱，性命悬于狱卒之手。所谓生死须臾，呼天莫应者也。”

清朝首都北京的监狱更集中反映了中国传统监狱的上述特征。在京师模范监狱创建之前，北京有关押皇室成员、旗人、太监、京师满人、八旗军人等的宗人府空房、慎刑司监以及步军统领衙门等特种监狱③，此外还有隶属于刑部的南北二监两个普通监狱。在这些特殊监狱中满族罪犯享受优待，而南

① 参见陈兆肆《近三十年清代监狱史研究述评》，《史林》2009 年第 5 期，第 180—187 页。

② 参见王志亮编《中国监狱史》，广西师范大学出版社 2009 年版，第 228 页。

③ 参见张凤仙《中国监狱史》，群众出版社 2004 年版，第 136 页。

北二监的黑暗与残酷中外皆知，其“瘐毙”（牢内非正常死亡）率常在35%以上。[①] 中国传统监狱尤其是清朝监狱的落后与黑暗，不仅遭到中国人民的强烈反抗，罪犯“逾越逃亡，劫狱反狱，防之不胜其防”[②]，而且为侵入中国的外国列强攫取在华领事裁判权提供了借口。这些恶果加上国际监狱改革潮流的冲击，表明中国传统狱制已走到尽头。

二、西方近代监狱理念的传播

（一）西方国家监狱改革

欧洲奴隶社会和中世纪封建社会，乃至资本主义社会初期的监狱，与中国古代监狱一样奉行神学报应论，实行残酷的复仇主义、威吓主义。但不同的是，在西方，连古代中国形式上恤刑、悯囚的人文主义影子也找不到。因为这里实行的奴隶制和农奴制，始终不把劳动者看作人，而是视为“会说话的工具”，因而死刑和肉刑等残酷刑罚，是其刑罚体系的中心，实行砍头、溺死、铡死、绞死、砸死、截肢、烧死、车裂、墨面、鞭挞等刑罚[③]，其残酷程度比古代中国刑罚有过之而无不及。但到18世纪末至19世纪初，随着欧洲启蒙运动和人权运动的发展，尤其是资本主义生产方式的发展对劳动力自由买卖的需求，自由逐渐成为人类的基本价值追求。因而，西欧、北美一些国家和日本通过一系列监狱改革，到19世纪中叶逐步确立了体现自由、平等的法律体系，并形成了以人道、感化、教育为特征的刑罚思想和刑罚体系。

（二）西方近代监狱理念的传播

19世纪中叶后，随着西方国家工业革命的完成和发展，西方列强对中国发动了野蛮的军事和经济侵略，强迫清政府签订了一系列不平等条约，攫取了一系列特权。其中包括以中国律例残苛、监狱黑暗为借口，强迫中国给予领事裁判权，并据此强行在上海、汉口、厦门等租界内设立各种外国领事法院，设立会审公廨，建造监狱。西方国家对中国的侵略（包括在华建造近代

① 参见朱紫垣《中国新旧监狱比较录》，北京共和印刷局1916年版，第183页。

② 〔清〕沈之奇撰，李俊、怀效锋点校：《大清律辑注》（下），法律出版社2000年版，第964页。

③ 参见廖斌《监禁刑现代化研究》，中国政法大学2005年博士学位论文。

监狱）具有二重性：一方面，它破坏了中国的领土主权完整和民族独立，使中国丧失了领土和司法主权；另一方面，在客观上使西方国家的法制观念和监禁刑、教育刑司法理念与制度在中国得以传播，并促使先进的中国人反省和改良传统监狱制度。对后一方面情况，一些论著已有不少论述，此不赘言。简而言之，西方狱制思想通过西方设于中国的监狱，中国学生、商人和官员去国外留学、游历、考察等途径，使中国对西方狱制思想有了越来越多的了解，中西方监狱落后与进步、野蛮与文明之间的反差得以凸显，形成对中国古老行刑理念和现实制度的猛烈冲击，不少开化的中国人因而走上弃旧图新的道路。如曾经留学英国的严复指出："吾国治狱之用刑讯，其惨酷无人理，传于五洲，而为此土之大诟久矣。"① 光绪二十七年（1901）八月，两江总督刘坤一、湖广总督张之洞联名上奏"变法三折"，也痛陈当时"滥刑株累之酷，图图凌虐之弊"，提出了"禁讼累、省文法、省刑责、重众证、修监羁、教工艺、恤相验、改罚援和派专官"等九项改良主张。② 西方近代狱制思想的传播，对晚清中国监狱改良起到了积极作用。

三、清末监狱改良运动的推动

（一）清末监狱改良

20 世纪初，由于义和团运动的猛烈冲击和八国联军侵华战争的沉重打击，清王朝统治岌岌可危。处于内外交困、风雨飘摇中的清王朝，在一定程度上认识到，"国势至此，断非苟且补置，所能挽回厄运，唯有变法自强……舍此更无他策"③。于是，清政府宣布实行新政，并在 1905 年后把实行"预备立宪"和收回领事裁判权作为其内政外交的基本政策。在这一"内政外交"政策中，监狱改良被列为"最要之举"。④ 因为清朝监狱黑暗、残酷的监狱制度，是清廷腐朽残暴的象征，不仅为中国人民深恶痛绝，且为各国长期诟病，成为西方列强拒绝放弃领事裁判权的借口。因此，清王朝试图通过监狱改良推

① 王栻编：《严复集》（第 4 册），中华书局 1986 年版，第 954 页。

② 参见〔清〕朱寿朋编、张静庐等点校《光绪朝东华录》，中华书局 2016 年版，第 4743 页。

③ 〔清〕朱寿朋编，张静庐等点校：《光绪朝东华录》，中华书局 2016 年版，第 4771 页。

④ 故宫博物院明清档案部编：《清末筹备立宪档案史料》，中华书局 1979 年版，第 831 页。

进“预备立宪”和收回领事裁判权，对内改变腐朽卖国形象，以“变法自强”姿态，抵御人民日益加剧的不满和反抗；对外改变腐败落后形象，“示文明于诸国”①，取得列强欢心和支持，以挽救清朝统治。在这一内政外交政策和目标推动下，1905 年后，清廷兴起了声噪一时的监狱改良活动，其主要内容有以下几方面。

一是制定监狱法规。1902 年，清政府任命沈家本、伍廷芳等为修订法律大臣，着手修律。一方面，沈家本等人组织人员翻译了大批西方监狱学著作和监狱法律，如《日本监狱法》《德国监狱法》《监狱学》等。另一方面，制定了一系列以改良监狱为内容的奏章行文，如《各省通设罪犯习艺所章程》《法部奏议实行改良监狱折》等。这些奏章、行文具体规定了监狱改良的原则、措施和方案，经皇帝“钦定”后具有法律效力。1908 年，沈家本邀请“日本监狱家之巨擘”小河滋次郎帮助起草监狱律法。1910 年，小河氏以日本监狱法为蓝本，吸收当时世界上先进的监狱学理论与制度，制定了《大清监狱律草案》。该草案共十四章，二百四十一条，分总则和分则两个部分。总则部分规定了监狱的种类、职能及各类监狱的收容对象、监狱的归属和监督、在监人的待遇以及该草案适用的一些特殊规定等。分则部分规定了收监、戒护、教诲教育、罪犯作业、给养、卫生医疗、奖惩、减刑及假释等制度的具体内容。《大清监狱律草案》是清政府为了挽救其封建统治，进行狱制改良，屈从帝国主义列强压迫形势下的产物，其形式和内容均是抄袭西方监狱法规，与当时国情脱节，但草案作为中国第一部独立的监狱法典，是中国近代监狱立法的第一次尝试，其体例结构、条文内容都改变了封建体系“诸法合体”的陈规，也为改革中国封建重刑主义之下的腐朽制度奠定了基础。该草案虽然因为清政府的覆灭未能颁布实施，但对中国近代狱制的转型产生了重大影响。民国时期颁布实施的《监狱规则》则是照抄《大清监狱律草案》的结果。

二是改革监狱管理机构。中国封建王朝历来狱政与行政不分，审判与行刑合一。各级行政机关直接管理监狱，行政长官即为监督监狱的官员，审判机关兼有执行刑罚的权力，清朝时刑部为通察刑狱的中央机关。清末修律改

① 《法部奏议复实行改良监狱折》（光绪三十三年），载薛梅卿等编《清末民初改良监狱专辑》，中国监狱学会 1997 年印刷，第 54 页。

变了这种体制，仿照西方国家的"三权分立"，将司法与行政分开。1906 年 11 月，清政府将刑部改为法部，掌管全国司法行政，为最高司法行政机关。法部下设典狱司掌管全国监狱。将巡警部改为民政部，下设警政司，掌管习艺所事宜。改大理寺为大理院，大理院各级审判厅管辖看守所。地方上，改省按察使司为提法使司，为地方高级司法行政机构，下设典狱科，管理地方监狱。此种体制有利于统一管理狱政，对监狱改良起到了促进作用。

三是培养监狱人才。在传统狱制中，监狱官吏多出身社会底层，地位卑贱，备受轻视。为提高监狱管理人员素质，光绪三十三年（1907），沈家本向清政府提交《实行改良监狱折》，就培养监狱专门人才提出建议。沈氏认为，为培养新式监狱官吏人才，必须在各省的法律学堂或新监内附设监狱学堂，以培养狱官。法部对沈家本关于监狱改良的建议进行了详细的议覆，该议奏得到了朝廷谕允，开启了中国历史上专门培养监狱官吏的篇章。1906 年 10 月，清政府创办了京师法律学堂，学制三年，监狱法为必修课程。1908 年 5 月，京师法律学堂设立监狱学专修科，首批招收了 128 名学员进行专门培养，聘请小河滋次郎博士负责教学，学习内容为小河氏编制的《监狱学》和《大清监狱律草案》。与此同时，全国其他各省也纷纷筹办监狱学堂或监狱专修科，如云南法政学堂速成典狱专科、福建高等巡警学堂内设监狱学堂等。清末各省开办的监狱学堂为近代监狱转型培养了大批人才。

四是兴办新式监狱。清廷在 1902 年基本废止了军流以下犯罪发配外地的流徒制度，改为通设罪犯习艺所，人犯就地收所习艺。但罪犯习艺所的设施配备、人员管理和组织结构等只适宜收容轻罪人犯，而不适宜拘禁诸如军流等重犯，因为这些重犯"多系不逞之徒，聚数百人于一隅，挟众滋事，诸多可虑"①。为摆脱这一困境，清政府多次派员出国，考察西方国家和日本的监狱制度，认为西方国家监狱制度分房制、杂居制"为最善"，并以此为据，筹建新式监狱。清末新监的筹建，最早是由地方实力派推动的，湖北、盛京等地率先试办新监狱成功，然后法部才统一规划、指导，由各省筹建，在全国范围内推广。整个活动以改造旧监为基础，各省分别设置一至两所新监为示

---

① 《河南巡抚陈奏遵设罪犯习艺所酌议办法折》，载薛梅卿等编《清末民初监狱法制辑录》，中国政法大学出版社 2017 年版，第 78 页。

范。监狱改良时期，法部要求建造监狱满足以下需要：一是要卫生，监房、工场、病房、教诲教育用房等建筑必须有利于在监犯人的健康；二是监狱必须有利于对在监犯人进行教育感化；三是监狱建筑要便于犯人劳作；四是监狱建筑要便于监管，监狱建筑必须有利于监管防范，确保监狱安全。

1907年，修律大臣沈家本悉心考证了中外监狱制度及设施，向清廷上奏《实行改良监狱折》，请求"改建新式监狱"。法部提出了具体筹办计划要求，"各省在近期兴造一至两所模范监狱，带动所辖区域内的行刑变革，先行在通商港口城市及重要城市修建新式监狱，京师建造模范监狱一座示范全国"①。各省在清政府的倡议和支持下，"于各省会及通商口岸先建模范监狱"渐成潮流，一批模范监狱相继设立。1907至1911年，已经建成或正在建设的模范监狱有湖北、奉天、京师、江西、山东、广东等地，广西、河南、安徽、热河、闽浙等省的模范监狱亦在筹建。湖北的沔阳州、汉阳县，广东省南海县，奉天兴京、锦州、兴民、营口和长白等州县则改设了新式监狱。

这些新式监狱与以惩罚为目的、低矮且狭窄的传统监狱有明显不同，在某种程度上具备了近代刑罚的一些功能。在上述模范监狱中，兴建较早、成绩较为卓著的有湖北模范监狱、奉天模范监狱。1904年，湖广总督张之洞下发《札臬司饬各属清厘庶狱、建设迁善习艺所并严禁滥刑》，责令鄂省地方官对重罪者"设法体恤"，罪不及死者"早日议结"，"屡犯不悛，难于开除者，亦易选择宽敞地基，建设迁善习艺所，选匠教习，振其懒惰之心，予以自新之路"。然而，"因陋就简终无大益"，于是，张之洞又派人到日本参观考察，参考日本和西方监狱样式、管理方法，在江夏县衙东侧购买民地，酌拟图式建造湖北模范监狱。1905年11月，湖北模范监狱动工建设，1907年6月建成。监狱南北长55丈，东西前宽44.5丈、中间宽32丈、后宽21丈。整个监狱分为内监、外监、女监和病监四区，中间由房屋或围墙隔开。内监仿照日本东京监狱样式建设，呈扇面形，收押已决犯。其中北部两座为40间单人牢房，每间长9尺、宽6尺。南部两座监房为三人间，每座各12间，每间宽9尺、长1丈1尺。西侧为严禁监房，共10间，专门关押在监二次犯罪或违规

① 《法部奏议复实行改良监狱折》（光绪三十三年），载薛梅卿等编《清末民初改良监狱专辑》，中国监狱学会1997年印刷，第54页。

违纪的犯人。监狱内设有工场和看守室等设施。另外，内监的北面还建有独居暗室8间，每间长7尺、宽4尺5寸，关押在监犯罪二次以上者。内监共可容纳犯人120名。外监仿照日本巢鸭监狱所建，外形也是扇面，关押未决犯。外监分东西两区，各有监房5座，共112间，每座监房宽9尺、长1丈1尺。另有严禁监两座，共10间。独居暗室16间。外监共可容纳犯人352人。此外，外监配有瞭望楼、工场、库房、接见室、教诲室等。女监位于外监西南角，有监房15间，可容纳犯人45人，并配有守卫房、工场、浴室等。病监位于外监东南角，有病房16间、传染病房7间、停尸房1间、医务与守卫室4间。病监可收纳病犯55名。①

（二）清末监狱改良的推动

清末监狱改良的发展，把建立京师模范监狱提上日程。在京师模范监狱筹建之前，新式监狱都是在各省会及通商口岸建立的，而在清廷都城北京，其五所监狱无一例外都是旧式监狱。尤其是法部直属的南北二监，其黑暗、残酷中外皆知。这种状况不仅与监狱改良在清廷内政外交中的地位格格不入，而且与各地方纷纷修建新式监狱的情形形成鲜明对比，迫使清政府把建立京师模范监狱提上日程。

第一，国内外政局的压力。当时清廷非常清楚，北京是清政府“首善之区，观听所集”②，为“五方之所荟萃，万国之所观瞻”③。北京的这种特殊地位，决定了对这里监狱的改良，不仅关系到整个监狱改良以及由此达到的内政外交目标的成败，更为国内各种力量和世界各国所格外关注。如其中央旧式监狱不能得到显著改良，其监狱改良的所谓“诚意”及清廷一再表示的“变法自强”和“示文明于诸国”④ 的决心都将被视为空谈。因此，建立京师模范监狱是清政府试图通过监狱改良缓和国内外矛盾并取得列强支持的途径。

第二，人民反清斗争的压力。北京“地面既广，各行省人众莫不集鳞萃，

① 参见《湖广总督张之洞奏陈省城模范监狱开办情形折》（光绪三十三年），载薛梅卿等编《清末民初改良监狱专辑》，中国监狱学会1997年印刷，第34—35页。

② 《法部奏拟建京师模范监狱折》（宣统元年闰月初十），《大清法规大全》卷九，法律部。

③ 《法部奏设模范监狱折》（宣统元年），载《狱务大全》第四编，公文。

④ 《法部奏议复实行改良监狱折》（光绪三十三年），载薛梅卿等编《清末民初改良监狱专辑》，中国监狱学会1997年印刷，第54页。

良莠错杂犯法日伙"[①]，治安状况历来严峻。20世纪初至辛亥革命前，人民反清斗争和资产阶级革命形势日益高涨，形成当时清朝官僚所言的"民伪日滋，犯法日众"[②]的局面。为镇压人民的反抗斗争，清政府在20世纪初先后增设京师巡警部、工巡局、巡捕队等警政组织，专事"稽查暴乱、安定善民"[③]，搜捕了大量"人犯"。而当时北京南北二监规模小，仅能够容纳300余人。因此，建立京师模范监狱，以扩大监狱规模，强化监狱的镇压功能成为迫切需要。

第三，刑制改革的压力。1902年开始监狱改良后，清廷逐步废止了军流以下犯罪发配外地的流徒制度，改为通设罪犯习艺所，徒罪人犯就地收所习艺的办法。但罪犯习艺所的设施配备、人员管理和组织结构等只适宜收容轻罪人犯，而不适宜拘禁诸如军流等重犯，因为这些重犯"多系不逞之徒，聚数百人于一隅，挟众滋事，诸多可虑"[④]。尤其作为清朝最高普通监狱的法部二监，重罪人犯多，因此罪犯习艺所并不能解决重犯羁押与改造，特别是北京监狱的重犯羁押与改造问题。同时，当时北京兴办的罪犯习艺所数量较少，这在人犯数量大增与南北二监容量小矛盾突出情况下，不能使其如直隶各府州那样军流以下人犯基本可照章收所习艺。由此，造成北京对军流犯无所可收，只能照旧发配，造成"一省之人，而办案两歧"[⑤]的局面，清廷的刑制改革因而陷入困境：或延续"一省之人，而办案两歧"[⑥]局面；或如当时有人提出的京师所拟军、流、徒犯均免发遣，一概留于本地监禁、设所做工。但这两种情形都将给清廷造成严重后果，前者把清廷刑制改革置于自相矛盾的尴尬境地，其结果必然导致整个刑制改革失败；后者把"聚千百罪犯于京城，

---

① 《法部奏设模范监狱折》（宣统元年），载《狱务大全》第四编，公文。

② 《刑部议复护理晋抚赵尔巽奏请各省通设罪犯习艺所折》，载薛梅卿等编《清末民初改良监狱专辑》，中国监狱学会1997年印刷，第8页。

③ ［日］服部宇之吉等编，张宗平、吕永和译：《清末北京志资料》，北京燕山出版社1994年版，第229页。

④ 《河南巡抚陈奏遵设罪犯习艺所酌议办法折》，载薛梅卿等辑《清末民初监狱法制辑录》，中国政法大学出版社2017年版，第116页。

⑤ 沈家本：《与戴尚书论监狱书》，载《寄簃文存》卷五。

⑥ 沈家本：《与戴尚书论监狱书》，载《寄簃文存》卷五。

一旦有变，后果何堪设想”[①]。为避免这两种不利后果，清廷只能建立新式监狱。这种新式监狱既可克服传统刑制的流弊并节约流徒开支，以避免其已开始的刑制改革中途夭折，又具有罪犯习艺所所没有的就地羁押重犯的功能，而更好地维护清廷统治。

第四，统治集团内部争夺监狱改良主导权的压力。在清末，自清朝建立就已存在的满汉矛盾更趋深化，在监狱改良问题上也存在满族核心统治集团与汉族地方督抚之间的深刻矛盾与激烈博弈。“清末新监的筹建，最早是由地方实力派推动的。”[②] 特别是地方实力派代表湖广总督张之洞，先是在1901年与刘坤一联名发出《江楚会奏三疏》，提出改良监狱的建议，拉开了监狱改良的序幕；后于1905年捷足先登，早于北京兴办湖北模范监狱，并成为其他省修建模范监狱的样板，张之洞也一时成为在全国有广泛影响的监狱改良“领袖”。汉族地方实力派的这些行动和声势，把清廷直属的京师中央监狱改良抛在后面，将清廷推入被动地位，因而进一步引起了清廷的猜忌。太平天国后汉族地方势力崛起，庚子后更成“各省督抚之力，未尝不足以敌中央”之势，清廷忌惮地方实力派借监狱改良而产生的影响和实力会冲淡清廷自己“革故鼎新”的光环。因此，为削弱汉族地方实力派的影响，清政府把监狱改良主导权控制在以满洲贵族为核心的清廷手里，而不得不在北京建立其直接掌握并作为“模范中之模范”的新式监狱。

综上所述，北京监狱的创建，是在中国传统狱制已经过时、西方近代狱制思想在中国传播、清王朝面临严重统治危机和中国近代监狱改良发展的背景下，清廷出于对外争取帝国主义支持、对内缓和人民反清斗争，阻止革命并抑制汉族地方势力发展，控制监狱改良主导权的需要而采取的重大举措。这一举措，固然在客观上具有适应时代发展的进步性，但更大程度上是清廷挽救其腐朽统治的被迫之举。

---

① 《清朝续文献通考》卷二百四十七，刑六，考九九六八，“臣谨案”条。

② 王晓山：《清末模范监狱建筑的特色》，《河南司法警官职业学院学报》2012年第3期，第15—19页。

第二节 北京监狱的创建

1907 年 6 月北京监狱被清廷允准筹建到 1911 年 10 月辛亥革命爆发，是该监狱的创建时期。这一时期大体经历了允准设立、选址与设计、建造与基本竣工三个阶段。

一、允准设立

（一）对允准时间的不同看法

目前，学界在北京监狱被清廷允准设立的时间界定上存在分歧。主要有三种看法：第一种是薛梅卿、肖世杰、曹强新等主张的宣统元年（1909 年）①，这是目前最为流行的一种说法；第二种是赵晓耕等认为的宣统元年十一月（1909 年 12 月）②；第三种是殷导忠主张的 1907 年③。这些看法在时间上相距 3 年之久，给研究该问题带来了混乱，很有必要加以考证清楚。

（二）允准时间辨析

笔者认为，前两种说法不符合史实，第三种说法不够确切。事实上，京师模范监狱是 1907 年 6 月被清廷允准设立的。光绪三十三年三月（1907 年 4 月），时任准军机处修律大臣沈家本，根据湖北、奉天、云贵等地新式模范监狱先后建立或开始筹建的情况，为将新式模范监狱推行全国，向法部提交《实行改良监狱宜注意四折》，提出了“各省之省会及通商口岸”设立模范监狱等主张。同年四月（1907 年 5 月），法部向清廷呈交《法部奏议复实行改良监狱折》，表示赞同沈家本的主张并得到清廷允准。值得注意的是，这个奏折和廷议均未涉及创立京师模范监狱问题。

鉴于这种情况，沈家本于同月致书法部正卿戴鸿慈，直言法部在建立新

---

① 参见薛梅卿《京师模范监狱与中国法制近代化》，《中国监狱学刊》2013 年第 1 期，第 144 页；肖世杰：《清末监狱改良——思想与体制的重塑》，法律出版社 2009 年版，第 141 页；曹强新：《清代刑部监狱源流考析》，《犯罪与改造研究》2018 年第 10 期，第 71—74 页。

② 参见赵晓耕《民国监狱史史料述要》，《法律文献信息与研究》2005 年第 4 期，第 1—6 页。

③ 参见殷导忠《刍议清末监狱改良所受日本之影响》，《中国监狱学刊》2009 年第 4 期，第 142 页。

式监狱方面与地方相比已“瞠乎其后，相形之下，无乃见拙”，建议把筹建“本部监狱”（即后来的京师模范监狱），作为“不可缓”要事之一尽快实施，并为该监狱建筑提出了上、中、下三策。上策是“请款五、六万金”，在中央旧监之外“别购地一区，斟酌一极善图式，为天下监狱模范”；中策是“若以巨款一时难筹，先就北监旧屋，去其障蔽，添设工场，有二三千金（应为二三万金——作者注），即可兴办”；下策是“举旧有之监房，悉取而改筑之，需费必在一二万金，不中不西，势难完美”①。

光绪三十三年五月（1907 年 6 月），法部按沈家本主张的上策，向清廷呈《部务重要折》，提出“拟请购置地基，设立模范监狱”②。但清廷以需款过巨、筹措殊难为由，允准按照新式监狱样式，在旧监基础上酌加修理、增建，要求改良工程于次年 4 月间完成，并准“特支经费银三万两”。由此可见，这时法部与清廷之间在建立新监还是改造旧监问题上虽有分歧，且其结果是以清廷允准改造旧监的结果告终，但清廷不但允准设立京师模范监狱，而且对该监狱修建完成时间与经费提出了具体要求。这说明该监狱是在 1907 年 6 月被允准创建的，也说明目前流行的该监狱被允准于宣统元年闰二月（1909 年 3 月）和宣统元年十一月（1909 年 12 月）的说法，都是不符合史实的。

至于此两种说法的依据，大概是宣统元年闰二月初十（1909 年 3 月 31 日）《法部奏拟建京师模范监狱折》和宣统元年十一月十五日（1909 年 12 月 16 日）《法部奏设模范监狱折》，因为上述两份奏折时间与其确定的“允准”时间完全一致。但是，下文会看到，这两则奏折虽在题目上都有“拟建”或“奏设”京师模范监狱的字样，但其内容都是为解决该监狱用地和经费问题，而非是否创建京师模范监狱问题。因此，不能“望题生义”的以这两个奏折的时间判断该监狱被允准创建的时间。

二、选址、设计与建造

（一）选址

按照监狱学理论，监狱的选址需要综合考虑多方面的因素，一是为保障

① 沈家本：《历代刑法考附寄簃文存》，中华书局 1985 年版，第 2197 页。

② 薛梅卿等辑：《清末民初监狱法制辑录》，中国政法大学出版社 2017 年版，第 93 页。

监狱安全，应选在城郊人口稀少的地区。二是新式监狱除监房外，还要有供犯人劳动的工场、一定的活动场所，因此，需要较大的用地面积。法部几经周折，最终选择八旗军镶蓝旗校场作为京师模范监狱狱址，位置在北京外城右安门内以东，东临陶然亭，南靠城墙。狱址所处之地，周边多为农田、菜地，有一口姚姓浇菜的水井，因而称为右安门内南下洼姚家井。由于这里原为清八旗校场旧址，周围空旷少人，颇为荒僻，南面紧邻的外城城墙成为自然的防御界限。“奉拨监地综计东西九十丈，南北一百丈”，“拟筑内外围墙二层，墙以内洼地运土补填，墙以外余地挖河留道”。由于该地址地势低洼，所以计划监狱围墙以内的洼地用土填补，围墙以外挖河道，一是为了排水，二来防止罪犯逃脱。

（二）设计

监狱的建筑规划由日本法学博士小河滋次郎设计，监狱坐西朝东，总体布局把主要大门安排在朝向东面永定门内大街的方向，形成东西向的主轴线。按照规划，监狱分为前、中、后三区，前区（东部）为大门、接待室、教练所及看守宿舍等；中区为办公区，主要建筑为中央事务楼及附属用房；后区（西部）为监房区。在前区和中区的南北两面规划建造两个特殊性质的监房区，南面建造幼年监，北面建造病监。

按照监狱的设计规划，监狱的正门位于监狱前区中部，计划模仿法国凯旋门的样式，意图给人以威严、震慑之感。大门由壁柱分为三间，中间为主要通道，南北两间为警卫室。大门内南面为看守教练所，北面为接待室。教练所和接待室的西面各建有一排看守宿舍。

监狱中区的主要建筑为中央事务楼，该楼采取“口”字形设计，东部的主体建筑为二层楼，其余南、北、西三面为单层建筑。典狱长办公室、课员办公室、会议室等设置在东部主体建筑中，看守室、夜间值班室、接见室、图书室、戒具室、库房等位于三面单层建筑。“楼梯间凸出于西部内院中，南、北配房的内院走廊都可通往主监房，西配房通过走道直达监狱西端的炊场（伙房）与浴室。”①

① 姜中光：《中国第一座新式监狱建筑——京师模范监狱评析》，《北京建筑工程学院学报》1998年第1期，第72—83页。

监狱后区的监房区，分南北两监，平行对称布局。每监各有5栋监房，均为扇形展开，在扇柄处建有二层瞭望楼，管控各栋监房。每栋监房以天干记名，北监为甲、乙、丙、丁、戊，其中甲、乙、丁为3人杂居监房，共68间；丙、戊为昼夜分房，共74间。北监可容纳278名犯人。南监为己、庚、辛、壬、癸，其中庚、壬、癸为3人杂居间，共56间；己、辛为夜间分房，共74间，其中有暗室3间。南监可容纳242名犯人。南北二监共可容纳犯人520名。

按照建造规划，病监位于监狱前区、中区的北部。病监根据治病医疗的要求，争取病房的较好朝向，平面为工字形，设有杂居病室、分房病室、医诊室、药房、手术室、浴室、尸室等。其南北两翼建有三人杂居病房11间、独居病房13间、传染病房4大间，共可收容病犯50名。工字形监房的中间部分为医诊室、药房、手术室等。浴室、停尸房设置于病房的北面，考虑到病犯尸体会传染疾病，因此停尸房与病房区有一定距离。

（三）建造

京师模范监狱被允准建造后并未随即动工，而是拖延三年多之后才动工建设，主要是由于建造方案的变动和建造经费不能及时到位。

光绪三十三年五月（1907年6月），在清廷允准按沈氏提出的“中策”，即在旧址改造基础上建造该监狱后，法部依旨在北监周围考察。但北监“邻近民房、坟墓碍难购买，实属无扩充余地”，加之法部认为“京师为首善之区，观听所集。此次改良监狱规模不能过狭”，因而几经勘察，最终选中了右安门内镶蓝旗操场空地。① 为请购该块地基，法部分别在光绪三十三年五月、九月初一日多次奏请之后，新监地基才被允准“拨付”。② 这一变化，虽实现了法部按沈氏提出的“上策”目标，但因建议未被清廷及时批准而延迟了动工时间。

在地基问题解决后，该监狱的建造经费问题又随之出现。法部认为京师模范监狱为“京城设立新监狱尤模范中之模范，其规模不可不宽博，其教养不可不完全”③，故预算经费高达银25万余两。为解决这些经费，法部四处奔

① 参见薛梅卿等编《清末民初改良监狱专辑》，中国监狱学会1997年印刷，第43页。

② 王元增：《北京监狱纪实》，北京监狱1913年印刷，第1页。

③ 薛梅卿等编：《清末民初改良监狱专辑》，中国监狱学会1997年印刷，第41页。

波，并筹到南洋商人苏秉枢、戴春荣捐款和一名革职官员银两共 14 万两，但在开工前“尚不敷银”11 万余两。在不足部分款项筹措无着的情况下，法部于宣统元年（1909）十一月十五日、十二月初五日两次上奏清廷要求拨款，但度支部以“本部年中放款异常竭撅，且天寒日短，年前亦不便兴修”为由，拟明年开印后再行发放。① 由于上述两方面问题，该监狱工程直到 1910 年 4 月才开始动工。

该工程占地 120 亩，由王元增主持修建。王元增曾在日本东京留学，在日本监狱实地练习并赴欧洲考察各国监狱，学识与经验俱备。经招标，由东盛、祥盛、鸿盛、鸿林、永顺、兴顺、广恒、广和等 10 家公司承建施工。为保证工程进度及建造质量，特成立工程处监督建造，工程处有职员 39 人，其他负责庶务、会计、监工、稽查等工作的职员 34 人。北京监狱在开始建造时计划用银 19 万余两，但因国库空虚不能及时支付，及至主体工程基本完成时，已用银 17 万余两，尚有 2.8 万多两的缺口。由于经费不足，加之 1911 年辛亥革命爆发，该监狱在幼年监、甬路、沟渠、官吏的厕所等设施尚未建设的情况下草草完工。

三、创建北京监狱的评价

（一）具有被动性、滞后性和强烈政治功利性

北京监狱是由清王朝直接建立的。政权的腐朽性和它创建该监狱的目的性，决定了其对该监狱的创建具有被动性、滞后性和强烈政治功利性的特点。

无须赘言，北京监狱的建造，离不开清廷的允准和支持，否则该监狱建造是不可能的。在此意义上说，清廷适应了监狱改良的要求和趋势，在一定意义上应予肯定。但对于清朝核心统治集团而言，这种适应并不表明其已“洗心革面”主动为之。事实上，它是迫不得已而为之，具有很强的被动性。设立北京监狱的主张，并非清廷提出，甚至也不是法部最先提出，而是刚离开法部的沈家本提出；法部接受沈氏上策奏请择地新建主张后，清廷又予否定，而只允准按沈氏中策在旧址改造基础上建设；在地基和经费问题上，更

① 参见《法部奏建筑京城模范监狱筹款不敷请饬部拨款添筑兴修折》，《申报》宣统元年十二月初五日；《法部模范监狱经费无着》，《申报》宣统元年十一月廿六日。

是在法部多次上奏催促之后才得以划拨，并大打折扣。这一切，无不表现出清廷的被动性。清廷的这种被迫性，根源于其封建顽固性，也源自他们对新式监狱可能形成对传统监狱保护满族贵族特权制度的冲击而产生的忌惮甚至恐慌心理。

京师为“五方之所荟萃斯万国之所，观瞻范围视省城为倍宏”[①]，因而率先建设处于京师的中央近代监狱是清末监狱改良的必然要求。但事实是，北京监狱与清末其他模范监狱比较，无论是允准筹建，还是开工建设，抑或基本建成都具有明显滞后性。该监狱在 1907 年 6 月才被允准筹建，而在 1905 年湖北等省的模范监狱就已经建成。因此，有学者认为北京监狱是中国第一所近代新式监狱[②]，是不符合历史事实的。同时，清廷对该监狱建设的支持也存在滞后性。1907 年 6 月被允准筹建后，直到 1908 年 10 月光绪、慈禧病笃之前，清廷既不批拨新监用地，也拒绝追加经费，直接造成工期延后三年之久，并导致开工后因“库努空虚”而“草草竣工”。[③]

清廷虽对旧式监狱的落后性有一定认识，但其改良监狱特别是筹建北京监狱的根本目的，是以此在国内外树立“改革”新形象，缓和国内外对清王朝的不满和反抗，挽救清廷专制统治。这种强烈的政治功利性，造成北京监狱的建造，只重视外在样式，而忽视内在质量，直接导致该建筑存在一系列问题。

（二）代表清末新式监狱建筑最高水平

监狱建筑作为监狱文化的物质载体，直接反映着监狱理念和行刑理念。京师模范监狱建筑构造图式由日本著名监狱学家小河滋次郎博士设计，其施工基本按照这一设计进行，因而在设计思想、建筑整体与个体功能等方面，都对中国封建社会衙门式和苦辱囚犯的落后制度有所突破，体现了近代教育刑监狱的要求。即使与当时中国已修建的湖北、奉天等新式监狱相比，不论在设计理念、建筑规模还是功能上都高出一筹，代表了清末新式监狱建筑最高水平。其具体体现是：该监狱建筑群体设计功能分区明确，布局合理。其

---

① 薛梅卿等编：《清末民初改良监狱专辑》，中国监狱学会 1997 年印刷，第 41 页。

② 参见姜中光《中国第一座新式监狱建筑——京师模范监狱评析》，《北京建筑工程学院学报》1998 年第 1 期，第 72—83 页。

③ 王元增：《北京监狱纪实》，北京监狱 1913 年印刷，第 4 页。

规划设计虽模仿了日本监狱图式，但也未完全照抄，而是加入了一些创新元素。如监房设计采用了单元组合法，即以走道两侧排列监房为线形基本单元。两个线形监房基本单元尽端，同劳动工场单元组合成三角形二级单元。三角形二级单元再拼贴组成放射形组合监房。在放射形中心的圆形楼，为组合监房的集中管理处。在这样的组合中，既有室内使用部分，又有围合成的各监房单元所需的室外活动场地。这就解决了监狱建筑对犯人活动空间实行限制的特定要求。这种建筑构成手法具有组合灵活、适应性强、使于分期建造的优点，较好地解决了监房分区、隔离、封闭的使用要求。建筑重点部位的造型，体现了西方新式监狱意向。如监狱主大门，一反惯用的官式衙门的八字墙和传统建筑形式，吸取西方凯旋门的造型形式；中央事务楼吸取西方古典主义分段式构图，墙体用红砖砌筑，立面都以西式壁柱、圆弧形拱、两圆心尖拱、实砌或栏杆式女儿墙等为构图要素。同时，在这些西方造型图案的细部嵌入了中国式纹样。尽管这些处理存在某些地方比例欠佳等问题，但这种北京近代建筑所具有的中西合璧做法在当时各监狱建筑中颇具特色。

正因为该监狱建筑代表了清末新式监狱建筑的最高水平，因而对当时和后来中国监狱建筑发展产生了深刻影响。不仅清末的芜湖模范监狱仿其建造，后来北洋政府建立的京师第二监狱及其他“各省都会商埠”监狱“亦复照此推行”[①]。因此，对于北京监狱对推动中国传统监狱建筑模式向近代转型的作用应予肯定。

（三）监狱建筑存在诸多问题

对于监狱建筑存在的问题，主持该监狱建造的王元增在其所著《北京监狱纪实》中做了明确而中肯的说明。其一，“择地不良”。该监狱所在位置为京城最低，“地势卑湿，且四周开凿大沟，为众水所归”，以致浊水停留，毒气蒸发，而病者必多。这是该监狱“不可克服”的弱点。其二，房顶全用铅皮瓦片充任，一遇大风便咯咯有声，以致“全监不胜其扰”。雨雪交加之时铅皮锈烂，使“修缮者疲于奔命而公家之消耗无穷”。其三，因房窄小，使得其昼夜分房之阶级制徒有其名而难得其实。其四，室内采光严重不足，向门孔窥视则房内左右均不能见。其五，建筑质量不高。监房不甚牢固，一遇大雨，

① 王文豹：《京外改良各监狱报告录要》，1919年，第69页。

到处渗漏，潮湿尤甚。幼年监的围墙在民国接办时已坍塌一段。[①] 这些问题固然与建筑经费不足、建造时间短有关，也与小河氏担心的其"内部的构造……无建筑技师，又无通晓监狱制度之专家，完全由外行人督办经营"[②]有关。

（四）对推动中国监狱转型起到重要作用

尽管清政府在北京监狱筹建过程中具有被动性、滞后性和强烈政治功利性等特点，但这一过程对推动中国监狱转型起到的重要作用是不能否定的。其一，它在事实上宣告了中国第一所新式中央监狱诞生，由此改变了北京旧式监狱一统天下的局面，开启了北京监狱近代化的脚步。其二，它完成了具有近代中国监狱建筑最高水平的主体工程，不但为后来完成、完善和进一步发展该监狱建筑奠定了基础，而且成为后来新式监狱建筑的样板，推进了监狱建筑近代化的进程。其三，该监狱建筑不仅表现了近代教育刑观念，从而在无形中传播了新的监狱理念，而且为该监狱投入使用后构建和实行近代教育刑制度，并成为全国监狱改良的模范奠定了物质基础，从而对推动近代中国狱制转型起到巨大作用。

---

① 参见王元增《北京监狱纪实》，北京监狱 1913 年印刷，第 42 页。

② ［日］岛田正郎：《清末之狱制改革及大清监狱则例之编纂》，《中华学术与现代文化丛书（第九册）》（法学论集），台北：华冈出版有限公司 1977 年版，第 164 页。

第二章　北京监狱的历史变迁（1912—1937）

从1911年10月辛亥革命爆发至1949年3月人民政府接管之前，北京监狱历经晚清、北洋政府、南京国民政府、日伪统治和抗战胜利后南京国民政府接收五个时期。鉴于北洋政府时期与南京国民政府时期北京监狱的性质和发展状态具有一致性和相对稳定性。其间，该监狱制度虽有部分改变，但总的来看，其半殖民地半封建社会监狱的基本性质未发生变化，且不少制度得到传承，因而能够比较真实地反映该监狱的面貌和本质。因此，本章重点对北洋政府、南京国民政府和抗战胜利后南京国民政府治下的基本状况做一探讨。这不仅对从历史变迁的纵向角度认识和评价该监狱具有积极意义，而且为下文对该监狱不同方面的横向研究提供基础。

第一节　北洋政府时期的北京监狱

一、北洋政府的接收

辛亥革命后，中国处于南京临时政府与清政府对峙状况。此时，京师模范监狱在清政府控制之下。1912年4月，孙中山把中华民国临时大总统职务让位于北洋军阀首领袁世凯，中华民国临时参议院决定建都北京，仍称京师，北洋政府成为中国唯一的全国政权。同年5月，北洋政府司法部派员接收了京师模范监狱，并考虑“监狱学理日积而日新，建筑方法亦愈进而愈善，此时若以模范称名既不足以规将来且似嫌其赘复”[①]，故将“京师模范监狱”更名为“北京监狱”，直属北洋政府司法部。1914 年 10 月，鉴于北京成立宛平监狱并同属中央监狱，遂将北京监狱改名为京师第一监狱，仍为隶属司法部的中央监狱，该名称一直沿用到 1928 年。

二、北洋政府初期的筹办

北洋政府接收北京监狱后，司法部于 1912 年 8 月指派王元增负责筹办事宜。在筹办期间，该监狱主要做了如下工作。

第一，选拔监狱工作人员。王元增上任伊始，便打破封建监狱请托钻营和家族传承的传统做法，采取向社会公开招募的新方式选拔监狱管理人员。经过严格的资格审查和考试，从 1800 名报考者中正式录用了 60 名“品行方正”且具有监狱或巡警学历背景和高小文化程度的监狱管理人员。[②] 这次招募为该监狱的近代化建设提供了人员保障，也标志着近代中国监狱看守选拔制度的肇始。

第二，修建整修监狱建筑。该监狱的设计虽蕴含着近代的先进理念，但由于经费匮乏、建筑人员技术落后，施工仓促草率，因而在实际建设当中存在着许多问题。该监狱被接收时不仅地势低洼，牢房阴冷潮湿，而且甬路尚未完工，幼年监的一段围墙也已倒塌。在功能结构上只有男监，未建女监。针对上述问题，该监修建了清末未修建的监狱通道和看守厕所，并在原设计的幼年监用地上增建了女监，还采取构筑地下排水系统、加固牢房等措施，对部分建筑做了修缮。这些工程和措施，不但初步改变了以前该监狱结构不合理的状况，也在一定程度上改善了看守工作条件和犯人居住条件。

第三，初步拟定并试行各项制度。在清末，中国虽建立了一批新监，但其监狱制度并无统一规定，各新监管理机构设置和制度不尽相同。1910 年，清政府虽制定了《大清监狱律草案》，但未及颁布清廷即告覆灭。1912 年 12 月以前，北洋政府“所有监狱法令尚未颁布”，使北京监狱这座刚刚启用的新

---

① 《政府公报》1912 年第 114 期，第 580—581 页。

② 参见王元增《北京监狱纪实》，北京监狱 1913 年印刷，第 15—17 页。

监“事属创始，无所遵从”①。对于这种情况，北京监狱只能先自行拟设制度，经司法部批准后试行。1912 年 10 月，该监狱起草《北京监狱试办章程》并报司法部批准“试办”②。其内容共六条，主要规定了“三科两所”（第一科、第二科、第三科和医务所、教务所）的机构设置、职能、负责人官称、暂定人选、各科看守长人数以及与典狱长之间的关系等。“三科两所”制度的试行，标志着该监狱初步建立了基本的管理制度。次年，该制度被北洋政府司法部向全国推广时，对“三科两所”的职能做了调整：第一部主管事务为监狱日常行政；第二部主管事务为监犯具体管理与监督；第三部主管事务为监狱内生产作业事务；教务处主管事务是监犯教诲与教育；医务处主管事务为监狱内的医疗卫生③，但这些调整基本未脱离北京监狱的框架。据《北京监狱纪实》记载，自 1912 年 8 月至 1913 年 7 月，北京监狱先后制定的制度有 13 项，涉及收监、拘禁、戒护、作业、教诲与教育、给养、卫生及医疗、死亡、接见及书信、赏罚、保管、赦免及假释、释放等方面。④ 在北洋政府“所有监狱法令尚未颁布”的情况下，这些制度为该监狱启动和初期运行提供了基本制度条件。

1912 年 10 月，筹办任务完成，司法部任命王元增暂任典狱长。同年 11 月，该监狱正式成立并接收犯人。⑤

三、北京监狱初期发展与波折

自 1912 年北京监狱成立，到 1928 年被南京国民政府接收，该监狱既经历了初步发展时期，又遭遇了重大波折，呈现上升和下降的曲折行进状态，集中体现了中国监狱转型的曲折性特点。

（一）北京监狱的初期发展

自北京监狱成立到 1926 年的十多年时间，该监狱在各方面都得到了顺利发展，是其第一个发展时期。

---

① 王元增：《北京监狱纪实》，北京监狱 1913 年印刷，第 29 页。

② 王元增：《北京监狱纪实》，北京监狱 1913 年印刷，第 29 页。

③ 参见《司法部派员视察本监预备之报告》，北京市档案馆藏，档号：JI91-002-12907。

④ 参见王元增《北京监狱纪实》，北京监狱 1913 年印刷，第 13 页。

⑤ 参见王元增《北京监狱纪实》，北京监狱 1913 年印刷，第 41 页。

第一，监狱规模得到扩大，狱内设施得到改善。该监狱启用后，为适应接收人犯增加和改善结构与质量的需要，狱方陆续对该监狱进行了扩建和修缮。其中较大的扩建和修缮工程有三次。第一次是 1914 年在东、中区南部增设女监。[①] 第二次是 1916—1918 年，利用原监狱北围墙外附地扩建北监，并购地 8 亩增开北门及西门的农业劳动种植场。[②] 第三次是 1922 年监狱接收 60 名俄籍囚犯后，在其监房内安装暖气和消防设备，并为此单独建了供暖锅炉。经过增建和扩建，到 1919 年时该监狱规模基本定型。[③] 其占地由启用时的 120 亩扩大到 200 余亩；可容纳犯人由 500 人增加到 1000 余人；监区由 3 个扩展为 5 个；监房由 272 间增加到 594 间。该监狱不仅有分隔设立的男监、女监，而且有可供犯人劳役作业和使用的工场、教诲室、图书室、饮食用房、浴室及仓库等设施，是一座规模宏大、布局合理、功能齐全、设施先进和完善，具有中西合璧风格的高水平近代化监狱。当时，西方监狱学者考察后，认为这所监狱是中国依照国际最高水平所建的现代监狱。

第二，监狱制度进一步完备。1913 年后，北洋政府司法部先后颁布了《中华民国监狱规则》等一系列法律文件，制定了收监制度、监禁和戒护制度、衣粮医药制度、劳役制度、释放制度等方面的法律、法规。北京监狱按国家法律法规，废止了该监建立初期自设试行制度，自上而下地建立了堪称精细完备的管理制度。其精细与完备程度在朱紫垣编辑的《中国新旧监狱比较录》一书中有充分反映。该书以北京监狱（时称京师第一监狱）“三科两所”为顺序分为五章，详细整理了该监各科（所）的制度规章与事务细则。其中仅关于第一科的职能和各项制度即多达 218 条。各条内容极其详细。例如，医务所制度中，仅医士之职务的规定即达 31 条。[④] 该监狱制度规定的严密完备程度，大大超出了司法部的有关要求。值得注意的是，该书编者为司

---

① 参见《京师第一监狱关于改革工程及拟扩充工作情形的呈》，北京市档案馆藏，档号：J191-002-11795。

② 参见《京师第一监狱关于改革工程及拟扩充工作情形的呈》，北京市档案馆藏，档号：J191-002-11795。

③ 参见欧阳志工等《民国时期北京监狱罪犯生活卫生状况研究》，《犯罪与改造研究》2015 年第 4 期，第 63—70 页。

④ 参见朱紫垣《中国新旧监狱比较录》，北京共和印刷局 1916 年版，第 17 页。

法部选送北京监狱练习实务的朱紫垣，根据其 1914 年 4 月—1915 年 4 月的实地实习与总结、比较研究而成书，并经北京监狱校阅，由时任典狱长的王元增亲笔题词而刊出，故其所述内容有极大可靠性。

第三，在押人犯数量不断增加，监犯人权获得一定程度保障。该监自 1912 年 11 月开始收押犯人，到 1915 年 2 月在押人犯即有 600 多人。① 同年末更猛增至 1079 人，关押的犯人以已判刑的普通刑事犯为主。② 1922 年，北洋政府司法部将原关押在哈尔滨监狱的 60 名俄罗斯犯人交由该监狱关押，该监狱遂成为中国第一所关押外籍犯人的监狱。

按北洋政府颁布的《监狱规则》有关规定，监犯具有一定物质给养权、卫生健康权和劳动休息权。该时期北京监狱对监犯的这些权利给予了一定程度的保障。

物质给养权方面。据王元增编著的《北京监狱纪实》记载；民国二年（1913）监狱免费提供灰色单、棉衣和各种卧具。每名犯人日均粮菜煤等费用合计 1 角 1 分。每日供应热水，一日三餐，早餐为小米饭，午餐和晚餐均为白米饭，但不久便改为旧有的一日两餐制，“早餐次白米饭，晚餐是蒸制的窝头”。囚粮由司法部拨款监狱采购。1928 年以前，饭食限量分一等 14 两至五等 6 两不等。③ 每名囚犯每天供应粮食，最多的不足 440 克，最少者不足 190 克。这说明该监狱监犯虽存在饭量供应严重不足的问题，但总体上看，监犯的饮食状况较之旧监狱还是有明显改善。

卫生健康权方面。该监有单居、杂居和传染病房共 28 间，可同时收治 40—50 名病犯住病监医治。罪犯入监时要进行健康检查，平常则每年体检两次。春季接种天花、麻疹疫苗，以防传染病发生。

劳动休息权方面。囚犯每日劳役时间因季节不同而有所区别，一般为六到九个半小时。其中夏季为九个到九个半小时，冬季（1 月、12 月）为六个小时④，且教诲、教育、接见、询问、诊察及运动所需时间可算入劳役时间。

---

① 参见王元增《京师第一监狱报告》，北京市第一监狱 1915 年印刷，第 1 页。

② 参见朱紫垣《中国新旧监狱比较录》，北京共和印刷局 1916 年版，第 183 页。

③ 参见王元增《北京监狱纪实》，北京监狱 1913 年印刷，第 45—47 页。

④ 王文豹：《京外改良各监狱报告录要》，1919 年，第 17 页。

这不但比后来南京国民政府时期规定的八至十个小时的劳役时间明显要低，而且比1913年发布的《监狱规则》规定七至十个小时还少。

北京监狱对监犯权利在一定程度上的保障，大大降低了监犯的非正常死亡率。“截至1915年末，京师第一监狱收有押犯1079人，在监死亡者总计82人”，死亡率约7.6%①，比清末京师的南北二监35%“瘐毙”（牢内非正常死亡）率②低得多，因而该监狱在这方面受到了国际社会的肯定。1926年1月，来华调查司法状况的国际法权调查委员会在参观北京监狱后认为，该监内监房、病房和工作房“均内容整洁，秩序井然，较诸通常民居，较为舒适”，各国委员睹此情况，均表满意。③ 至于民国六年（1917）该监狱发生的“藤竹科囚犯暴动”（指1917年8月该监囚犯越狱事件。这次事件中有8名人犯越狱逃脱，1名看守被刺死，典狱长王元增和多名职员受伤）④，高翔研究的结论是有道理的，他认为该事件主要不是该监狱管理粗暴导致，而是以满族为主的这些狱犯因感到“清帝已完，大赦没望”而发生。⑤

第四，监狱作业得到较好开展。这一时期该监狱作业项目，主要有木工、织工、缝工、钣金、印刷、藤竹、农工、洗工、鞋工、营缮等10项。⑥ 这些项目除个别外都收到较好效益。1914年至1919年底该监狱获得余利9590余元。1920年1月至1922年6月获余利31 720元。1922年，该监狱作业获利24 000元。⑦ 1923年司法部监狱司对各监狱作业开办十年所得益金的总结认为：“截至十年度为止，综计各监作业所得纯益金额，京畿以京师第一监狱为

---

① 《京师第一监狱关于全年死亡人犯请检验的呈》，北京市档案馆藏，档号：J191-002-11583。

② 朱紫垣：《中国新旧监狱比较录》，北京共和印刷局1916年版，第183页。

③ 参见《昨日列国委员参观京中司法机构》，《晨报》1916年2月2日。

④ 参见《司法部关于藤竹工场囚人暴动的指令及京师第一监狱对此事的函》，北京市档案馆藏，档号：J191-002-11926；《京师警察厅外右四区区署关于京师第一监狱竹科犯人聚谋殴伤典狱长、刺死看守越狱的呈》，北京市档案馆藏，档号：J181-018-08118。

⑤ 参见张卫东、高翔《北京监狱1917年藤竹科犯人暴动事件对当今监狱管理的启示》，《中国监狱学刊》2013年第4期，第155页。

⑥ 参见《京师第一监狱各科作业机械器具移交清册》，北京市档案馆藏，档号：J191-002-13574。

⑦ 参见《京师第一监狱十一年度收入状况表》，北京市档案馆藏，档号：J191-002-16555。

最。"[1] 高艳的研究也认为"京师第一监狱的罪犯作业无论从制度建设、作业规模、作业收益上看，在全国都是属于第一位的"[2]。

第五，教育教诲得到一定程度开展。王元增认为"监狱教诲为改良狱政根本，教育为增进在监人智能，二者不可偏废"[3]。因此，自该监狱成立后即设立专门机构和人员实施教育教诲。在教育方面，形成了初小、高小、初中和初中以上四个教育层次。课程主要设置国语、算术、史地、常识、珠算和音乐，且分别规定了不同课程的固定场所和学习时间。[4] 1922 年 4 月，该监狱还开办了小型的图书馆供监犯阅读。在教诲方面，1918 年以前分个人教诲、类别教诲和集体教诲三种方式，1927 年后增加了特别集合教诲形式。[5] 教诲内容主要是宗教和道德。按严景耀的实地调查，到 1924 年秋之前，该监狱教育教诲处于鼎盛时期[6]，取得明显效果。当时司法部监狱司司长王文豹在王元增《监狱学》的序中对此描述说："听讲者皆有定时，诵经阅术者各从所愿，往观者几忘其为监狱也"[7]，但 1924 年秋之后渐衰。

第六，在全国监狱中的地位与影响巨大。该阶段北京监狱不论在监狱建筑和设施建设方面，还是在制度建设及其实践上的发展方面，都走在了全国监狱的前面，被时人称为"具有模范全国之资格"[8]。其一，该监狱成为当时中国监狱立法、司法的发源地和试验场。不少监狱立法或是由该监狱提出、被司法部采纳而成为全国监狱司法文件，或由司法部提出在该监狱试行而后颁布实行的。其二，该监狱成为培训全国监狱管理人员基地和监狱司法人才

---

① 《司法公报》1923 年 9 月。

② 高艳：《清末民初我国监狱罪犯作业的经费问题》，《中国社会科学院研究生院学报》2010 年第 6 期，第 133—138 页。

③ 《充实新旧监狱教海教育案》，北京市档案馆藏，档号：JI91-002-13590。

④ 参见《京师第一监狱关于实施监犯教育计划及汪教诲师讲稿》，北京市档案馆藏，档号：J191-002-16161。

⑤ 参见《司法部关于各监教诲师教师及各职员分担课程及京师第一监狱的呈》，北京市档案馆藏，档号：J191-002-14200。

⑥ 参见《北平监狱教诲与教育》，载民进中央宣传部编《严景耀论文集》，开明出版社 1995 年版，第 78 页。

⑦ 王元增：《监狱学》序言，京师第一监狱 1924 年印刷。

⑧ 朱紫垣：《中国新旧监狱比较录》绪言，北京共和印刷局 1916 年版。

的摇篮。民国初年司法部颁布的《北京监狱练习员规则》，确定了北京监狱承担全国监狱管理人员的职能和细则。从该监狱启用到1923年7月，经在该监狱实地实习并分赴各地新式监狱工作的管理人员达300多人。[①] 至民国四年(1915)，仅从该监狱调出担任其他监狱典狱长、看守长、分监长、主任看守职务的有7人。[②] 其三，北京监狱的建筑格局也成为各地新监建筑的蓝本。如果说清末京师模范监狱的"模范中之模范"设计和建造，为后来北京监狱的发展奠定了基础，那么，经过这一阶段的发展，该监狱名称虽删掉了"模范"二字，但在事实上把原设计"模范中之模范"的定位变成了现实，只是其性质较前发生了质的变化。

（二）北京监狱初期发展原因

这一时期的北京监狱之所以得到顺利发展，既与当时特殊的历史条件相关，也由该监狱本身的特殊优势决定。

第一，中国废除领事裁判权运动的推动。进入民国后，中国废除领事裁判权运动进一步高涨。辛亥革命虽只是形式上的成功，但在当时则极大地促进了中国人民争取民族独立的热情。第一次世界大战后，中国作为战胜国曾一度被"公理战胜强权"的舆论所鼓舞。1924年5月，中国与苏联签订条约，正式废除了在华领事裁判权。在1919年的巴黎和会上，中国政府第一次正式提出废除领事裁判权的要求，并且试图通过这次会议逐步达到这一目的。在1921年召开的华盛顿会议上，中国代表团不但更强烈地阐述了这一要求，而且介绍了民国后中国改良法律和司法包括改良监狱的显著成效。会议上列强被迫承认了废除在华领事裁判权这一不合时宜制度的必要性，同意派专家来华考察中国法律和司法情形。因此，华盛顿会议进一步提高了中国政府和人民对于改良司法和监狱的重视程度。在以上背景下，包括北京监狱在内的监狱改良获得了有利的国内环境。

第二，北洋政府的特殊支持。北洋政府上台后，迫于国内各方面压力和巩固其政权的需要，继承晚清政府衣钵，一直把司法改良特别是监狱改良，作为废除领事裁判权的"最要之举"，并与西方列强进行了长达15年的谈判。

---

① 参见《北平河北第一监狱报告书》，北京市档案馆藏，档号：J191-002-16035。

② 参见《京师第一监狱主任看守及看守姓名清册》，北京市档案馆藏，档号：J191-002-13310。

此时的北京监狱，虽被摘掉了“模范中之模范”的桂冠，但它作为当时规模最大、设施最完备的中央新式监狱，受到了北洋政府的高度重视，力图将之打造为监狱改良样板，以期在国内外塑造改革形象。在1926年国际调查法权委员会考察中国时，北洋政府将该监狱作为参观重点即说明了这一点。因此，北洋政府给予该监狱以多方面特殊支持。比如，经费由北洋政府财政部直接拨付，虽因国库空虚，也会有拨款不足问题，但比由各省财政承担经费的地方监狱要好得多。如筹办期间，财政部实拨开办费23 088元；1913年度拨付经费76 212元。① 此外，北洋政府为该监提供较为充足的作业基本金，同时由政府订购其大量作业产品，使其生产和销售条件大大优于其他监狱。北京监狱典狱长王元增在其报告中提到的承揽品有：司法部状纸、司法公服、司法例规、大理院判决录、《中华杂志》、《法政学报》、《法学杂志》、清道夫制帽制服、女子师范学校制服、第二蒙养院所用的恩物等，“作业收入已达万元”②。北洋政府对该监狱的特殊支持是其发展的重要条件。

第三，王元增的长期任职和艰辛而卓越的努力。一个国家或单位的发展，既需要制度和政策创新，也需要领导人员和制度、政策的连续性，缺乏这种连续性必然会引发混乱和动荡。在北洋政府时期，政治局势动荡和各级政权及其任职成员频繁更迭是一个显著特点。据统计，从袁世凯死后的1916—1928年的13年中，中央内阁更替达38次。从1912—1928年的17年间，司法总长更换了36人次。其中任职时间最长的不过2年多，最短的仅为8天。北洋军阀是以利益为核心的军事政权，拉帮结派、结党营私是弥漫于北洋军阀各级政权官场的严重弊端和风气。因而上层的每一次变动，一般都对监狱改良事业的连续性带来不利影响，从而危及其发展。时人为此感慨道：“司法事业之萎靡不振，原因非一端，而管理全国司法行政之长官，鲜能久于其任，亦固使之然也。”③ 然而，北京监狱却有幸成为一个例外。王元增自1912年8月筹办该监狱，到1927年8月离职，担任典狱长达15年之久。这保障了北

① 参见《京师第一监狱三年经常费收支表册》，北京市档案馆藏，档号：J191-002-16277。

② 《京师第一监狱关于提倡监狱作业征集成品开会展览及改良监狱仁政的饬》，北京市档案馆藏，档号：J191-002-10971。

③ 万安中：《中国监狱史》，中国政法大学出版社2003年版，第124页。

京监狱发展的连续性。同时，王元增把“治狱为一生慈善事业，不当作一种官吏生涯”①。他把自己留学日本和考察欧洲所学到的监狱理论，付诸该监狱实践，利用自己的学识、威望和才能，克服各种困难，为北京监狱的各方面发展做出了重要贡献。可以说，没有王元增的艰辛努力，就没有北京监狱这一时期的发展。

（三）北京监狱发展后的波折

在1927年前后的一段时间里，北京监狱的发展遭遇波折，主要表现为以下几方面。一是典狱长频繁更换。1927年8月王元增辞职，在此后到1928年6月该监狱改属河北省地方监狱前一年多时间里，先后三次更换典狱长。② 二是作业几近停顿。从1923年开始，该监狱作业产品出现销售不畅问题，大量产品因此积压。与此同时，债务急剧增加。至民国十七年（1928）7月，该监狱作业债务总数达11 942.098元之巨。③ 这些使该监狱作业生产和盈利状况受到极大影响，出现了作业余利不断下滑的局面。1923年该监狱作业余利由24 000元下降到14 000元。1924年后更每况愈下，年余利不到万元。至1927年几至停顿。④ 三是经费不足，人员裁减。如医务人员只保留中西医医士各一人、药剂士一人。⑤ 四是由于上述问题，该监狱“各项工作出现停滞甚至倒退”，乃至“一切进行事宜均为之停顿”。⑥ 如以前经常开展的监犯教诲，到1927年后连教诲师的面都极少见到。1928年间有两三个月不见教诲师，即使来了也是谈天说地。⑦

（四）北京监狱遭受波折原因

此时北京监狱的上述波折，固然与王元增离任、典狱长更换频繁，领导

① 王元增：《监狱学》序言，京师第一监狱1924年印刷。

② 参见《北平河北第一监狱报告书》，北京市档案馆藏，档号：J191-C02-16035。

③ 参见《河北第一监狱经常及作业月报各种表册一览表》，北京市档案馆藏，档号：J191-002-12842。

④ 参见《京师第一监狱关于调查囚犯作业、囚粮经费其他等事项的函》，北京市档案馆藏，档号：J191-002-12826。

⑤ 参见《京师第一监狱主任看守及看守姓名清册》，北京市档案馆藏，档号：J191-002-13310。

⑥ 《河北第一监狱关于建筑、监外用地、南北监给养事项等问题的材料规定》，北京市档案馆藏，档号：J181-033-02760。

⑦ 参见民进中央宣传部编《严景耀论文集》，开明出版社1995年版，第78页。

层和治理方式缺乏连续性有关，但深层次原因则是此时监狱改良在北洋政府施政中的地位和社会影响降低，以及北洋政府面临的政治、军事和经济危机。

应当说，在 1926 年之前，北洋政府为达到废除列强在华领事裁判权的目的，对监狱改良做出了不少努力并取得了一些进步，其中对北京监狱的支持更是其他监狱所不能比拟的。然而，到 1926 年，北洋政府的这一期望破灭了。1921 年华盛顿会议后，为迎接列强检查，北洋政府对监狱改良做出了更大努力，甚至包括“整饬法院、监狱和看守所外观和内务，以图短期粉饰”① 的做法。但是，在 1926 年 1 月到 9 月列强法权委员会长达 8 个月的调查之后，仍做出了“藉词延存领判权于中国”的报告。其中关于监狱方面，指出新式监狱和看守所较少等问题，并建议中国政府应有相当经费之设备，以便维持法院、看守所、监狱及其职员。客观地讲，这些问题的确是存在的。但是，这次调查也暴露了西方列强维持其在华领事裁判权的本质，说明北洋政府包括此前的清朝政府试图依靠社会上层，特别是法律精英主导的改良法律、司法和监狱，以求达到使列强放弃在华特权目的的做法，是根本行不通的。

对此，当时的一些法学家已明确指出。如近代著名法学家并曾任调查法权委员会中国秘书的梁敬錞，法学家郝立舆、吴颂皋，都认为“巴黎和会之收回法权运动，遂完全失败”或其结果惟“完全失败”。② 此后，中国废除领事裁判权斗争的主要方式，转变为“扩大宣传，唤起民众及民众团体为外交后盾或实行国民外交”③。废除领事裁判权主要斗争方式的转变，使监狱改良这个原被列为内政外交“最要之事”的地位下降，北洋政府和社会对北京监狱的支持程度和氛围也随之降低。1927 年前后，北京监狱作业产品销售不畅、产品积压、债务急剧增加和经费较少等一系列问题的产生，也就不奇怪了。

北洋政府面临的经济、政治和军事危机，是把北京监狱推入困境的另一重要原因。北洋政府统治时期财政始终处在拮据的困境，其财政收入主要用于军费，导致司法经费少，且呈逐年下降态势。到 1926 年后，随着北伐战

---

① 李启成：《治外法权与中国司法近代化之关系——调查法权委员会个案研究》，《现代法学》2006 年第 4 期，第 26—37 页。

② 郝立舆：《领事裁判权问题》，商务印书馆 1925 年版，第 82—83 页；吴颂皋：《治外法权》，商务印书馆 1929 年版，第 281—287 页。

③ 梁敬錞：《在华领事裁判权论》，商务印书馆 1930 年版，第 175 页。

争，特别是1927年1月后的第二次北伐战争的兴起，北洋政府经济危机进一步加剧，其军费开支剧增和司法经费减少更达“极点”。1928年3月31日北洋政府中央政费预算案中，司法部本部及其直属各机关的预算仅为93 900元。[①] 这不仅导致司法部、大理院、总检察厅等机关因经费拮据而对北京监狱作业项下收益进行借债，而且导致北京监狱经费极度困难，不得不挪借作业经费。在民国十七年（1928）7月北京监狱作业119 492.098元债务总数中，北京监狱挪借数额约占总数的79%。[②] 即使如此，该监狱也难以正常运转，连看守每月4—8元的薪水都不能按时发放。[③] 监狱是国家机器的一部分，只有靠国家稳定与支持才能发展。既然该时期曾支持北京监狱的北洋政府处于自顾不暇的政治、经济危机当中，北京监狱的命运也就可想而知了。

可见，王元增离任、典狱长更换频繁，不过是北京监狱发生波折的直接原因，而1926年后该监狱在北洋政府中地位的降低、社会影响的下降和北洋政府面临的经济、政治和军事危机，才是其波折发生的根本原因。

四、北洋政府时期北京监狱的特点

如果把1912—1928年北京监狱的发展历程，与清末该监狱筹建时期、南京国民政府统治时期的河北第一监狱和当时旧监狱相比较，可以发现北京监狱有如下三个特点：

（一）北洋政府的统治工具

马克思主义国家观认为，国家本质上是阶级统治的工具，并同时具有政治统治和社会职能的双重职能，但其后一功能服务且服从于前一功能。从20世纪初到20年代末，北洋军阀的不同集团，虽如走马灯似的轮流执政，但北京监狱始终掌握在北洋政府手里，成为这个统治集团及其代表的地主买办阶级和帝国主义残酷统治中国的重要工具，是一座半殖民地半封建性质的监狱。

北京监狱具有半封建性质。在北京监狱筹建和试办时期，该监狱经司法

① 参见《北京政府新预算中之司法经费》，北京市档案馆藏，档号：J001-001-14790。

② 参见《司法部关于京师第一监狱作业纯利报告表的训令》，北京市档案馆藏，档号：J191-002-14591。

③ 参见《京师第一监狱关于本监看守职员、主任、看守等津贴的案卷》，北京市档案馆藏，档号：J191-002-18007。

部批准，对“顽梗之徒”实行“掌则”惩罚。[①] 这种惩罚显然属于封建肉刑的性质，说明此时该监狱的半封建性。1914 年，北洋政府“援用”清末《大清监狱律草案》，并对之稍加删改，继而颁布了《中华民国监狱规则》。而《大清监狱律草案》虽引进了当时欧洲和日本的近代监狱理论、原则与制度，且在一定程度上与中国情况有所结合，但“深深烙着半殖民地、半封建性的印记”[②]。而该立法在全国监狱都得到了全面实施，北京监狱自然也被打上这种印记。

北京监狱具有半殖民地性质。由于当时中国社会和北洋政府性质，政府不能行使完整的刑罚主权。当时北京虽无外国租界，但在东交民巷一带的外国使馆区，“一切主权都操于外人之手，华人不但不能过问，而且禁止在内居住”[③]，“实际成为国中之国”[④]。中国政府和北京监狱都无相应的刑罚执行权。

1922 年，由于苏联政府主动放弃沙俄在中国的领事裁判权，北洋政府把关押在哈尔滨特区监狱的 60 名俄籍犯人移交给北京监狱执行，成为中国关押外籍犯之始。[⑤] 但这并不能改变该监狱无权对外国罪犯实行刑罚执行权的基本状况，因而也不能改变其殖民地监狱的性质。同时还要看到，该监狱对这些外籍监犯实行了特殊待遇。在他们监房内安装了暖气和消防器，且为此单独建立了供暖锅炉。当然，这时的俄国已成为社会主义国家，但该监狱实行的这些特殊优待，是根据 1920 年北洋政府颁布的《审理无领事裁判权国人民重要案件分别处刑办法文》。而该文件本质上是维护外国在华的特权，反映了北洋政府维护帝国主义在华利益的要求。

值得另外说明的是，该阶段北京监狱关押的主要是普通罪犯。据严景耀统计，1920—1926 年，包括北京监狱在内的北京地区各监狱罪犯都是经济、性欲和仇恨等普通犯罪，政治犯为零。直到 1927 年 4 月后才出现所谓犯“内

---

① 参见王传敏主编《民国监狱法规汇编》，光明日报出版社 2014 年版，第 232 页。

② 薛梅卿、叶峰：《试谈〈大清监狱律草案〉的立法意义》，《政法论坛》1987 年第 3 期，第 49—55 页。

③ 钱实甫：《租界与租界地》，《广西民团周刊》1939 年第 23 期，第 58 页。

④ 胡绳：《从鸦片战争到五四运动》，人民出版社 1982 年版，第 789 页。

⑤ 参见孙雄《监狱学》，商务印书馆 2011 年版，第 75 页。

乱罪”的政治犯。[①] 而且李大钊等所谓政治犯不是被关押在北京监狱，而是关押在京师第二监狱。直到 1928 年夏之前，在北京地区各监狱总共 14 309 名犯人中，政治犯只占 0.5%。[②] 这说明，北京监狱主要功能是惩罚反社会行为，履行社会公共权利职能。然而，这种情况并不能改变其为北洋军阀政权统治工具的现状及其半殖民地半封建监狱的性质。正如马克思、恩格斯所指出：“政治统治到处都是以执行某种社会职能为基础，而且政治统治只有在它执行了它的这种社会职能时才能持续下去。”[③]

（二）实行专家治狱

如前所述，北京监狱的发展与王元增担任该监狱典狱长有重要关系。王元增早年留学日本，攻读监狱学。后曾自费走欧洲考察各国监狱，并深入研究监狱学。由于其取得显著成果，当时的监狱学人芮佳瑞称之为“吾中国发明监狱之学之约翰·霍华德”。当代有学者把民初的监狱学称为“王元增时代”[④]。他虽为北洋政府的一个官吏，但与那些以索取权力和财富为目的的官吏不同，他“治狱为一生慈善事业，不当作一种官吏生涯”[⑤]。他把北京监狱作为自己学以致用，实践其监狱理念和理论的平台，参酌东西各国经验，结合中国实际，以艰辛努力，主持监狱修缮和扩建，制度设计、执行与各种事务管理，使北京监狱在一定程度上表现出专家治监的特点。正如王文豹在为王元增《监狱学》所作序中称赞道：“王君毅然以改良监狱自任，一扫武健严酷之风。”“凡留学和调查时之所得，均将一一见之实行，益信王君为治狱之才，当今无出其右也。”[⑥]

北京监狱凸显专家治监的特点，是该监狱的特殊性和当时中国政治的特点决定的。监狱是一个与社会相对隔离的“小社会”。北京监狱更是一个设施功能先进、齐全，能够依靠政府支持和罪犯作业收入维持正常运转的全国规

---

① 参见民进中央宣传部编《严景耀论文集》，开明出版社 1995 年版，第 18 页。

② 参见《京师第一监狱关于人犯姓名、罚名、刑期、判决日期表》，北京市档案馆藏，档号：J191-002-16176。

③ 《马克思恩格斯选集》第 3 卷，人民出版社 2012 年版，第 559—560 页。

④ 郭明：《中国监狱学史纲》，中国方正出版社 2005 年版，第 111 页。

⑤ 郭明：《中国监狱学史纲》，中国方正出版社 2005 年版，第 114 页。

⑥ 王元增：《监狱学》序言，京师第一监狱 1924 年印刷。

模最大的监狱。该监狱的这些条件，为典狱长王元增按自己理念治理该监提供了可能。同时，该监狱虽在总体上不能摆脱北洋政府的管辖与制约，但北洋政府统治和直接管辖该监狱的司法部的一些特点，又给他实施专家治狱提供了某些空间。其一，北洋政府是封建军阀集团以武力为后盾，利用资产阶级民主政治的形式，操纵和控制国家政权的一种政治统治形态。这些军阀虽以封建思想为其“体”，但也不乏含有资产阶级民主主义的成分。[①] 特别是北洋政府迫于时代潮流，不得不维持“司法独立”的形式。这为他实行专家治狱提供了可以利用的制度空间。其二，北洋政府试图把北京监狱建成西式高水平监狱，以将其作为争取废除领事裁判权、维持政权的筹码。这使王元增的监狱治理和北洋政府的政治目标形成某种程度的契合，从而获得比其他监狱更多的政府支持。其三，1914 年 7 月—1928 年 7 月，与王元增同在日本留学的近代法学家王文豹，始终担任北洋政府司法部监狱司司长，十分欣赏王元增的治狱才能，为其在制度内的具体治理提供了空间。以上条件，都为王元增在北洋政府管辖下实行以西方监狱治狱理念和制度为主要特征的治理实践提供了有利条件。

（三）理想主义色彩浓厚

清末民初，中国大量移植了欧美法律最新学说与原则，以致 1926 年国际法权调查委员会报告书也不得不承认中国法律体系“较诸各国，尚无逊色，即法权报告书中，亦夙认为满意者也”[②]。监狱立法作为中国法律体系的一个组成部分，同样是“在器物与制度层面全盘照搬西方，使监狱立法监狱建筑样式上都存在较强的理想化色彩”[③]。但与其他监狱明显不同的是，北京监狱不仅独有其先进的建筑形式，并在相当程度上实施了理想化的制度，而且在司法实务上也具有浓厚的理想主义色彩。

王元增在《北京监狱纪实》例言自序中回溯其师承渊源时说：“元增监狱学之知识，得之于小河滋次郎先生者最多。其实务上之研求又得先生之介绍，

---

① 参见张欣《军阀政治与民国社会（1916—1928 年）》，华东师范大学 2005 年博士学位论文。

② 吴颂皋：《治外法权》，商务印书馆 1933 年版，第 285 页。

③ 许章润：《清末对于西方狱制的接触和研究——一项法的历史和文化考察》，《南京大学法律评论》1995 年第 2 期，第 38—49 页。

亲受浦和典狱早崎春香先生之指导，嗣后又得从许总长之后，历观英、俄、德、法、意、奥、荷、比各先进国之监狱。故本监狱之组织学识则宗小河先生，其设备及办事手续参酌东西各国。”① 因此，他把北京监狱的治狱目标定位于“精神形式均步武泰西，去数千年桎梏缧绁之苦，实施教养感化之法”②，形成了他“精神形式均步武泰西”理想主义治狱理念，并以此作为其治狱原则。

王元增治理北京监狱的理想主义，主要体现在他对该监狱制度设计的完备与精细方面。对此，只要看看朱紫垣所编的《中国新旧监狱比较录》一书，就会十分清楚。该书为把新旧监狱做比较，对北京监狱制定和实施的各种规章制度、管理、设置做了十分翔实的梳理和分析，其展现的制度和实务设计之完备与精细，在今天看来也不得不令人感叹。其内容上已述及，无须过多赘述。正如许章润所指出的：这时的中国监狱改革者往往“变法图强心切，因而对引进的西制多不及细细消化，欲在器物与制度层面全盘照搬，却无相应的理念与之呼应，客观上亦无此从容，故虽有开风气之效，却无长久之功”③。

比如，在该监狱建立之初，规定每日设置早中晚三餐，并将白米甚至面包作为罪犯主食，对病犯供给鸡蛋和牛乳。国庆日、纪念日等节日给犯人提供猪肉，回族罪犯则提供牛羊肉。被服分季节全套供应，枕套每 3 日更换 1 次，褥单每周更换一次。④ 该监狱还曾提出冬季给各监房通暖气的提议。应当肯定，这些规定和措施，旨在彻底改变旧式监狱罪犯恶劣的生存状况，实施“以教化为本”⑤ 的治理理念，但严重脱离了当时实际，后因运行成本过高，难以为继，其理想化管理模式被现实管理模式所代替。1917 年后，饭食由每日三餐改回旧制每日两餐。囚粮种类由大米、面包变为“早餐次白米饭，晚

---

① 王元增：《北京监狱纪实》例言，北京监狱 1913 年印刷。

② 王元增：《监狱学》，京师第一监狱 1924 年印刷，第 29 页。

③ 许章润：《清末对于西方狱制的接触和研究——一项法的历史和文化考察》，《南京大学法律评论》1995 年第 2 期，第 38—49 页。

④ 参见王元增《京师第一监狱报告》，京师第一监狱 1915 年印刷，第 49 页。

⑤ 王元增：《监狱学》，京师第一监狱 1924 年印刷，第 149 页。

餐是蒸制的窝头”[1]。其监房通暖气的建议，也由于耗费巨大被司法部驳回，只得采取加厚草垫、棉被和火炕传统方式取暖。其原规定的被服标准也降低了。尽管如此，北京监狱不管是在筹办时期及建立初期，还是在模式转换之后，其监犯的生存条件不但比旧式监狱有明显改善，即使与同时期其他新式监狱相比也好得多。

值得说明的是，北京监狱的这种浓厚的理想主义，当然与王元增“变法图强心切，因而对引进的西制多不及细细消化，欲在器物与制度层面全盘照搬”[2] 密切相关，同时也与北洋政府试图把该监狱建成争取废除领事裁判权的一张王牌，以巩固其统治的政治需要紧密联系。当然，如前所述，北京监狱治理上的理想主义努力，虽实现了该监狱的初期发展，并促进了中国监狱转型进程，但由于当时的中国国情和所处的社会发展阶段，其理想主义“无相应的理念与之呼应，客观上亦无此从容，故虽有开风气之效，却无长久之功”[3]，注定这一努力遭遇巨大曲折。

第二节　南京国民政府时期的北京监狱

一、南京国民政府的接收

1928 年 6 月，随着北洋政府垮台和北伐军进入北京，原为首都的北京更名为北平特别市。同时，国民党战地政务委员会代表南京国民政府接收了北京监狱，将该监狱委托河北省高等法院监管，并将其改名为“北平第一监狱”，从此，北京监狱由北洋政府直属的中央监狱转而成为河北地方监狱。同年 7 月，该监狱又被改名为“河北第一监狱”。1934 年 5 月，为进一步标明其地方性，该监狱被横冠“北平”字样，称为“北平河北第一监狱”[4]，直到 1937 年 7 月北平沦陷之前。

---

① 王元增：《京师第一监狱报告》，京师第一监狱 1915 年印刷，第 85 页。

② 郭明：《中国监狱学史纲》，中国方正出版社 2005 年版，第 115 页。

③ 王元增：《监狱学》，京师第一监狱 1924 年印刷，第 160 页。

④ 《北平河北第一监狱报告书》，北京市档案馆藏，档号：J191-002-16035。

二、南京国民政府初期状况

南京国民政府初期，正值北京监狱初期发展后的波折时期。当时该监狱本监占地面积 160 亩，监外面积约 40 亩，占地总面积约 200 亩。全监分北监、南监、北新监、女监、病监五部分①，各式监房 594 余间，共收容男女犯人 730 余名，外国犯人 10 余名。时有大工场 7 处，中等工场 9 处。全监共设职员 166 人。② 其管理仍实行“三科两所制”，但该监狱“一切进行事宜均为之停顿，监房工场，年久失修，渗漏破烂不一而足”③。作业产品大量积压，收入下降，债务急剧增加。至民国十七年（1928）7 月，债务总数达 11 942.098 元。④ 同时，罪犯的基本生活保障继续下降。至 1929 年春，连囚衣“人各一袭已感不足，且多褴褛未能服用”⑤，甚至看守薪水都不能按时发放⑥。该监狱在南京国民政府初期之所以出现上述状况，既是原来波折的延续，也与当时北平易主、北方局势动荡紧密联系，更与下面谈到的该监狱隶属关系转变直接相关。

三、北京监狱制度演变与走向

南京国民政府时期，北京监狱进入了一个转变时期。其转变有两方面含义：一是由原先的中央监狱向地方监狱转变；二是由原先北洋政府治下的形式上的依法治狱，向南京国民政府治下的以党治狱转变。这两大转变对北京监狱产生了深刻影响，决定了该监狱的发展状态与走向。

（一）隶属关系转变的影响

北京监狱改由河北高等法院监管给该监狱带来了多方面深刻影响。

---

① 参见《北平河北第一监狱报告书》，北京市档案馆藏，档号：J191-002-16035。

② 参见《北平河北第一监狱报告书》，北京市档案馆藏，档号：J191-002-16035。

③《北平河北第一监狱报告书》，北京市档案馆藏，档号：J191-002-16035。

④ 参见高翔《北京监狱对民国时期监狱行刑制度发展的影响》，《中国监狱学刊》2017 年第 4 期，第 143 页。

⑤《河北第一监狱关于建筑、监外隙地、南北监给养事项等问题的材料、规定》，北京市档案馆藏，档号：J181-033-02760。

⑥ 参见民进中央宣传部编《严景耀论文集》，开明出版社 1995 年版，第 48 页。

其一，地位变化。它意味着该监狱由中央直属监狱，下放为由河北省高等法院隶属的河北地方监狱。

其二，经费来源与状况变化。此前该监狱经费由北洋政府司法部直接拨付，经费较地方监狱相对充足并有所保障，而其改属后却丧失了这一优势。南京国民政府成立后不久即确立了司法权限统归中央的原则，按此原则，中央及各省监狱人事与经费理应由司法行政部统一管理和提供。但在1939年以前，南京国民政府鉴于国家财政无力支撑全国监狱的庞大开支，因此实际实行的是中央监狱经费由司法行政部解决，各省监狱经费数额由司法行政部核定，经费则推给各省解决，由此形成了地方政府既不愿也无力承担监狱经费的状况，导致各省监狱经费不足且难以有效保障。

此时被改为地方监狱的北京监狱，自然也被推到这一困境，特别是在南京国民政府初期尤为严重。经司法行政部核定，1928年度该监狱常年经费每月为7847.71元，但因河北省司法经费异常支绌，未能照数发给。每月仅有河北高院发放的维持费2674.8元。即使在河北高等法院列支该监狱经费最多年份的1936年也只有6313元。① 但实际拨付远不能达到这个数字，因此该监狱经常处于“经费支绌”② 的窘境。1934年10月，北平基督教青年会社会事业研究班参观时了解到，该监狱“现在实得到拨付的只四千五百元……每月仍在闹着恐荒的经费呢”③。

其三，影响力降低。该监狱虽仍因其“历史悠久”“设备均仿文明国先例为中外人士所注目”④，但由于地位下降，其影响力明显降低，如民国初年北京监狱的训练各新监狱官的职能被取消，因而其社会支持度和经费筹措能力也相应减弱。总之，其隶属关系变化严重影响了该监狱的发展。

（二）监狱制度调整与演变

北京监狱更名（由京师第一监狱改为河北第一监狱）后，其所依附的国家政权由原来的北洋政府变为南京国民政府。二者虽都是代表地主阶级、官

① 参见《北平河北第一监狱报告书》，北京市档案馆藏，档号：J191-002-16035。

② 《北平河北第一监狱报告书》，北京市档案馆藏，档号：J191-002-16035。

③ 李志乾：《河北第一模范监狱参观记》，《北平青年》1934年第26期，第46页。

④ 《北平河北第一监狱报告书》，北京市档案馆藏，档号：J191-002-16035。

僚资产阶级和帝国主义在华利益的国家政权，但其统治方式发生了明显变化。如果说北洋国民政府是封建军阀集团以武力为后盾，以西方民主形式来操纵和控制国家政权的一种政治统治形态，那么，南京国民政府则是打着孙中山“党治”旗号，实行国民党专制统治，并逐步构建服务于这一统治的监狱制度。

在1935年之前，南京国民政府还来不及制定属于国民党的监狱法律体系，因而除删除与国民党党纲相抵触的一些条文外，几乎全盘援引北洋政府的监狱制度，主要是1928年10月司法行政部颁布的《中华民国监狱规则》及其一系列附属性法规。自1935年后，南京国民政府在吸收自清末以来监狱规则基础上，几经修改，颁布属于国民党的《刑事诉讼法》及其大量的附属性法规。这些法律法规吸收了西方一些诸如刑罚人道主义等理念，但为维护国民党独裁统治，引进了刑法上的法西斯制度。这些制度不但体现在制定《暂行反革命治罪法》《危害民国紧急治罪法》等法律，体现在集中营和中美合作所等特殊监狱，还体现在普通监狱管理的方方面面，使南京国民政府统治时期的监狱，很大程度上成为国民党“党治”“军治”和残暴镇压共产党与革命者的工具。

北京监狱此时虽属地方监狱，但作为南京国民政府统治机器之一，必须适应新政权和监狱基本法的要求，调整其监狱制度与规则，并由此开始了其制度调整与蜕变过程。主要表现为：1. 教诲制度“党义”化。北洋政府时期北京监狱教诲的主要内容是宗教和道德，改属河北后则开始“注重党义之灌输”①，建立了“党义研究所”②，并进行“总理遗教”及国民党开展的“忠孝仁爱信义和平”新生活运动教育。③ 2. 管理制度军事化。按照南京国民政府“以军队之纪律，管束犯人，使之绝对服从”要求，北京监狱从起床号开始，对监犯每日“一举一动，又非命令不行”④。其“静默制”更为严格。“无论在工厂，室内外，不但不许相互的谈话，且不许与监管人说一句话，否则是要

① 《教务所之组织及其职掌》，北京市档案馆藏，档号：J191-002-16161。

② 李志乾：《河北第一模范监狱参观记》，《北平青年》1934年第26期，第46页。

③ 参见《北平河北第一监狱报告书》，北京市档案馆藏，档号：J191-002-16035。

④ 民进中央宣传部编：《严景耀论文集》，开明出版社1995年版，第69—70页。

受处罚的。”[①] 3. 生活卫生低标化。1929 年 4 月梁锦汉接任典狱长后，该监狱生活卫生秩序虽得到恢复，并改善了一些设施，如普通病房以及走廊均修了洋灰地面，购置了铁床、桌椅等，但根据南京国民政府有关规定及经费匮乏状况，该监狱在保留原来基本制度的前提下，降低了监犯生活卫生标准。4. 作业经营企业化。在北洋政府时期该监狱实行行政主导的作业模式，主要发展官司业，委托业极少，承揽业被严格禁止。1935 年后，该监狱则改变了这一模式，主要发展“与当地承包人订立合同，规定监狱按合同组织生产”[②]的承揽业，开始向企业化转变。抗战胜利后，其作业经营方式转变为企业化、盈利化的“类公司制”正是这一阶段作业企业化走向的结果。通过上述制度调整，北京监狱逐步转变成为国民党专制统治的工具。

四、监狱状况恢复与作业回升

1929 年 4 月，梁锦汉担任典狱长后，针对各方面混乱和犯人生存条件严重恶化的情况，采取了一些比较有效的措施，使之逐步走出前几年的低谷状态，进入了新一轮恢复和发展期。

第一，修缮监房和工场。1929 年春，梁锦汉集筹资金 3800 余元，对监房和工场进行了修缮。1931 年河北省高等法院拨款 14 000 元，拟彻底修缮监房、工场，但因经费拮据，这些款项未全部到位，因而只有部分监房、工场得到修缮，建筑破旧问题仍未总体解决。1935 年由河北省和该监狱共同出资 13 100 余元，又对看守宿舍等建筑做了修缮。[③] 这些工程使该监狱居住条件有所恢复。

第二，解决监犯衣被和囚粮缺乏问题。1929 年春，梁锦汉请求北平慈善团体捐助，共募集单、夹、棉衣 400 余套。入冬后，他又向晋军粮食局申请，把调拨的数百套破军衣改做囚服，加上河北高等法院所发新棉衣 300 套、社会贤达募捐及河北省监狱协会援助棉被数百床，监犯的夏秋衣被严重缺乏问

---

① 李志乾：《河北第一模范监狱参观记》，《北平青年》1934 年第 26 期，第 46 页。

② 《改建翌年改良经过》，北京市档案馆藏，档号：J191-002-00093。

③ 参见《北平河北第一监狱报告书》，北京市档案馆藏，档号：J191-002-16035。

题因此而得到缓解。[①] 此后，监犯的衣被靠领取临时费购置，但临时费极少，不能添置齐全，不足部分只能靠拆补破烂衣服重新使用和掺用人犯自带衣被的办法解决。[②]

北京监狱转属地方后，囚粮款项由河北高等法院拨付，由监狱自行采办。每日每犯囚粮费用由北洋政府时期的 0.11 元略微下降为国币 0.09 元左右。[③] 囚犯主食为九成玉米面一成黄豆面混合制作的窝头，仍实行每日两餐制。饭食限量给予，但若不足仍予补发，以食够为度。病犯可吃到大米粥、玉米粥及白面片汤。[④] 生活状况的改善，使囚犯患病率和死亡率明显降低。据 1936 年统计，监犯患病比率为 2%弱，死亡人数占监犯总数的 2.8%强。[⑤] 如果按此数据判断，其死亡率要比 1915 年末该监狱 7.6%的死亡率[⑥]低得多。但实际情况是否如此，值得怀疑。据 1934 年 10 月北平基督教青年会社会事业研究班实地调查结果，北京监狱犯人"每日二餐，窝头两个，十四两咸菜一块，青菜汤一碗充饥而已"[⑦]。因而其死亡率的真实情况也就值得探讨。

第三，罪犯作业有一定发展。梁锦汉接任典狱长后，着力对连年下滑的作业进行整顿，到 1929 年开始恢复，每月可获余利 600 元。[⑧] 作业科目也逐步恢复，到 1931 年发展到织布、缝纫、木工、藤竹、钣金、洗工、农作、制面、理发、糊盒、鞋工、毛线、印刷等 13 科。至 1935 年，作业收入增长到 11 523 元，次年又增长到 15 043 元。[⑨] 其作业设施也有所增加，1936 年"本

① 参见欧阳志工等《民国时期北京监狱罪犯生活卫生状况研究》，《犯罪与改造研究》2015 年第 4 期，第 63—70 页。

② 参见《北平河北第一监狱报告书》，北京市档案馆藏，档号：J191-002-16035。

③ 参见《京师第一监狱关于囚粮经费的呈报、指令、统计表及高检厅对此事的指令》，北京市档案馆藏，档号：J191-002-13264。

④ 参见《北平河北第一监狱报告书》，北京市档案馆藏，档号：J191-002-16035。

⑤ 参见《北平河北第一监狱报告书》，北京市档案馆藏，档号：J191-002-16035。

⑥ 参见《京师第一监狱关于全年死亡人犯请检验的呈》，北京市档案馆藏，档号：J191-002-11583。

⑦ 李志乾：《河北第一模范监狱参观记》，《北平青年》1934 年第 26 期，第 46 页。

⑧ 参见《河北第一监狱经常及作业月报各种表册一览表》，北京市档案馆藏，档号：J191-002-12842。

⑨ 参见《北平河北第一监狱报告书》，北京市档案馆藏，档号：J191-002-16035。

监有大工场七处，小工场九处，共分十二科……各科工业较前发达”①。这表明，北京监狱罪犯作业虽摆脱了此前的下降状态，实现了回升，但远未达到北洋政府时期的水平。

总之，梁锦汉接任典狱长后北京监狱罪犯的生活条件较前几年有恢复性改善，作业也开始步入正轨并实现了回升，但无论哪方面均未达到北洋政府时期的水平，北洋政府时期监犯的相对生活条件和作业发展已成明日黄花。

五、南京国民政府时期北京监狱的特点

与北洋政府时期（京师第一监狱时期）相比较，北京监狱演化进程与狱制有如下几个主要特点。

（一）明显过渡性

这种过渡性主要存在于1928年6月至1935年《刑事诉讼法》公布之前阶段。其主要表现为以下几方面：1. 由中央监狱向地方监狱过渡；2. 由北洋政府时期（京师第一监狱时期）发展后的波折，向恢复与重新发展过渡；3. 由北洋政府统治工具向国民党统治工具过渡。前两方面已有述及，兹不赘言，仅对第三方面稍加阐述。北京监狱的前身是京师模范监狱，但京师模范监狱只是一个被“注册”的名称和尚未完全竣工的空壳建筑，完全意义的京师模范监狱始终未建立起来。它成为完全意义上的监狱，是在1912年8月王元增被委派筹建北京监狱并开始运行之后。而这时的北京监狱，与其他在旧监改造基础上成立的新式监狱有很大不同。这不仅在于它是在“另辟新地”基础上建造的新式监狱建筑，更在于其狱制由旧转新特点不突出。无疑，在该监狱狱制创设过程中，无论是试办时期王元增给该监狱制定的狱制，还是1913年北洋政府颁布、该监狱实行的《中华民国监狱规则》，都受1910年清政府起草的《大清监狱律草案》的深刻影响。然而，不但王元增在“精神形式均步武泰西”②，而且后者也删去《大清监狱律草案》与北洋政府意志相悖的部分，基本上反映了这个政权的利益和意志。民国法学家汪楫宝正是在这个意义上指出：“中国之改良监狱，实施于民国元年（1912年）北京监狱成立

① 《北平河北第一监狱报告书》，北京市档案馆藏，档号：J191-002-16035。

② 王元增：《监狱学》，京师第一监狱1924年印刷，第29页。

之始。”[①] 可见，北洋政府时期北京监狱（京师第一监狱）与其他新式监狱不同，后者面临和经历了由旧狱制向新狱制的转型，前者经历的是新狱制从无到有、从不完整到比较完整的建构过程。

南京国民政府时期北京监狱（河北第一监狱）的狱制则不同，1928 年 10 月南京国民政府颁布的《中华民国监狱规则》，基本上是 1913 年北洋政府《中华民国监狱规则》的翻版。[②] 但这个规则并不完全反映南京国民政府的意志，它只是南京国民政府在无暇制定自己规则情况下的暂时沿用。因此，南京国民政府在大体执行这个规则的同时，通过制定和颁发各种具体条例、规范等办法，不断对其进行修改、调整，到 1935 年则系统颁布了《刑事诉讼法》及大量附属法规。对于北京监狱来说，由北洋政府监狱规则向南京国民政府监狱规则的过渡比其他监狱更为突出。

（二）维护国民党统治的工具

南京国民政府时期的北京监狱（河北第一监狱）与北洋政府时期的北京监狱（京师第一监狱）相比，二者都是半殖民地半封建性质的监狱，但不同点在于南京国民政府通过其监狱立法和人事控制等方式，将其由北洋政府控制下的监狱，转变为自己控制的为其独裁统治服务的强力工具。如前所述，北洋政府时期的北京监狱（京师第一监狱）犯人是不同种类的普通罪犯，至少在其大部分时间里没有政治犯。而南京国民政府时期的北京监狱（河北第一监狱）的监犯结构则发生了变化。1936 年 11 月末，该监狱在监 865 人中，有所谓“反革命罪” 6 人、危害民国紧急治罪法者共 101 人。[③] 1929 年夏，严景耀在该监狱亲眼看到其中关押和杀害一些共产党员和爱国学生的情形。[④] 同时，该监狱“注重党义之灌输”[⑤]，不仅建立“党义研究所”[⑥]，为对犯人进行国民党学说教育提供材料，而且还进行旨在强化国民党专制统治的“忠孝仁

① 汪楫宝：《民国司法志》，商务印书馆 2013 年版，第 88 页。

② 参见王志亮《中国监狱史》，中国政法大学出版社 2017 年版，第 288 页。

③ 参见《北平河北第一监狱报告书》，北京市档案馆藏，档号：J191-C02-16035。

④ 参见严景耀《中国的犯罪问题与社会变迁的关系》，北京大学出版社 1986 年版，第 20 页。

⑤ 《教务所之组织及其职掌》，北京市档案馆藏，档号：J191-002-16161。

⑥ 《教务所之组织及其职掌》，北京市档案馆藏，档号：J191-002-16161。

爱信义和平”新生活运动教育。[①] 这些情况说明，它已成为镇压共产党和革命人士，维护国民党统治的工具。同时，其半殖民地性质也颇明显。如在生活待遇上外国籍监犯的饮食数量与质量要比国内犯人好得多。其囚粮每人实支0.3元，比国内囚犯多0.2元。其饭菜如牛肉、牛油、面包及各种蔬菜与作料种类多样且量足，如每日每人牛肉2两、大米4两、面包一磅。[②]

（三）“党义治狱”

南京国民政府时期的北京监狱不仅对罪犯灌输国民党党义，在监狱管理上也改变了北洋政府时期的“专家治狱”状况，而实行“党义治狱”。从1928年6月起，王凤诗、何存厚、陈凤石、张家本、梁锦汉、胡毓林、吴峙沅等，先后任该监狱典狱长，但除梁锦汉外都非专家型人才。梁锦汉是1929年由河北第二监狱（原京师第二监狱）调任该监狱典狱长，且任职到1935年，是南京国民政府时期北京监狱任职时间最长的典狱长。同时，他对监狱学有一定的研究，1935年出版了《监狱学》。可以说，他虽不是王元增那样的民国时期监狱史上的标志性人物，但也可以称为监狱学专家型人物。然而，连同梁锦汉和该时期河北第一监狱的其他监狱长，都不能如王元增在北京监狱那样实行“专家治狱”了。

因为南京国民政府时期已不存在北洋政府时期“专家治狱”的政治环境。南京国民政府虽标榜“司法独立”，但实际上推行国民党“一党专政”和“司法党化”。正如南京国民政府司法院院长居正所言，“司法党化”的主观方面是“司法干部人员一律党化”，客观方面是“适用法律之际必须注意于党义之运用。在根本上“司法党化乃是司法‘党义化’”[③]，即把国民党党义贯彻于司法过程，并由此衍异出“司法特务化”，极力消除北洋时期具有“司法独立”意识的“旧人”的影响。[④] 在如此严酷的政治环境下，河北第一监狱已失

① 参见《北平河北第一监狱报告书》，北京市档案馆藏，档号：J191-002-16035。

② 参见《北平河北第一监狱报告书》，北京市档案馆藏，档号：J191-002-16035。

③ 范忠信等编：《为什么要重建中国法系——居正法政文选》，中国政法大学出版社2009年版，第168—169页。

④ 参见李在全《民国时期国民党司法党化的困境与局限》，《团结报》2017年8月3日，第7版；李在全：《法治与党治——国民党政权的司法党化（1923—1948）》，社会科学文献出版社2012年版，第160页。

去了像京师第一监狱时期那样的“依法治狱”和“专家治狱”空间，只能服从国民党统治意志和利益需要。

（四）狱政管理趋于现实主义

如果说北洋政府时期北京监狱（京师第一监狱）在狱务管理上具有浓厚的理想主义，那么，南京国民政府时期北京监狱（河北第一监狱）的管理则逐步趋向现实主义。其主要表现在该监狱根据南京国民政府有关规定及经费匮乏状况，降低了分房、生活和卫生标准。

以上特点表明，南京国民政府时期，北京监狱经过几年过渡，演化成为在国民党“党义”治理下，为国民党和南京国民政府统治服务的半殖民地半封建监狱。

第三章　北京监狱管理机构与管理人员分析

民国时期是监狱从传统管理模式向近代监狱管理模式转型的时期。为了与西方先进的教育刑理念对接，北京监狱在监狱管理体制方面进行了改革。这其中包括管理机构的改革，也包括对监狱人事管理制度的改革，以此来完善监狱的行政管理。

第一节　北京监狱管理机构创设与演变

一、清代狱官体制与清末改良

（一）清代狱官体制

古代中国实行“政法合一”的狱官体制。从中央监狱到地方监狱，都属同级行政部门的辅助机构，刑部及府、县行政长官同时就是同级监狱的司法长官。清代监狱狱官体制直接承袭了宋代提牢制并臻于完善。其主要特色是实行监狱双重管理制度，即把监狱官分为职责不同的有狱官和管狱官。有狱官职责是统辖管理监狱事务，包括向上呈报监狱有关事务，稽查狱务，收押新犯，查看监墙是否牢固、刑具是否合规，督率司狱和狱卒处理大小事宜以及题参官员、发放粮晌等。管狱官专门从事具体狱务管理，其职责是落实监狱管理条例和提牢官指示，防止囚犯越狱、自杀、受虐待，负责解押囚犯受审、交接遣送以及稽查狱卒、更夫、伙夫等，并维护狱内秩序。二者各有专责，有狱官“有监督监狱之权责，不负管理之任”，管狱官为“管理监狱之官”①，负责监狱管理具体事务。

一般监狱设提牢和司狱两个主要职位。提牢为有狱官，主管监狱宏观事务；司狱为管狱官，主管监狱具体事务。在行政级别上，提牢是监狱最高官员，是司狱的上司，但不负责具体管理。司狱虽在职务上低于提牢，但直接管理囚犯衣食和监牢分配等事务，难免发生渎职和中饱私囊行为。因此，出于使监狱权力既相互制约又共同负责的意图，设置了上述各有专责的两个职位。《提牢备考》作者赵舒翘说：“此专为防司狱收犯而设。然司狱之弊固从此绝，而司狱之权亦从此轻。提牢待司狱须以礼貌，遇事相商以收指臂之助。且吏役等知内外厅联为一气，自不敢肆然无忌。为司狱者，亦当矜惜廉隅。”②提牢不但对司狱有监督职责，而且要待司狱以礼，遇事相商相助，如果失察、失助，则受惩罚。司狱不但要切实履行具体管理事务职责，而且要将狱情及时呈报提牢，否则也要受到惩处。如此使提牢、司狱各有专责，相互制约，共同负责，以实现正常管理和运转。在这个意义上，清代监狱内部管理体制比元明更完善。

然而，清代提牢体制设计的上述目的并未在实际中达到。这一方面是由封建监狱的性质决定，另一方面也是因为提牢制度存在不可克服的内在矛盾。封建皇帝和皇族，以其至高无上的皇权，攫取大量财富，以维护其穷奢极欲的生活。上行下效，由此形成各级官僚乃至狱卒的“千里来做官，为了吃喝穿”的利益追求。尽管清朝也重视对狱官的选拔，但也不可能改变其为官的价值取向。因此，清代提牢制度存在利益制约与狱官追求私利的矛盾。随着时间的推移，不仅司狱与狱卒相互勾结牟取私利，甚至提牢与司狱及狱卒共同勾结中饱私囊的现象也越来越普遍，而清政府不可能从根本上消除上述矛盾，更不能也不可能对监狱官的行为进行有效监督与治理，从而使提牢制度中脆弱的制约机制有名无实，使清朝监狱成为“活人的地狱”。清人黄六鸿在《福惠全书》卷十三中描述了这一悲惨情景：“犯人入狱，性命悬于狱卒之手，所谓生死须臾呼天莫应者也。其致死之由，有狱卒索诈不遂，买命无钱而百

① 孙雄：《监狱学》，商务印书馆 2011 年版，第 71 页。

② 张秀夫主编：《提牢备考译注》，法律出版社 1997 年版，第 95 页。

般凌虐以死者；有公案诸人欲要犯身亡，希图易结，因而致死者；有仇家买嘱，随机取便，谋害以死者；有婪官利其赃私致之死而灭口者；有神奸巨蠹恐其幸脱，而立取病呈者。”①

（二）清末狱官体制改良

至清末，清政府面对国人对其监狱体制的痛恨和外国人的诟病，不得不进行监狱改良，监狱机构设置自然成为其中的重要内容之一。1906 年，清廷改刑部为法部，裁撤司狱司，新设典狱司专管监狱，监狱管理的提牢制度也从此完结。随着清末监狱改良的进展，一些新式监狱对内部管理模式进行了一些摸索。其中，既有在传统框架内的改良，如湖北新监设置了“监狱专官”，但更多的是学习日本监狱的管理模式，设立监狱内部管理机构，制定一系列制度，明确监狱官员相应的职责。如 1905 年，张之洞在创办湖北模范监狱的过程中，仿照日本监狱行政管理体制，设立了内设机构，并明确了相关监狱官员的职责，极大地提高了监狱管理水平。其在《奏陈省城模范监狱开办情形折》中道：“兹当创办之始，拟设典狱官一员，秩视通判，副狱官一员，秩视州判，作为差使，择人应派，不作实缺，薪水量加优给，俾令能者殚心办理。其他案牍科、守卫科、工业科各一员，各曰课长，书记生八，教诲师二，内外科医官各一，皆为辅助典狱官，均有臬司及有狱官分别酌用。”②从张之洞的奏折中可以看出，当时的湖北模范监狱已经在改变传统的监狱管理体制。县令等有狱官不再具体管理监狱，而是设有专门的典狱官和副狱官，关键是在监狱内部设置了案牍科、守卫科、工业科，并且有书记生、教诲师和医师辅助典狱官工作，基本搭建了现代监狱管理的架构。而天津习艺所颁布的《天津监狱习艺所办理事务规程》也明确了罪犯习艺所的组织机构和职责，设有总务科、会计科、教导科、医务科和看守科等五科，与之相对应的设有总办、典狱官、书记官、会计官、教诲师、医师和看守官等，机构和人员配备已经十分齐全。这些监狱管理机构的设立与运行，为北京监狱管理机构的创建及其职能设定提供了有益参考。

---

① 〔清〕黄六鸿：《福惠全书》卷十三，广陵书社 2018 年版，第 143 页。

② 薛梅卿等编：《清末民初改良监狱专辑》，中国监狱学会 1997 年印刷，第 36 页。

二、北京监狱管理机构创立与职能初设

（一）北京监狱管理机构的创建

北京监狱管理机构是在其筹办时期创建的。1912 年 10 月，王元增被南京临时政府司法部委任为北京监狱典狱长后，鉴于当时“所有监狱法令尚未颁布，事属创始，无所遵从”①，遂参照日本监狱体制和清末模范监狱的机构设置，自行拟出《北京监狱试办章程》。其第一章第一条明确规定了该监狱的行政管理机构设置：“本监狱分设第一科、第二科、第三科、医务所、教务所”②，后被简称为“三科两所”③。该文件经司法部批准“准先试办”后，王元增在北京监狱设立了相应机构，标志着该监狱管理机构的创立。

（二）北京监狱管理机构职能初设

《北京监狱试办章程》在规定“三科两所”机构的同时，也明确了各科所的主管事务④，明确了不同机构的职能。第一科：总管监狱行政事务，具体事务包括典守印信管理、文书簿册表式编录、吏员进退及身份登录、报告及统计、预算决算与款项出入、在监人出入及赦免假释、保管在监人物品及金钱、犯人异同识别及不属各科主管的事务。第二科：总管监狱日常管理戒护事务，具体事项包括在监人戒护及检查、看守训授、在监人行状及诉愿、在监人书信及接见等。第三科：总管罪犯作业管理事务，具体事项包括作业及赏与金、物品出入及保管、建筑修缮、国有财产保管等。医务所：总管犯人卫生医疗事务，具体包括监狱卫生、犯人身体诊察治疗及调剂等。教务所：总管犯人的教育教诲事务，具体包括教育教诲、在监人请求阅读书籍、查犯人出狱后状况等。“三科两所”及其职能设定，使北京监狱在筹办时期初步形成了典狱长负责下的“三科两所”管理体制。

（三）北京监狱初期管理机构与职能评价

北京监狱筹办时构建的“三科两所”管理体制，在北京监狱乃至中国监

---

① 王元增：《北京监狱纪实》，北京监狱 1913 年印刷，第 28 页。

② 王元增：《北京监狱纪实》，北京监狱 1913 年印刷，第 28 页。

③ 高翔：《民国时期北京监狱“三科两所”管理体制研究》，《河南师范大学学报》（哲学社会科学版）2016 年第 3 期，第 115—119 页。

④ 参见王元增《北京监狱纪实》，北京监狱 1913 年印刷，第 29—31 页。

狱史上具有开创性意义。

第一，是中国第一个比较完整并具有本国特点的新式监狱管理机构。“三科两所”并非北京监狱完全首创，在北京监狱设立这些机构之前，一些中国新式监狱曾设过类似机构。如湖北模范监狱设立的案牍科、守卫科和工业科；奉天模范监狱设立的文牍、守卫、庶务三课和教务、医务两所。这些机构或者不够完整，或者全面效仿日本，而北京监狱创立的“三科两所”不仅比较完整地涵盖了新式监狱的基本功能，而且在名称用语上更接近于中国人的习惯，具有了本国特色。

第二，是中国监狱管理体制由传统向近代转型起步的标志。它不但体现了重视人道与教化的近代刑罚理念，而且改变了宋朝以来以监狱官职设置管理职能的传统体制。通过构建监狱管理机构确定不同职能，从而在制度上改变了监狱管理体制模样，为实行教育刑所需要的多种功能提供了可能。

第三，对北洋政府时期新式监狱管理体制建立起到重要作用。北京监狱创立的“三科两所”制，提供了中国近代监狱管理模式的较早范本，并积累了初步经验。民国二年（1913），北洋政府司法部在《北京监狱试办章程》及其实践基础上，制定并颁布《监狱处务规则》，“三科两所”作为法律的形式固定下来，成为民国监狱内设机构的普遍设置和基本管理体制。民国四年（1915），在北京监狱实习的朱紫垣编纂了《中国新旧监狱比较录》一书，对该监狱的“三科两所”做了全面、详尽的总结后指出，各监狱虽“不能事无巨细必须与北京监狱一一吻合，然其作其用目的则易地皆然”，“北京监狱实具有模范全国之资格。”① 中国近代监狱学家余启昌为该书题字“狱政指南”，更使该书出版后在民国初年监狱界产生了广泛影响。

当然，《北京监狱试办章程》也存在一些缺陷。其一，未对典狱长职能做出规定。其二，“三科两所”职能设定比较笼统。其三，“三科”职能设计存在不合理性。如“三科”职能按工作内容划分，缺乏各科之间的制约机制。如作业具有产生经济效益的经济功能，如不加以制约则难免出现管理人员牟取私利的现象。但该设置把作业事务全由第三科负责，因而存在对这些环节尤其作业收入收支职权实施制约的漏洞。当然，这不否定北京监狱设置的监

① 朱紫垣：《中国新旧监狱比较录》序言，北京共和印刷局1915年版。

狱管理体制具有开创性意义。

三、北洋政府时期职能完善与调整

（一）职能完善与调整

民国二年（1913）1月，北洋政府司法部公布了由王元增起草的《监狱处务规则》，规定“监狱分设第一科、第二科、第三科、教务所、医务所”①。这表明北京监狱筹办时期创立的“三科两所”机构框架上升为全国各监狱通行的行政管理机构设置。与《北京监狱试办章程》相比，《监狱处务规则》内容更为全面，“三科两所”职能也做了较大调整。②

首先，明确了监狱内外行政关系。规定遇有必要情形典狱长可呈明司法总长核定；各科长、所长承典狱长之命掌本科所事务；各科事务有互相关联者协商行之。

其次，明确了典狱长职责。包括严守监狱一切法令并督率其他官吏使之遵行；严禁所属各员私役在监人；对上级官厅命令记入训示簿并传示各员；对监房工场及其他一切场所24小时应训示1次；时自检查在监人被服卧具及其他物品；审问不守法规的在监人；组织消防及其他练习；完全负责监狱经费的收支保管；整理保管各种建筑物及所属国有财产；巡视所辖分监及其他场所；在法令范围内对监狱职员的处务、在监人待遇及遵守事项发布命令训示。

再次，完善和调整了“三科两所”职能。《监狱处务规则》规定了“三科”职能，对“两所”职能做了专门另行规定。这里重点介绍该文件对“三科”职能的规定。

第一科主管事务包括：（1）各种文件规则起草及审查；（2）职员登用、转任、免职、叙等、晋级、赏舆、惩戒、年金给助及履历簿之编辑保存；（3）印信典守及盖用；（4）统计编纂及其材料收集并各报告作成；（5）文书收发处理及编纂保存废弃；（6）职员、人民、在监人之请愿等审查及处理；（7）收发室监督管理及值班顺序方法查定；（8）在监人书籍及令状等文书收发；

---

① 《司法部公布监狱处务规则令》，北京市档案馆藏，档号：J181-002-16078。

② 参见《司法部公布监狱处务规则令》，北京市档案馆藏，档号：J181-002-16078。

(9）在监人身份调查及身份簿编制管理；（10）在监人摄影及保管；（11）在监人领置物品受付及保管，刑期计算及刑法执行处分；（12）公用及在监人使用书籍整理及保管；（13）在监人携带乳儿及分娩，赦免、假释、减刑之申请及执行事序；（14）在监人出狱及疾病死亡通知；（15）在监人接见及馈遗物处分；（16）预算决算及经费出纳；（17）男看守女看守及一切佣役用免实验以及不属各科所主管事务等。

第二科主管事务包括：（1）监狱警备及在监人戒护检束；（2）男看守女看守勤务配置及休息；（3）看守以下职员教习及训练；（4）看守宿舍管理；（5）戒具及防火机使用、试验及管理，监房及诸门启闭并其钥匙管理；（6）在监人押送；（7）在监人之食粮衣类卧具杂物分给及保管；（8）卫生消毒清洁法实施；（9）作业督饬检查；（10）购入物分配及管理；（11）作业器具检查；（12）在监人监房工场异别；（13）在监人各种呈请调查；（14）在监人行状视察；（15）在监人接见书信监视检阅；（16）在监人疾病死亡及尸体处分；（17）在监人逃走追捕；（18）在监人入浴理发施行；（19）监狱出入者管理；（20）监狱内全部火具管理；（21）在监人书籍授受及管理；（22）看守以下使用公物监督及检查；（23）在监人赏罚施行；（24）在监人教育教诲管理；（25）食品检查；（26）在监人馈遗品检查；（27）监房及工场检查；（28）墓地管理及洒扫等事项。

第三科主管事务包括：（1）物品购入收支及保管；（2）建筑物修缮工事施行；（3）不用品变卖及保管转换；（4）制作品定做保管变卖；（5）物品卖价及工钱征收；（6）保证金保管及邮券收支保管；（7）佣役雇人；（8）建筑物及国有财产管理；（9）工业种类选择；（10）工业存废调查；（11）工业课程、工钱估计及等级升降；（12）作业者配置及转役；（13）作业日课表调查；（14）工钱及给与钱调查；（15）制作品贩卖评价；（16）作业之原料制品器械收支及保管；（17）在监人食单更易调查；（18）在监人被服卧具杂物调制、保管及授受；（19）工业请负契约等事项。

（二）调整后职能的特点

与此时期其他各种法规一样，1914 年《监狱处务规则》“先就该监狱试行，再行颁布”[①]，成为包括北京监狱在内的全国监狱自1914年至1928年比较稳定的监狱行政管理体制。如把调整前后北京监狱的管理体制加以比较，就会发现后者有如下几个特点：

第一，“三科”职能得以丰富而臻于全面。北京监狱筹建初期“三科”职能设定涵盖了该监狱事务的基本方面，但一些事务被遗漏。调整后的“三科”职能弥补了这些遗漏，使之更为全面。比如，第一科主管事务增加了职员、人民、在监人请愿审查及处理，收发室监督管理，在监人携带乳儿及分娩等。第二科主管事务增加了在监人疾病死亡及尸体处分、在监人逃走追捕、监狱内全部火具管理、在监人书籍授受及管理等。第三科主管事务增加了工业种类选择、工业存废调查、工业请负契约等。

第二，“三科”职能得到细化而具规范性。北京监狱筹建时，其管理机构功能设定比较笼统，调整后则很大程度上克服了这一不足，原先的笼统规定转变为具体细则。从条文数量看，“一、二、三科”职能分别由原来的9项、4项、4项增加到18项、29项、21项。从包含内容看，每科所涉及的内外事务规定细致、具体，职责明确，规范性得到强化。

第三，调整了某些功能而更加合理。比如，教育教诲原由教务所负责，调整后改由第二科负责。这不但克服了原来因教务所人力不足而导致的一系列问题，使教育教诲工作得到加强，而且把教育教诲与在监犯的日常和作业管理结合起来，凸显了教育刑本质。再如，原来作业管理主要由第三科负责，只有作业课程检查权属于第二科。调整后，作业生产环节改由第二科管理，第三科只负责作业业务承揽和产品销售工作。再有，对犯人生活管理，由第二科负责食粮衣类卧具杂物分给及保管，而由第三科负责食单更易调查。这些调整，意味着生产与承揽、销售管理权分离，可以更好地防止作业过程中官员以权谋私。

总之，调整后的“三科两所”制度比北京监狱筹办时的职能更全面、更细致，更具有可操作性和合理性，表明该监狱管理呈现规范化、法制化趋势。该监狱1914—1924年各方面发展的成绩表明，这些机构的功能在实践中得到了较好发挥。前述孙雄对该监狱“革除数千年桎梏幽囚之苦，实施教养感化

---

① 孙雄：《监狱学》，商务印书馆2011年版，第73页。

之法，京师狱制，遂焕然一新”① 的赞语、严景耀把该监狱自成立至 1924 年秋称作其“教育教诲的鼎盛时期”② 的判断、司法部监狱司关于“截至十年度为止，综计各监作业所得纯益金额，京畿以京师第一监狱为最”③ 的评价，都说明该时期北京监狱管理机构的职能得到了较好和较均衡的履行。应当说，在北京监狱成立后一年多时间内，能够形成比较系统的监狱管理体制并使其职能得到较好发挥，是很可贵的。

四、南京国民政府时期机构重组

（一）全面抗战前“三科两所”的沿用

1928 年 9 月，南京国民政府司法行政部颁布了《监狱处务规则》和《监狱教诲师教师医士药剂师处务规则》。这两个文件依然沿用了北洋政府时期的“三科两所”制度，只是其职能内容排列方式和某些文字表述有所调整。④ 按文件规定，北京监狱（时称河北第一监狱）管理机构仍延续原机构“本监狱长以下分第一科、第二科、第三科及教务、医务两所”⑤。直到全面抗战前，其机构与职能亦无明显变化，但在实际运行中，第二科负责的教育教诲职能被严重弱化，而第二科和第三科负责的作业职能被明显强化。前者主要表现在教育教诲名存实亡。对此，严景耀在 1929 年描述说：“十七年革命后，第一监狱间有两三个月没有教诲师，后来有了教诲师。每星期还见不着教诲师一次面。而教育自我十六年入监以来，见过不多。”⑥ 后者通过作业状况变化得到反映。由于这种原因，北京监狱作业自 1924 年起开始下降，至 1928 年几乎停顿。但此后该监狱采取了一系列措施，1929 年开始回升和发展，1936 年“本监有大工场七处、小工场九处，共分十二科……各科工业较前发达”⑦。

---

① 孙雄：《监狱学》，商务印书馆 2011 年版，第 73 页。

② 严景耀：《京师第一监狱的教育教诲》，燕京大学社会学系 1930 年出版，第 36 页。

③ 《司法公报》1923 年 9 月。

④ 参见中华人民共和国司法部编《中国监狱史料汇编》（下册），群众出版社 1988 年版，第 168—173 页；山东省劳改局编：《民国监狱法规选编》，中国书店 1990 年版，第 81—85 页。

⑤ 《北平河北第一监狱报告书》，北京市档案馆藏，档号：J191-002-16035。

⑥ 民进中央宣传部编：《严景耀论文集》，开明出版社 1995 年版，第 80—82 页。

⑦ 《北平河北第一监狱报告书》，北京市档案馆藏，档号：J191-002-16035。

教育教诲和作业的上述不同状况，反映了不同机构职能的比消彼长。

（二）抗战胜利后的机构重组与职能设定

抗战胜利后，南京国民政府于 1946 年 1 月公布《监狱组织条例》，1947 年 6 月开始实施。该条例在参考日伪监狱机构的基础上，对自 1914 年以来中国监狱实行的“三科两所”机构进行了重组。北京监狱根据这一条例，改组了原先的“三科两所”设置，建立了新机构。重组后的管理机构设调查分类科、教化科、作业科、卫生科、警卫科、总务科等六科。按照南京国民政府《监狱组织条例》规定，上述各科职能分别是：

调查分类科主管下列事项：（1）关于受刑人入监指导事项；（2）关于受刑人之直接、间接调查事项；（3）关于受刑人身心状况之测验事项；（4）关于受刑人之指纹、照相分类及保管事项；（5）关于受刑人处遇之研拟、复查及建议事项；（6）关于受刑人出监后之调查、联系及安置事项；（7）其他有关调查分类事项。

教化科主管下列事项：（1）关于受刑人教诲、教育事项；（2）关于受刑人累进处遇之审查事项；（3）关于受刑人假释之建议、呈报及交付保护、管束事项；（4）关于受刑人康乐活动及体能训练事项；（5）关于受刑人集会之指导及分区管理事项；（6）关于洽请有关机关、团体或人士协助推进教育及演讲事项；（7）关于新闻书刊阅读、管理及监内刊物编印事项；（8）其他有关教化事项。

作业科主管下列事项：（1）关于作业之指导及受刑人技能训练事项；（2）关于作业种类之选择及作业计划制订事项；（3）关于作业材料纸购置、收支及保管事项；（4）关于作业课程之编订、成绩考核及劳作金计算事项；（5）关于受刑人作业之配置及调动事项；（6）关于作业契约之拟定事项；（7）关于作业器械之增置、收发、保管、检查及修理事项；（8）关于成品之评价、发售及保管事项；（9）关于管理作业人员之调度、考核事项；（10）其他有关作业事项。

卫生科主管下列事项：（1）关于监狱之卫生计划及其设施与指导事项；（2）关于传染病预防事项；（3）关于看护之训练事项；（4）关于受刑人健康诊查事项；（5）关于受刑人特别检查事项；（6）关于病舍之管理事项；（7）关于受刑人疾病医治事项；（8）关于药品调剂、储备及医疗器械管理事项；

(9) 关于环境卫生清洁检查、指导事项；(10) 关于受刑人疾病或死亡呈报及通知事项；(11) 其他有关心理、生理、卫生、保健事项。

警卫科主管下列事项：(1) 关于受刑人之戒护及监狱之戒备事项；(2) 关于门户锁匙管理事项；(3) 关于管理员之训练及勤务分配事项；(4) 关于武器、戒具、消防器材之使用、练习及保管事项；(5) 关于受刑人饮食、衣着、卧具、用品之分给、保管事项；(6) 关于卫生清洁事务之执行事项；(7) 关于受刑人之行为状况考察事项；(8) 关于接见、发受书信及送入物品之处理事项；(9) 关于监舍、工场之查察、管理及身体、物品搜查事项；(10) 关于受刑人赏罚之执行事项；(11) 关于受刑人解送及脱逃者追捕事项；(12) 其他有关戒护事项。

总务科主管下列事项：(1) 关于文件之收发、撰拟及保存事项；(2) 关于印信典守事项；(3) 关于经费出纳事项；(4) 关于建筑修缮事项；(5) 关于受刑人入监、出监事项；(6) 关于名籍簿、身份簿之编制及管理事项；(7) 关于携带物品之受付及保管事项；(8) 关于赦免、减刑之呈报事项；(9) 关于粮食之收支、保管、核算及造报事项；(10) 关于与保安处分场所之联系事项；(11) 关于受刑人福利之筹划、督导事项；(12) 关于受刑人死亡之善后处理事项；(13) 不属于其他各科事项。

（三）重组后机构与职能的特点

与北洋政府时期及全面抗战前相比，1946 年重组后的北京监狱管理机构及其职能发生了重大而深刻的变化。

第一，机构的结构性重组。北京监狱处于中国近代监狱初步转型时期，因此，其管理机构不断调整与完善是必然的。但在此之前，北京监狱自设立“三科两所”以来，其机构并无变化，只对其功能进行调整与完善。而 1946 年则完全改变了“三科两所”机构框架，改行典狱长掌理下的调查分类、教化、作业、卫生、警卫、总务六个科（下称“六科”制）。这是自民国初年设立监狱管理机构 34 年来根本性的结构性重组。

第二，各科职能发生重大调整。主要是把“三科两所”按专业区别，划分到相应新科别。如把原属第一科负责的在监人身份调查及在监人指纹摄影、原第二科负责的在监人行状视察等事务，统归调查分类科管理。再如，把原属第二科负责的作业督饬检查、作业器具检查、在监人监房工场异别和原属第三科负责的工业种类选择、作业者配置及转役、工业承揽契约等事务同归作业科管理。

第三，专业化、规范化程度进一步提高。由于重组后“六科”的职能按调查、教化、作业、卫生、警卫、总务六个方面，分门别类规定了各自职能，分工更明确，界限更清晰，其专业化、规范化程度为此前所不能比拟。

第四，作业科职能得到强化，作业生产与业务承揽及销售之间的相互制约机制消失。在“三科两所”制度中，作业的生产环节由第二科负责，而作业业务承揽和产品销售由第三科负责，形成生产与承揽、销售管理权能分离，从而防止了作业过程中官员以权谋私的监督、制约机制。在“六科”制下，与作业直接有关的所有事务，均由作业科负责。同时，“六科”制还增设“易服劳役场主任”一职，并将作业技师纳入监狱官制。这一方面说明“六科”制强化了作业科的职能，另一方面也表明“三科两所”原有的作业不同环节之间的监督、制约机制已不复存在。

总之，抗战胜利后，北京监狱机构重组，提高了监狱管理的专业化、规范化程度，但过度强化了作业科职能，削弱了作业不同环节之间的监督、制约机制效能。

五、北京监狱管理机构与职能演化评价

（一）制度形式既有继承性又有改良性

制度演变一般都有继承性与创新性相统一的特点，这一特点在监狱制度上表现尤为突出。监狱不同于其他领域，其关押对象是罪犯，对其羁押和管束一刻也不可放松。否则，这些罪犯尤其是刑事罪犯将危害社会，带来极其严重的后果。因此，在新旧朝代或政权交替过程中，新政权下的监狱必然在一定时期内延续旧政权时期的原有制度和秩序，待新政权监狱制度设计完成，才能逐步取代旧制度，实行新制度，这是监狱制度演变的规律。

与民国时期旧监狱和在旧监基础上扩建而成的其他新式监狱不同，北京监狱是在新址上建立的新式监狱。这一点，使它能够在筹办初期，可以根据自身特有的建筑先进优势，仿照西方和日本构建一套崭新的管理体制。这是其不同于同时期其他监狱管理制度的一个突出特点。但此后，该监狱管理机构及其功能发展与演化，在形式上都具有继承性和改良性相统一的特征。北

洋政府时期，它继承了筹办时期的“三科两所”机构及其主要职能。同时，根据北洋政府颁布的《监狱处务规则》，实行了一系列新职能。1928年后到抗战全面爆发前，它虽转变为南京国民政府和河北省地方政府治下的地方监狱，并实行1928年9月南京国民政府司法行政部颁布的《监狱处务规则》，但这个规则实际上延续了北洋政府时期的管理制度，直到1946年后，该监狱管理实行机构重组。[①] 应当说，该监狱管理机构及其职能的延续性，尤其是1928年9月南京国民政府颁布的《监狱处务规则》，虽是因袭北洋政府时期的相关法规，但这种延续性或因袭在客观上反映了狱制改革的规律，是有利于社会安全稳定的。

（二）制度内容呈现不断完善和规范化趋势

纵观北京监狱管理机构与职能演化过程，可以清晰地看到一个由简单与不完善、不规范，到逐步复杂、完善与规范的发展线索。在该监狱筹办时期，构建了“三科两所”机构框架，具有开创意义，但对其职能的规定缺乏完整性，未对典狱长职能做出规定，且对“三科两所”职能设定笼统，只有简单几条，远不能涵盖监狱的复杂事务。而到1914年的《监狱处务规则》，不但规定了典狱长职能，而且对“三科两所”的具体职能做了详细规定，并针对作业中需要相互监督制约的职能做出规定，表明对监狱复杂关系以及监狱功能的认识进一步深化。1915年经北洋政府司法部同意，增加女监主任一职[②]，使监狱官职能更加健全。1946年的“六科”重组虽有一些问题，但其科别划分与职能确定在专业化方面迈出了重要步伐，其规范化程度得到进一步提高。当然，这些细致入微的规范，在实务中并未全部做到。相反，在民国时期尤其1924年以后，许多规范形同虚设。上至某些典狱长，下至普通狱官，贪赃枉法、营私舞弊现象时有发生。如1934年竟发生了河北第一监狱典狱长携款

---

① 该监狱在日伪时期仍实行“三科两所”机构设置。参见周占元编《北京第一监狱报告》，北京第一监狱第三科1940年印刷，第12页；民国三十五年（1946）一月，南京国民政府公布《监狱条例》，将原来的“三科两所”改为“教化课”“作业课”“卫生课”“警卫课”“总务课”，但因未定施行日期而未实行。参见中华人民共和国司法部编《中国监狱史料汇编》（下册），群众出版社1988年版，第63页。

② 参见王元增《京师第一监狱报告》，京师第一监狱1915年印刷，第9页。

7400 元逃走事件。[①] 但其管理制度由简单和不规范，到复杂和规范化发展，反映了中国监狱转型在制度设计层面的进步。

（三）职能发挥呈现由较均衡到畸形发展态势

制度设计与其职能发挥，既相互联系又相区别。制度设计在一定程度上具有不受条件制约的相对独立性，但其职能的发挥则受当时经济政治社会条件和主体素质的强大制约。正因如此，处在半殖民地半封建社会的北京监狱，在管理制度安排与其职能发挥之间，始终存在明显距离甚至悖论现象。总的看来，在北洋政府时期，二者间虽有差距，但“三科两所”职能发挥是比较均衡的。如民国初年实行每日三餐，将白米饭甚至面包作为罪犯主食的做法，虽反映了脱离当时实际条件的理想主义，同时也反映出北京监狱第二科食粮管理职能与第三科监督职能都得到了切实发挥。再如，前已述及严景耀对1924 年前对该监狱教育教诲鼎盛时期的评价、北洋政府司法部监狱司关于该监狱作业纯益金额为各监狱之最的称赞，都反映了该监狱有关负责职能的较好发挥。孙雄关于“开办北京监狱，革除数千年桎梏幽囚之苦，实施教养感化之法，京师狱制，遂焕然一新”[②] 的评价，则综合反映出北京监狱管理机构职能发挥的效果。

然而，到南京国民政府时期尤其抗战胜利以后，该监狱管理机构的职能呈现畸形发展状态。此时的南京国民政府为减轻日益严重的财政负担，把作业列为司法行政部和各监狱的“中心工作”[③]，把监狱管理转到了以作业为中心的轨道。这不能不使监狱机构的其他职能服从和服务于作业发展，从而被严重弱化，而使其作业职能空前强化，该监狱不同管理机构职能畸形发展。

第二节　北京监狱管理人员分析

监狱管理人员有狭义和广义之分。狭义的监狱管理人员，是指在监狱以

---

① 参见［荷］冯客著、徐有威等译《近代中国的犯罪、惩罚与监狱》，江苏人民出版社 2008 年版，第 262 页。

② 孙雄：《监狱学》，商务印书馆 2011 年版，第 73 页。

③ 《司法行政部三十四年七月十二日训（监）字第二零四四号训令》，载河南省劳改局编《民国监狱资料选》（上），河南省劳改局 1987 年印刷，第 443 页。

管理监狱事务为职业，有正式官职并享有官俸的狱官。广义上，凡对所辖监狱方针和事务有决策权、管理权的官僚与人员均可称为监狱官。它既包括狭义上的狱官，也包括正式狱官之外从事警戒犯人及直接管理犯人的最基层管理人员，如清代的狱吏、狱卒和民国时期的看守、工师等。本节从广义上把监狱管理人员称为监狱官，并根据能够查到的资料，对北京监狱不同时期监狱官设置、委任与招考、薪俸与奖惩和监狱官群体状况等做一简要考察，以期说明该监狱在中国监狱从传统到近代转型过程中的表现和影响。

一、清代监狱官状况与清末改良

（一）清代监狱官状况

清末以前，古代中国监狱官经历了由不设专门狱官到选任专门狱官治理的过程，宋和元、明均实行提牢制度。清承明制，实行提牢官为核心的有狱官和管狱官双重管理制度。与明朝不同的是，清代狱官采取满汉复职制度。清代刑部监狱直属刑部提牢厅和司狱司管理，刑部主管官员为提牢主事，分别由满、汉各一人担任，属于有狱官。其下属为司狱，为管狱官，满、汉共8人。此外，实务管理人员设书吏2人、禁役即狱卒120人。清代省级监狱一般设有监官1人（一般由各省按察使兼任）、司狱1人，另设人数不等的狱卒、更夫、医士、仵作、官媒伴妇等。

清末之前，刑部监狱和省级监狱的有狱官地位及待遇极高。刑部监狱有狱官为从一品，岁俸180两；省级监狱有狱官一般为正三品，岁俸130两。而司狱官地位与待遇低得多，一般为从九品，岁俸35两。至于司狱下属的书吏，特别是狱卒及以下人员地位卑贱。这些人员不属于狱官之列，排在“倡优皂卒”最后一位。禁卒成分极为复杂，素质十分低下，一般均由下等粗人充当，待遇极其低微，每月只领有工食银1两5钱。然而，他们却是监狱实务的实际控制者和罪犯生命的操纵者，“位卑而责重”①，被有的学者称为“贱民执法”②。由此，心理极不平衡的他们，既不谙习管理之法，又气质横暴，

---

① 赵舒翘著，张秀夫点校：《提牢备考译注》，法律出版社1997年版，第172页。

② 张志京：《贱民执法：一项中国封建狱政管理制度的考察》，《中国监狱学刊》2005年第2期，第146页。

故外人见我监狱讥为野蛮。[①] 这种监狱官吏制度成为清朝腐朽落后的一个标志，备受国人和外国人诟病。

（二）清末狱官制度改良

至清末，随着西方法律和狱政制度思想的传入和监狱改良的兴起，监狱官制度改良也被提上日程。1906 年《大公报》载文指出："我国狱官之所以为世所诟病者，非仅狱官之罪也。"[②] 锋芒所向，直指腐朽落后的监狱官制度。1907 年 4 月，沈家本在向清廷呈交的《实行改良监狱注意四事折》中，把"养成监狱专官"作为四事之一，提出了改良旧制度的建议。同年法部在《奏议复实行改良监狱折》指出"治狱之要端，在管理得人。中国狱吏本乏专家，佐贰杂流，滥竽充数，狱事不治，百弊丛生"[③]。这些思想和建议推动了清末监狱官制度的改良。

湖广总督张之洞是监狱官制度改良的先行者。1905 年，他在其创办的中国第一座近代新式监狱——湖北模范监狱中，仿行日本狱制设置了不同于此前的监狱官职务。该监狱"设典狱官一员、副狱官一员，案牍课、守卫课、工业课课长各一员，书记生八员，教诲师二员，内外科医官各一员、看守不设定额"[④]。1908 年开办的奉天模范监狱在监狱官设置上，与湖北模范监狱稍有不同。依照《奉天模范监狱署规则》规定，设置"管狱员一员；文牍课长一员，书记一员，簿书一员，保管一员；守卫课长一员，看守长一员，看守部长八员，看守四十人；庶务课长一员，保管一员，会计一员，工业部长一员；教务所长一员；医务所长一员，药剂士一员"[⑤]。这些新式监狱的监狱官设置，初步打破了实行几千年的传统狱官制度，是近代中国监狱制度改革的起点，也对北京监狱狱官设置产生了一定影响。

---

① 参见《湖广总督张之洞奏陈省城模范监狱开办情形折》，载薛梅卿等编《清末民初改良监狱专辑》，中国监狱学会 1997 年印刷，第 36 页。

② 《监狱改良两大纲（再续）》，《大公报》1906 年 7 月 16 日，第 2 版。

③ 薛梅卿等编：《清末民初改良监狱专辑》，中国监狱学会 1997 年印刷，第 68 页。

④ 薛梅卿等编：《清末民初改良监狱专辑》，中国监狱学会 1997 年印刷，第 36 页。

⑤ 徐世昌著，李澍田点校：《东三省政略》卷十，吉林文史出版社 1989 年版，第 59—67 页。

二、北京监狱监狱官设置

（一）北洋政府时期管理人员设置

王元增对近代监狱功能有着深刻理解，因而十分重视监狱官在监狱治理和罪犯改造中的作用和设置。他在《监狱学》一书中指出："监狱者，以国权而执行国法之官署也。故监狱官者当然为国务官。"如监狱"不得高尚之监狱官"，并"优其位置"，否则，"虽制度完善，构造整齐，设备完全，终无成效之可观也"①。因此，王元增在被任命为北京监狱典狱长后，即在制定《北京监狱试办章程》"三科两所"机构与职能同时，设置了相应管理岗位，经招考或聘请陆续配置。根据 1914 年 7 月出版的《北京监狱纪实》支付俸级费和工资发放所列人数，该监狱有典狱长 1 人、看守长 6 人、教诲师 1 人、医士 1 人、科长 3 人、工师 3 人、看守 50 人、预备看守 10 人、监丁 6 人，共计 81 人。② 1914 年 9 月后，该监狱职员根据北洋政府《监狱官制》做了调整，计设典狱长 1 人、主任看守 11 人、看守 57 人、预备看守 22 人、女监主任看守 5 人、教诲师 1 人，共计 97 人。③ 此后该监狱职员设置逐渐减少，到 1928 年前其核定职员减至 22 人，有典狱长 1 人、科长 3 人、看守长 2 人、候补看守长 4 人、教诲师 1 人、教师 2 人、医士 3 人、办事员 4 人、女监主任 1 人、俄文译员 1 人。④

（二）南京国民政府时期管理人员设置

据时任北京监狱典狱长吴峙沅《北平河北第一监狱报告书》记载，北京监狱改属河北省之后的 1929 年至 1935 年 6 月，该监狱规定职员为典狱长 1 人、主科看守长 3 人、看守长 2 人、候补看守长 6 人、教诲师 1 人、教师 1 人、医士 2 人、药剂师 1 人、女监主任 1 人，共计 18 人。同年 7 月后，该监狱奉命改定职员，有典狱长 1 人、主科看守长 3 人、看守长 1 人、候补看守长 4 人、教诲师 1 人、教师 1 人、医士 2 人、药剂师 1 人，共计 14 人。同年

① 王元增：《监狱学》，京师第一监狱 1924 年印刷，第 255—266 页。

② 参见王元增《北京监狱纪实》，北京监狱 1913 年印刷，第 11—12 页。

③ 参见王元增《京师第一监狱报告》，京师第一监狱 1915 年印刷，第 6—9 页。

④ 参见《北平河北第一监狱报告书》，北京市档案馆藏，档号：J191-002-16035。

10月，该监狱奉命添设看守长1人、候补看守长1人，另有分发候补看守长1人，总计为17人。①

（三）不同时期管理人员设置变化原因

由上可见，自北京监狱成立到全面抗战之前，其管理人员数量设置是不断变化的。这种变化呈现一个令人惊奇的趋势。按监狱学原理“监狱官吏之员额，当以收容人犯之额数而定”②，亦即收入监犯越多，监狱管理人数越多，但北京监狱却情形相反，在监罪犯越增加，监狱管理人员越减少。北京监狱成立初期收容人犯为600余人，监狱官吏为97人，而到1929年至1935年6月，该监狱每年每月平均收容人犯增加到700名，职员反而减少到18人。至民国二十四年（1935）七月后，每月收容犯人八百五十名，职员更减少至17人。③

之所以出现上述罪犯增加而管理人员减少的现象，主要原因有三：一是看守和预备看守被从监狱官吏中排除。在该监狱初期把监狱所有从事管理的人员都计入监狱管理人员设置。其中看守和预备看守多达79人，占监狱管理人员总数的81%。后来随着监狱管理向规范化发展，监狱管理人员被规定为监狱官吏，这些看守或预备看守被排除在外，只被当作临时雇用人员看待，因而导致有统计的监狱管理人员数额变化。至于这种变化起于何时及其法律法规依据，则有待进一步探讨。二是该监狱初期因受“精神形式均步武泰西”的理想主义影响，按西方国家监狱设置管理人员，但在实际工作中，这些人员的工资支付，不能不受监狱经费的制约，因而被迫大幅减员。三是政府为降低行刑成本，减少监狱财政支出，精简了监狱管理人员设置和数量。应当说，北京监狱管理人员数量与收容监犯数量逆行变化趋势，既反映了该监狱管理逐步走向规范化的过程，同时也反映了该监狱在北洋政府后期和南京政府时期受政府财政政策影响，监狱管理人员数量设置过少、人手不敷使用的问题，这对近代监狱教化罪犯职能的发挥起了负面作用。

---

① 参见《北平河北第一监狱报告书》，北京市档案馆藏，档号：J191-002-16035。

② 参见王元增《京师第一监狱报告》，京师第一监狱1915年印刷，第7—8页。

③ 参见《北平河北第一监狱报告书》，北京市档案馆藏，档号：J191-002-16035。

三、监狱管理人员的选任

（一）近代监狱官选任制度的转型

“监狱之需良吏，犹病院之赖良医”①，也正如有学者认为的“监狱官是整个监狱管理的核心和灵魂”②。因此，制定合理机制，选任合格监狱管理人员并养成其适应近代教育刑的素养，是发挥近代监狱教化功能的重要前提。

清代监狱改良前的监狱官依照古代传统规制选拔。有狱官与司狱官经刑部保奏和皇帝御批，吏目、典史等低品位狱官则由官府委任。至于狱卒，一般来自世袭禁卒世家或通过熟人保荐入职。这些都反映了封建狱制的特点和监狱官地位低下的状况，也是造成传统监狱黑暗的重要原因之一。

清末改良时期，与当时的官制改革相一致，一些新式监狱对监狱官制也做了某些改革，并开始设置监狱官教育机构，但由于这些监狱是在旧监狱基础上建立的，而且监狱官教育刚刚起步，尚不能为监狱提供人才。因而，这些新式监狱一般是继续沿用旧监狱狱卒。例如，光绪三十四年（1908）10月开办的奉天模范监狱将典狱长以下的旧人员统统称为“管狱官”。同时，典狱长还以提出申请并由监察厅委任方式增补了若干名监狱管理人员。总之，这时中国监狱官选任仍未脱离传统监狱官制的窠臼。

进入民国以后，监狱官选任制度开始转型。自民国三年（1914）开始，北洋政府和南京国民政府先后颁布了一系列有关法律法规。如北洋政府民国二年（1913）的《管狱员考试暂行条例》、民国八年（1919）的《监所职员任用暂行章程》和民国十一年（1922）的《修正监所职员任用暂行章程》、民国八年（1919）的《监狱官考试暂行章程》。南京国民政府也在民国二十年（1931）公布了《高等考试监狱官考试条例》、民国二十一年（1932）公布了《监狱官任用暂行标准》、民国二十二年（1933）公布了《普通考试监狱官考试条例》、民国二十四年（1935）公布了《修正高等考试监狱官考试条例》等。综观这些法律法规，民国时期监狱官选任制度有如下主要内容：

第一，监狱官任用分不同层次。北洋政府时期分荐任、委任和委任待遇

① 曹强新：《清代监狱研究》，湖北人民出版社 2011 年版，第 256 页。

② 曹强新：《清代监狱研究》，湖北人民出版社 2011 年版，第 92 页。

三个层次。一般说来，京师或首都新式监狱典狱长、各省容额五百人（犯人）以上新监狱典狱长为荐任；荐任范围之外的新监狱典狱长、新监狱看守长和旧监狱管狱员为委任；新监狱教诲师、技师、医士、药剂师和候补看守长为委任待遇。其中荐任和委任官分为一等至七等不同等级（见表 3-1），第一等至第三等为荐任官，第四等至第七等为委任官。由此看来，实际上第三个层次虽被列为监狱官系列，但严格说来是不入官职只享受委任待遇的低级监狱官。南京国民政府时期取消了委任待遇资格，仅分荐任、委任两个层次。适用荐任职监所官职为“京师新监狱典狱长、各省押犯容额 500 人以上的新式监狱典狱长为荐任”①。适用委任职监所官职为“各省押犯容额在 500 人以下的新式监狱典狱长、京师新监的分监长、京师新监的看守长、京师及各省法院看守所的所长及所官、各县旧监狱的管狱员”②。

表 3-1　监狱职员官等表③

类别		署别		
		京师新监狱	各省新监狱	各县旧监狱
荐任	一等	典狱长		
	二等	典狱长	典狱长	
	三等	典狱长		
委任	四等	分监长、看守长	典狱长	
	五等	分监长、看守长	典狱长、分监长、荐任职员所属之看守长	
	六等	看守长	典狱长、分监长、荐任职员所属之看守长、委任职员所属之看守长	管狱员
	七等	荐任职员、委任职员	管狱员	

第二，不同层次监狱官有不同任用标准。北洋政府按荐任、委任、委任

① 《监所职员任用条例》，北京市档案馆藏，档号：J191-002-13169。

② 《监所职员任用条例》，北京市档案馆藏，档号：J191-002-13169。

③ 《监所职员任用条例》，北京市档案馆藏，档号：J191-002-13169。

待遇三个层次监狱官规定不同标准。(1)荐任监狱官标准:有荐任文职资格或法官资格而办理新监事务二年以上著有成绩或者在新式监狱实地练习一年以上确有心得者;现任委任与典狱长继续供职三年以上,有成绩经持保以荐任职升用者。(2)委任监狱官标准:有委任文职资格者;经监狱官考试及格练习期满者;经司法部核准之监狱学校或监狱专修科毕业得有文凭者;在警监学校毕业得有文凭者;在国内外法政法律学校三年以上毕业得有文凭者;充新监狱候补看守长二年以上有成绩者。(3)委任待遇职员标准:师范学校或中学校毕业,或有同等学力者,并且要求文理优长,善于讲演者可任职教诲师、教师;各专门技术学校毕业,或者有同等学术且富有经验者可任用为医士、药剂师和技士。① 至于一般看守人员则另行招募。

南京国民政府时期监狱官虽仍分荐任、委任两层次,但其任用标准并未按此制定,而是按职务层级和种类制定更具体的标准。如甲种监狱典狱长共列出六种资格,只要符合其中之一即可遴任。乙种监狱典狱长、甲乙监狱分监长、主科看守长、看守长等列出几种资格,只要符合其中之一即可遴任。对教诲师及教师、医士、药剂士、技师则提出了学历、毕业学校、知识结构等要求。②

第三,规定了监狱官考试有关要求与事项。民国二年(1913)北洋政府《管狱员考试暂行条例》,对参考者的年龄、条件和考试程序与科目等做了明确规定。但对达到一定学历者规定不经考试即可任用为监狱员。民国八年(1919)北洋政府《监狱官考试暂行章程》不但规定了应试学历要求,而且对学科知识所达到的程度做出了要求,同时规定组织专门考试机构在京师组织统一考试。南京国民政府不仅制定了对达到一定学历或条件者的普通考试条例,而且制定了达到高等教育学历和具有较高监狱学术技能人员的高等考试条例。

应当肯定,民国时期监狱官选任制度打破了传统中国监狱官制度,形成

① 《监所职员任用暂行章程》,参见王传敏主编《民国监狱法规汇编》,光明日报出版社 2014 年版,第 147—148 页。

② 参见《监狱官任用执行标准》(1932 年 6 月 13 日国府司法行政部公布),参见王传敏主编《民国监狱法规汇编》,光明日报出版社 2014 年版,第 183—184 页。

了比较系统的近代监狱官制度，把监狱官（即使是低等看守及管狱员）纳入国家公职人员序列当中，并规定了较为规范系统的任用程序和标准，提高了监狱官地位，这是中国监狱转型取得重要进展的一个重要标志。同时也应指出，民国时期监狱官选任制度不但存在着法律规定与其实务之间的差距，而且即使在形式上，也存在明显不彻底性。比如孙中山在民国初年就提出了要通过考试选拔国家人才的思想[①]，但无论是北洋政府，还是南京国民政府都未完全实现。许多监狱官尤其是高级监狱官，不是通过考试，而是通过直接任命方式进行的。以上两个方面在北京监狱实践中都有明显体现。

（二）北京监狱监狱官任用实践

在北京监狱筹建和成立之初，由于其是一座新筹建监狱，因而在高级监狱官任用上采取了直接任用方式。民国元年（1912）八月，北洋政府司法部指派王元增负责北京监狱筹办工作。同年10月，该监狱筹建完成，司法部着令王元增暂办典狱长事务，同时着令李竹勋、葛鹏、纪春书、乌拉本、鲁乔年、刘恩源等暂办北京监狱看守长事务，田畴暂充北京监狱教诲师。[②]

北京监狱成立后，为适应正常运行需要，该监狱按北洋政府1913年3月《管狱员考试暂行条例》要求，通过公开招考，在1800名报名参加考试者当中正取60人、备取50人[③]，共录取110人。但此后该监狱再未举行过这样的由本监狱组织的考试。其原因在于，北洋政府和后来的南京国民政府虽陆续公布了一系列监狱官考试条例，在法律体系上逐渐呈现制度化、系统化趋势，但再也未给予该监狱单独组织考试的权力，而是把监狱官考试权统一收到了中央司法机关。而中央司法机关组织的监狱官考试次数与录取人数极为有限。根据王素芬的研究，自民国初年到1934年，共组织此类考试4次。第一次为北京监狱在1913年3月组织的考试，正取60名、备取50名；第二次和第三次分别在民国四年（1915）和民国二十年（1931）进行的监狱官临时考试，其合格人数暂无法查找，但初步推测这两次考试因是临时考试，故合格人数应不会超过50人。第四次是民国二十一年（1932），合格者共计27名。这四

---

① 参见《孙中山选集》，中华书局1981年版，第319页。

② 参见王元增《北京监狱纪实》，北京监狱1913年印刷，第28页。

③ 参见王元增《北京监狱纪实》，北京监狱1913年印刷，第16—18页。

次考试任用的监狱管理人员总人数应不超过 200 人。[①] 由此可见，北京监狱 1913 年举行的考试，是民国时期录取人数最多的一次。

可想而知，这区区 200 名通过考试入职的监狱官，对全国各监狱需要来说是杯水车薪，民国初年许世英论及人才培养计划时曾预计在五年内需狱官即达 2000 人。[②] 即使对北京监狱来说，也远不能满足和保障其需要。因为它在民国初年组织的考试，不仅是选拔看守等低等监狱官，而且即使在录用的 110 人中，本监也只留下 60 人，其余的 50 人被分派到分监任职。该监狱管理人员及其升迁，主要不是通过考试形式，而是由司法部直接委任或在监狱内选拔。事实正是如此，从民国初年到抗战全面爆发前先后担任北京监狱典狱长的王元增、许承襄、王凤诗、何存厚、陈凤石、张家本、梁锦汉、胡林、吴峙沅无一是通过考试任职，而是由北洋政府或南京国民政府直接任命的。该监狱主任看守以上职务缺额时，主要通过依次递升办法，一般职员缺额时则在本监狱练习员中择工作成绩最优者优先录用。[③] 该监狱以考试作为管理人员主要来源，只是在其成立伊始的特殊时期。

（三）北京监狱监狱官任用实践评价

北京监狱监狱官任用实践代表了民国时期监狱官任用实践的最高水平。因而，对这一实践做出全面的实事求是的评价，是认识和评价民国时期监狱官任用问题的客观要求。由于该监狱监狱官任用实践是在近代中国监狱转型背景下发生，在不同时期和条件下进行的，因而应将这一实践及其反映出的问题放在一定历史及环境下加以动态性和总体性评价，才能得出相对正确的结论。

第一，该监狱民国初年举行的监狱官考试，在实践上首开中国近代监狱官选拔之先河。此举是中国监狱史上第一次向社会发布公告，通过公开考试形式选拔监狱官，为后来监狱官考试制度的逐步完善提供了有益经验，对其在中国监狱官制度发展史上的重要意义应予充分肯定。当然，这种首开先河，

---

① 参见王素芬《近代中国监狱官制度考论》，《政治与法律》2007 年第 6 期，第 171—176 页。

② 《司法总长改进司法革新狱制计划书》，参见薛梅卿等编《清末民初改良监狱专辑》，中国监狱学会 1997 年印刷，第 59 页。

③ 参见《河北高院关于监狱官任用暂行标准等训令》，北京市档案馆藏，档号：J174-002-00083。

主要是在实践意义上而言的，而非在制度设计层面。事实上，不仅南京临时政府在民国初年已确定司法官"逢进必考"原则，而且在北京监狱组织这些考试之前，北洋政府司法部即已颁布《管狱员考试暂行条例》，对参考者的年龄、条件和考试程序与科目等做了明确规定。因而，该监狱组织的这次考试只是《管狱员考试暂行条例》的一次成功实践。

第二，考试并非北京监狱选任监狱官的主要方式。该监狱民国初年举行的监狱官考试虽对该监狱和其他监狱产生了重要影响，但如上所述，它只是在该监狱成立伊始的特殊时期监狱官选任的主要方式，而在此后的几十年内其选任监狱官的主要方式则主要是行政任命。这也说明民国时期监狱未实现孙中山提出的通过考试选拔司法官的思想，未落实民国初年确定的司法官"逢进必考"原则。因此，不能如一些论著那样过分突出强调该次考试的作用，以免对民国时期监狱官选任方式的总体情形造成误导。

第三，北京监狱监狱官选任基本上符合当时有关监狱官条例要求，提高了监狱官尤其是主要监狱官的素质。这一点不仅在北洋政府时期有较突出体现，即使在南京国民政府时期也有一定程度的体现。

表 3-2　1932 年国民政府司法行政部《监狱官任用暂行标准》①

第二条：甲种监狱典狱长有以下资格之一者可遴任	
1	经高考考试、监考官考试及格并练习期满或照章免予练习者
2	现任或曾任甲种监狱典狱长经甄别审查或考绩合格者
3	现任或曾任乙种监狱典狱长，甲种典狱的分监长、主科看守长及地方法院以上看守所长合计 8 年以上，经甄别审查或考绩合格者
4	现任或曾任司法官及荐任司法行政官经甄别审查或考绩合格并办理监狱事务 3 年以上者
5	在国立或最高教育行政机关立案或承认之国内外大学独立学院、专门学校修习政治、法律、社会监狱等学科 3 年以上毕业，得有证书，曾于民国有特殊勋劳或致力国民革命 5 年以上而有勋劳，并办理监狱事务 3 年以上者
6	得有监狱学校毕业证书，曾在前京师第一监狱练习期满，就监狱学科目著有专书，经司法行政部审查认为足供监狱官指导或参考之用者

① 王传敏主编：《民国监狱法规汇编》，光明日报出版社 2014 年版，第 183—184 页。

续表

7	得有监狱学校毕业证书或曾任委任司法行政官，办理监狱事务5年以上并经甄别审查或考绩合格者
第四条：教诲师及教师应选用在师范学校、高级中学或旧制中学毕业或有同等学力且文理优长善于演讲者派充	
第五条：医士、药剂师、技师应选用在各该专门技术学校毕业或有同等学力且富有经验者派充	

表 3-3　1936 年北京监狱主要监狱官学历一览表①

职别	姓名	年龄	籍贯	学历
典狱长	吴峙沅	48	湖南桃源	湖南公立第二师范学校五年毕业 湖南高等巡警学堂三年毕业
主科看守长	杨寿昌	53	湖南凤凰	湖南法政学校别科三年毕业
主科看守长	周占元	42	河北完县	京师公立第三中学校毕业
主科看守长	佘光启	50	湖南桃源	湖南西路公学师范班及湖南公立第一法政学校政治经济科毕业
看守长	黄昌龄	26	陕西城固	考试院临时普通考试监狱官考试及格，司法行政部监狱官训练六个月训练期满
看守长	段良珍	26	湖北汉川	汉川私立圣雅各中学毕业，河北省普通考试监狱官考试及格
候补看守长	陈锡智	34	湖北安陆	吉林省立第一中学高中三年毕业
候补看守长	李鉴堂	50	河北冀县	直隶省城师范学堂修业一年
候补看守长	赵家骥	42	河北宛平	殖边高等学校中学第一班四年毕业
候补看守长	马华	38	河北宛平	前畿辅中学四年毕业
候补看守长	吴锷	37	山西夏县	山西大学法科政治学系毕业
教诲师	汪溶	41	浙江衢县	浙江第八中学毕业
教师	乌国宝	32	湖北江陵	北京财政商业专门学校四年毕业，中国学院经济科毕业
医士	谢尊颐	40	江西南康	江西公立医学专门学校四年毕业

① 《北平河北第一监狱报告书》，北京市档案馆藏，档号：J191-002-16035。

续表

职别	姓名	年龄	籍贯	学历
医士	韩启渭	48	河北三河	卫生局考取医生资格
药剂士	顾芳	47	浙江绍兴	前清北洋两等小学毕业
分发本监候补看守长	叶振芳	32	江苏丹阳	上海南洋中学毕业，司法行政部职员教育补习监狱组毕业

由以上二表状况看，北京监狱监狱官学历大体符合甚至有的高于当时司法行政部《监狱官任用暂行标准》对不同职务监狱官的规定要求，证明北京监狱是按当时有关法规选拔主要监狱官，反映了该监狱监狱官制转型取得了重要进展。当然，监狱官学历并不等同其基本素质。特别是监狱官的价值观和近代教育刑理念并不一定与其学历程度相一致。事实上，民国时期并未选任和培养出一批有志于监狱事业、具有明确近代教育刑理念和素质的监狱官。真正如王元增那样把“治狱为一生慈善事业，不当作一种官吏生涯”①，并具有丰富监狱学知识与先进理念的监狱官，实如凤毛麟角。相反，一些监狱官包括像北京监狱这样的甲等监狱的典狱长，在这方面存在很大问题。前述1934年该监狱典狱长携款潜逃事件以及严景耀在北京监狱对监狱官状况的调查足以说明这一点。因此，对北京监狱监狱官选任的效果不能估计过高。

四、监狱管理人员薪俸与奖惩

马克斯·韦伯认为，在一个官僚体制的社会中，对于拥有专业知识并训练有素的管理人员来说，得到相应的薪俸待遇应是当然之事。否则，行政管理机构难以正常运转，行政管理人员无以维持正常的生存。相应地，也便必然产生一系列的弊端。② 因此，改良监狱官薪酬制度，合理提高其待遇，并制定合理的奖惩制度，激发监狱管理人员积极性，成为民国时期监狱改良的重要内容之一。北京监狱为此提供了该时期监狱官薪酬和奖惩制度改良与演化

① 王元增：《监狱学》序言，京师第一监狱1924年印刷。

② 参见［德］马克斯·韦伯著、林荣远译《经济与社会》上卷，商务印书馆1997年版，第248—263页。

的典型例证。

（一）监狱管理人员薪俸

民国时期的北洋政府和南京国民政府都制定和实行了一系列有关监狱管理人员薪酬制度的法律法规。北洋政府时期主要有1919年《监所职员官等法》《监所职员官俸法》和《监所职员奖惩暂行章程》。南京国民政府时期主要有1928年《监所职员官俸暂行条例》和《监所委任待遇职员津贴暂行规则》、1930年《修正监所委任待遇职员津贴暂行条例》、1932年《监所看守薪资规则》、1944年《监所作业管理人员奖惩办法》等。1946年的《监狱行刑法》也包含监所作业管理人员奖惩的重要内容。除北京监狱建立初期有某些差别外，该监狱基本执行了上述规定。从总体看，两个时期监狱管理人员薪俸呈逐步增长态势，但由于不同时期实行不同政策，两时期薪俸待遇有明显差别，总体上在北洋政府治下待遇低，南京国民政府治下待遇较高。

北洋政府前期文官分特任、简任、荐任、委任四个等级。其特任官大致相当于当今中央政府各部部长级；简任官相当于副部长和司局长级；荐任官相当于处级；委任官相当于科级及以下职员。1912年10月北洋政府公布的《中央行政官官俸法》规定，特任官月薪为1000元；简任官月薪为400—600元不等；荐任官月薪为200—360元；委任官月薪为50—150元。按此规定，北京监狱典狱长为荐任官，其最高月薪为360元；科长、教诲师、医士为委任官，其最高月薪为150元，最低月薪为50元。①

1914年，北京监狱管理人员月薪情况是：典狱长400元，实支300元；科长160元，实支130元；教诲师160元，实支70元；医士160元，实支120元；看守长80元，实支60元；工师30元；看守部长15元；看守10元；预备看守6元；监丁7元。② 从以上情况可以看到一个值得注意的问题：自典狱长至看守长，薪俸额都高于1912年北洋政府《中央行政官官俸法》相同级别的规定，而且其规定额与实支数之间存在很大差距。对此情况，其中可能的解释是，王元增在民国初年北洋政府尚未制定监狱官薪俸专门规定，新监

① 参见《京师第一监狱薪俸收据存根》，北京市档案馆藏，档号：J191-002-12366。

② 参见《司法部关于监狱薪水搭放现洋的指令及京师第一监狱对此事、加看守长月俸的呈报通知、监职员等级俸薪单》，北京市档案馆藏，档号：J191-002-11969。

“事属创始，无所遵从”① 的情况下，按照1912年《中央行政官官俸法》有关规定，结合自己关于“监狱得人而治”且监狱官“须有特别之技能经验”，因而“宜优其位置，厚其俸给，方能得高尚之人”② 的认识，自主制定了该监狱监狱官薪俸标准。但由于该标准高于《中央行政官官俸法》规定的相同级别其他行政官薪俸待遇，而未得到司法部认可和拨款，故出现这些监狱官薪俸规定额与实支数之间的差距。

1919年9月，北洋政府制定了《监所职员官等法》和《监所职员官俸法及监所职员官俸表》，明确规定北京监狱典狱长为荐任一等，其薪俸最高为荐任一级，年薪300元；其薪俸最低的管狱员为委任十六级，年薪为30元（详见表3-4）。此外，典狱长受至最高级之俸五年以上且成绩卓著者可得240元以内年功加薪；委任各员受至最高级之俸五年以上且成绩卓著者可得120元以内年功加薪。③ 看守仍执行民国元年司法部规定。④ 这种状况一直持续到1928年北洋政府垮台。

对于北洋政府时期该监狱管理人员上述待遇的评价，要从不同类别和阶层加以考察。概而言之，其管理人员与北洋政府时期其他公务员相比处于低水平，与北京普通市民相比，其上层和中层处于上等水平，看守以下人员则处于低层水平。

表3-4　1919年监狱官俸表⑤

级别	任别	
	荐任	委任
第一级	300元	150元
第二级	290元	140元

① 王元增：《北京监狱纪实》，北京监狱1913年印刷，第29页。

② 王元增：《监狱学》，京师第一监狱1924年印刷，第266—267页。

③ 参见《司法部关于监狱薪水搭放现洋的指令及京师第一监狱对此事、加看守长月俸的呈报通知、监职员等级俸薪单》，北京市档案馆藏，档号：J191-002-11969。

④ 参见王元增《监狱学》，京师第一监狱1924年印刷，第278页。

⑤ 《司法部关于监狱薪水搭放现洋的指令及京师第一监狱对此事、加看守长月俸的呈报通知、监职员等级俸薪单》，北京市档案馆藏，档号：J191-002-11969。

续表

级别	任别	
	荐任	委任
第三级	280 元	130 元
第四级	270 元	120 元
第五级	245 元	105 元
第六级	235 元	100 元
第七级	225 元	95 元
第八级	215 元	90 元
第九级	190 元	75 元
第十级	180 元	70 元
第十一级	170 元	65 元
第十二级	160 元	60 元
第十三级	45 元	
第十四级	40 元	
第十五级	35 元	
第十六级	30 元	

其典狱长与同级其他中央行政官员比较。按 1912 年 10 月公布的《中央行政官官俸法》规定，荐任官为 200—360 元；委任官为 50—150 元。[①] 而按 1919 年《监所职员官俸法》规定，监狱官最高的为荐任一级，其月薪为 300 元。也就是说，作为中央监狱的北京监狱典狱长作为荐任最高级，其月薪要比其他中央官员少 40 元。

其典狱长与司法官、警官比较。自清末至民初的官制改良中，常将监狱官与司法官、警察官相并提，但北洋政府时期监狱官薪俸明显低于后二者。民国时期司法官和警察官设简任、荐任、委任三个官等等级，每一等级薪俸差别很大。即使 1934 年经南京国民政府调整后的《警察官等官俸表》中，其

① 参见慈鸿飞《二三十年代教师、公务员工资及生活状况考》，《近代史研究》1994 年第 3 期，第 285—291 页。

最高简任官月薪俸为580元，最高荐任官薪俸为400元，[①] 二者相差180元。而监狱官只有荐任和委任两个等级，因而北京监狱典狱长虽为全国各监狱最高行政官员，但其等级最高只能为荐任一级，其工资也自然至此封顶。这使司法官、警察官、监狱官名义上相提并论，但实际待遇后者相形见绌。

与北京教员比较。在20世纪二三十年代的北平，月薪在100元至600元的大学教师被看作上层；教员家庭属于中间阶层[②]，而“教员之每月薪金四十元”[③]。而北京监狱荐任和委任官中的1—14级均在40元以上，只有最低的15、16级分别为35元和30元。[④] 由此可见，该监狱上层和中层人员基本上都处在北京上层和中层位置。

与北京工人比较。据北平社会调查部1926年调查，1926年冬至1927年春6个月，48户工人家庭总收入为64.65元至163.40元不等，平均每户103.26元，每月仅17.21元。[⑤] 而北京监狱最低薪俸的管狱员为月薪30元[⑥]，远高于一般工人家庭的收入。

至于该监狱最底层看守的工资则处于北京普通市民低层水平。一项由美国社会学家甘博主持的对北平283户居民1926年12月至1927年11月调查显示，在涉及68个行业的职业月收入中，10元以下为下层，20元以下为中下层，20—100元为中层，100元以上为高层。[⑦] 如按北洋政府时期始终沿用的司法部在民国元年规定标准，将各级看守分为看守9—14元、主任看守15—25元和加10元特别技能津贴即35元这样三个等级[⑧]，其绝大多数处在北京普通市民工资收入的下层和中下层，一般高于摇煤球工（8元），低于磨镜工

① 参见韩延龙、苏亦工等《中国近代警察史（下）》，社会科学文献出版社2000年版，第697页。

② 参见陶孟和《北平生活费之分析》，商务印书馆2010年版，第81页。

③ 陶孟和：《北平生活费之分析》，商务印书馆2010年版，第87页。

④ 参见《京师第一监狱关于本监看守职员、主任、看守等津贴的案卷》，北京市档案馆藏，档号：J191-002-18007。

⑤ 参见陶孟和《北平生活费之分析》，商务印书馆2010年版，第30—31页。

⑥ 参见《京师第一监狱关于本监看守职员、主任、看守等津贴的案卷》，北京市档案馆藏，档号：J191-002-18007。

⑦ 参见吴建雍《民国初期北京的社会调查》，《北京社会科学》2000年第1期，第79—86页。

⑧ 参见《京师第一监狱薪俸收据存根》，北京市档案馆藏，档号：J191-002-12366。

(30 元)。而且，其少得可怜的薪水还不能每月按时发放。严景耀先生 1928 年在北京监狱调查时，曾亲眼看见一位被开除的看守的妻子领着两个穿着破旧衣服的孩子在北京监狱大门口啼哭，要求见一见典狱长，希望能领她丈夫六个月的欠薪。① 可见该监狱下层看守生活十分拮据，生存艰难。

1928 年北京监狱改属南京国民政府后，其管理人员薪俸状况发生了一些变化，主要是提高了荐任和委任监狱官薪俸水平，增加了委任待遇等级并将其薪酬称为津贴。按 1928 年南京国民政府《监所职员官俸暂行条例》，荐任一级（典狱长）最高工资由 300 元提高到 400 元；委任最高的一级（看守长）由 150 元增至 180 元，增加了 30 元。委任待遇津贴为 30 元至 60 元不等。此外，受至各该最高级之俸五年以上并确有劳绩者，荐任职员得 400 元以内年功加俸，委任职员给以 180 元以内年薪加俸。②

表 3-5　1928 年监狱官俸与津贴表③

级别	任别		
	荐任	委任	委任待遇
第一级	400 元	180 元	60 元
第二级	380 元	170 元	55 元
第三级	360 元	160 元	50 元
第四级	340 元	150 元	45 元
第五级	320 元	140 元	40 元
第六级	300 元	130 元	35 元
第七级	280 元	120 元	30 元
第八级	260 元	110 元	
第九级	240 元	100 元	
第十级	220 元	90 元	

① 参见民进中央宣传部编《严景耀论文集》，开明出版社 1995 年版，第 49 页。

② 参见《河北第一监狱关于增添看守、追加其费用奖励的呈报》，北京市档案馆藏，档号：J191-002-11928。

③ 本表按山东省劳改局编《民国监狱法规选编》（中国书店 1990 年版）第 156、158 页相关表格与数据编制。

续表

级别	任别		
	荐任	委任	委任待遇
第十一级	200 元	80 元	
第十二级	160 元	70 元	
第十三级	60 元		

1930 年，南京国民政府鉴于 1928 年《监所职员官俸暂行条例》规定的委任待遇职员津贴与委任职员薪俸标准差距过大，严重影响了委任待遇职员的工作热情和生活水平，发布了《修正监所委任待遇职员津贴暂行规则》，在一定程度上提高了监狱委任待遇职员的津贴标准（见表 3-6）。

表 3-6　1930 年监狱委任待遇职员津贴表①

一级	二级	三级	四级	五级	六级	七级	八级
160 元	150 元	140 元	130 元	120	110 元	100	90 元
九级	十级	十一级	十二级	十三级	十四级	十五级	十六级
80 元	70 元	60 元	55 元	50 元	45 元	40 元	35 元

按上述标准，作为甲种新监狱的北京监狱委任待遇人员津贴在总体上有较大提高，委任待遇津贴最高级由 60 元增加到 160 元，最低级由 30 元增加到 35 元。值得注意的是，其中较高等级职员增资幅度明显大于低等级职员。如教诲师（九级至一级，80—160 元）、医士（九级至一级，80—160 元）的津贴有大幅增长，而候补看守长（十四级至十一级，45—60 元）、教师（十六级至十三级，35—50 元）、药剂师（十六级至十三级，35—50 元）等增加不多，甚至少得可怜，最低的十六级只增加 5 元。

北京监狱自 1928 年下放河北之后到全面抗战爆发前，该监狱管理人员的

① 本表按山东省劳改局编《民国监狱法规选编》（中国书店 1990 年版）第 160 页相关表格与数据编制。

薪资总体水平虽有明显提高，但由于南京国民政府的薪俸政策和物价上涨，总体来说未改变其处于北京市民中等偏下的状况。如南京国民政府时期警察官等仍分简任、荐任和委任三个等级，司法官分简任、荐任和委任三个等级。其中月薪俸最高的简任官，比最高的荐任官高出 225 元，比最高的委任官高出 450 元。但由于制度性规定，该监狱典狱长与其他甲等监狱典狱长都是不可能享有的。

如果说此时期北京监狱管理人员薪资有明显改善，那么其下层看守薪资虽有提高，但提高幅度不大。1932 年，国民政府司法行政部发布《监所看守薪资规则》，规定了监狱主任看守和看守两类监狱底层职员的薪资标准（见表 3-7）。如北京监狱这样的甲种新监狱，其看守等级为八级至一级，即 18—30 元①，分别比北洋政府后期最低的 9 元和最高的 25 元，增加了 9 元和 5 元。其中最低工资涨幅虽很大，但基数过低，加之物价上涨，仍不能改变其薪资微薄、生活极其艰难的状况，导致看守工作热情减退，玩忽职守，不负责任，甚至勒索犯人、徇私枉法情形经常出现。

表 3-7　1932 年监狱看守薪资标准②

级别	薪资
一级	30 元
二级	28 元
三级	26 元
四级	24 元
五级	22 元
六级	20 元
七级	19 元
八级	18 元

① 参见《河北第一监狱关于增添看守、追加其费用奖励的呈报》，北京市档案馆藏，档号：J191-002-11928。

② 山东省劳改局编：《民国监狱法规选编》，中国书店 1990 年版，第 162 页。

（二）监狱管理人员奖惩

北洋政府和南京国民政府在制定和实行一系列监狱管理人员薪酬制度法律法规时，为激励和规范监狱管理人员积极性及其行为，同时制定和实行了一系列奖惩制度。北洋政府主要有民国八年（1919）颁布的《监所职员奖惩暂行章程》和民国十六年（1927）颁布的《监所教诲师任用程序及惩奖规则》等。南京国民政府主要有民国三十二年（1943）颁布的《监所作业管理人员奖惩办法》等。另在上述两个时期有关公务员惩罚条例及其他一些监狱法律法规也涉及此方面内容。如奖励分嘉奖、记功、存记升用等项；惩处分申诫、记过、停职移送惩戒等项。北洋时期荐任官（包括北京监狱典狱长）以上官员由高等惩戒委员会为惩戒机关；委任官由普通惩戒委员会为惩戒机关。到南京国民政府时期，不但监狱上层管理人员，即使低层管狱员的惩戒也收归中央惩戒委员会管辖。[①] 本书不拟对北京监狱对这些规定的执行情况做一般性描述，只就该监狱涉及监狱官惩罚的犯人暴狱和典狱长携款逃跑两个事件和两个时期来自作业收入的奖金问题做一探讨。

1917 年 8 月 10 日，该监狱藤竹科犯人发生暴狱事件。其原因是张勋复辟失败，部分犯人尤其是部分重刑犯“大赦”的期望破灭。比次暴狱事件造成典狱长王元增重伤，1 名看守死亡，4 名看守重伤，11 名犯人逃出狱外。[②] 事件平息后，司法部于同年 8 月 14 日发布第六二九二号指令[③]，对相关人员做出处理决定：典狱长王元增因在暴狱发生时奋力镇压，身受重伤，又“平日办事认真，深兹得力”，因此未有处分，并给假半月养伤。典狱长职务由看守长杨宗立代理。南监主管看守靳向谦虽未能截堵囚犯，但参与捕获逃犯高五有功，从轻记大过两次。救护典狱长的 17 名犯人与被胁迫而并不符合闹事的囚犯，各有奖励。藤竹科主管看守马云彤、门卫看守曹振华、南瞭望楼看守李升祥均属于放弃值守，一并革职开除。第二科看守长孙鸿图司职戒护，事

① 参见《管狱员惩戒应归中央惩戒委员会管辖》（民国二十一年十月二十九日司法行政部第二五九号），河南省劳改局编《民国监狱资料选（上）》，河南省劳改局 1987 年印刷，第 412 页。

② 参见《司法部关于藤竹工场囚人暴动囚犯潘毓桂救护有功赦免刑期的指令及京师第一监狱对此事的函》，北京市档案馆藏，档号：J191-002-11926。

③ 参见《京师第一监狱关于监犯逃狱、警员玩忽职守的呈报及司法部的指令》，北京市档案馆藏，档号：J191-002-11971。

发当日上午也是该员值班之时，事发前缺乏预防，事发后又未及时采取必要措施而被免职。[①]

应当说，司法部这一指令对涉事管理人员做出了一定奖惩。但对王元增未做处分决定显然不无袒护之嫌。王元增虽在暴狱时奋力镇压并受重伤，且平日办事认真得力，但该事件并非偶然。该监狱看守大多为满族人，并在张勋复辟及其失败后发生情绪波动，而身为典狱长的王元增，对上述情况未及时察觉并采取必要预防措施，成为该事件发生的重要原因。对此，王元增有不可推卸的责任。但司法部未对其做出任何处分，而是把"缺乏预防"责任完全归咎于第二科看守长孙鸿图，这显然有失公平。

1934 年 12 月，北京监狱发生监狱长张祖锡携款 7400 元逃跑事件。南京政府司法行政部还为此向河北省高等法院请求帮助，并附带该监狱长照片和拘捕令。[②] 但这一极为严重事件在时任司法部监狱司司长王元增斡旋下，张祖锡调离北京监狱，最终不了了之。

对以上两个事件责任人的处理，既反映了北洋政府和南京国民政府有关奖惩规定在北京监狱得到一定程度实行，也反映出当局对典狱长的袒护态度。"典狱长为监狱之首长"，有"严守关于监狱一切法令，并督率其他官吏"[③] 执行法令的责任。因而，对典狱长的过失和犯罪行为法外施恩，必然影响到对其他监狱管理人员奖惩制度的执行，使该监狱难以做到全面执行有关监狱管理人员惩戒条例。

在法定薪俸之外，给予监狱管理人员以不同形式奖励，是调动其工作积极性、提高工作效率、实现近代监狱教育功能的客观要求。但这些奖励金来自何处，却对能否实现这种功能关系重大。民国时期监狱经费主要来自国家财政拨款、团体和个人捐赠以及作业经营收入三个渠道。如果监狱管理人员奖励金来自前两者，其激励效应更多是正面的。但如来自后者，则势必影响犯人权益，导致作业由教化犯人手段蜕变为监狱管理人员攫取自身利益的

---

① 参见《司法部关于藤竹工场囚人暴动囚犯潘毓桂救护有功赦免刑期的指令及京师第一监狱对此事的函》，北京市档案馆藏，档号：J191-002-11926。

② 参见《河北高等法院关于查前河北第一监狱典狱长张祖锡的公函》，北京市档案馆藏，档号：J186-001-00105。

③ 王元增：《监狱学》，京师第一监狱 1924 年印刷，第 279 页。

机器。

事实上，北洋政府时期和南京国民政府时期，监狱管理人员奖金出现了很不相同的状况。在北洋政府时期，北京监狱一般管理人员没有奖金，其收入几乎完全来自财政拨款的法定薪俸。该监狱作业纯益金，一小部分被用来发放赏与金或用于改良监狱设施，大部分上缴国库。但改属河北第一监狱尤其是抗战胜利后，情况发生了巨大变化。这时南京国民政府为应付通货急剧膨胀、物价疯狂上涨给监狱管理人员带来的生活压力，大幅度增加了他们的奖励金。按1947年1月北京监狱《典狱长吴峙沅关于请薪事宜的报告》[①]计算，北京监狱典狱长年奖励金为2 297 100元（法币），科长为765 700元（法币），看守长、教诲师为255 233元（法币），主任看守为28 359元（法币），看守为9453元（法币）。这些奖金额要比北洋政府时期年薪高几百倍乃至几千倍[②]，使奖励金远远高于其薪金，而成为监狱管理者的主要收入来源。问题的关键是，这些奖励金不是来自财政拨款和捐赠，而是按南京国民政府有关文件要求，从犯人作业收入中列支的。这种奖励措施，虽使该监狱管理人员奖金得到大幅度提高，但几乎完全剥夺了犯人作业的收益权，把作业蜕变为几乎无偿压榨监犯劳动的机器，导致作业和监狱教化功能丧失殆尽。

需要说明的是，抗战胜利后北京监狱来自作业收入奖励金的大幅增加，并不意味着该监狱管理人员生活水平提高。据南京国民政府《中央日报》提供的物价指数，1947年中国物价与抗战前相比上涨19 000倍[③]，因而该监狱通过奖励金增加的收入，远不能抵消物价上涨幅度与速度。因而，抗战胜利后该监狱管理人员收入增加，但生活水平却如绝大多数公教人员一样，难以维持基本生活。[④]

---

① 参见《典狱长吴峙沅关于请薪事宜的报告》，北京市档案馆藏，档号：J191-003-11546。

② 按1928年4月司法部规定，京师监狱典狱长年薪最高为400元，连同加俸400元，年薪不过800元；看守长年薪最高为180元，连同加俸180元，年薪不过360元。见《监所职员官俸暂行条例》（民国十七年四月六日前司法部呈准），载山东省劳改局编《民国监狱法规选编》，中国书店1990年版，第156—157页。

③ 参见《中央日报》1947年4月2日，第二版。

④ 参见王印焕《民国政府公教人员生活状况的演变》，《北京科技大学学报》（社会科学版）2005年第1期，第66—72页。

（三）监狱管理人员薪俸与奖惩制度评价

北京监狱管理人员薪俸与奖惩制度要置于当时历史条件下才能做出公正评价。

第一，初步建立了一套中国近代化薪俸与奖惩制度。清末改良时期一些改革者虽提出了改良监狱官待遇的某些思想，并在某些新式监狱有所探索，但不够系统。北京监狱作为一个完全新建的新式监狱，在一开始便参照西方尤其是日本模式，废除了中国古代九品官等待遇制度，初步实行了近代科层化薪俸制度，并为北洋政府形成较系统的薪俸与奖惩制度提供了经验与实验材料。尽管其初期制度与后来执行的北洋政府和南京国民政府制定的薪俸与奖惩制度存在不科学、不平等等问题，但毕竟在无任何近代化制度基础情况下，率先在中国建立和执行了一整套比较系统的近代监狱官薪俸与奖惩制度，并且在一定程度上把监狱管理人员实绩与其薪俸或津贴、奖金挂钩。这与靠皇帝“金口玉言”、简单而一成不变的传统狱官制度相比，具有了现代性，更有利于调动监狱管理人员工作积极性，在一定程度上提高了该监狱管理人员素质，改变了中国古代“贱民执法”① 状况，也使该监狱管理人员获得了一定程度的生活保障，是一种历史进步。

第二，存在一系列严重弊端。北京监狱严格执行了北洋政府和南京国民政府薪俸与奖惩制度，因而这些制度的种种弊端在该监狱自然都得到体现。其主要表现为：

1. 在公务员各类别中待遇水平低。其最高薪俸被限定在荐任以下，而司法官、检察官所享有的特任和简任待遇与之无缘。其委任待遇以下的低层职员薪资更低得可怜。

2. 薪俸分级过细，激励效应不强。民国时期中国实行公务员职位分类法中以事分类模式，按不同级别给予不同薪酬待遇。北洋政府时期简任以下（包括简任）公务员工资共分 9 等 22 级，南京国民政府时期公务员共分 37 级。如果说以上分类是针对全国范围文官尚有其合理性，但如在规模有限的监狱内部，同样采取如此细致的分类，势必带来一些弊端。事实正是如此，

① 张志京：《贱民执法：一项中国封建狱政管理制度的考察》，《中国监狱学刊》2005 年第 2 期，第 142 页。

不论北洋政府，还是南京国民政府颁布的监狱官与职员薪酬规则，都按全国公务员分类模式，对各监狱职员实行了细致分类待遇。如1919年北洋政府制定的《监所职员官俸法》，将荐任和委任职员官俸分为1—16级。1930年南京国民政府颁布的《修正监所委任待遇职员津贴暂行规则》更把委任待遇职员津贴分为1—16级。

北京监狱先后是民国时期最高级别的中央监狱和容纳500名犯人以上的甲等监狱，其典狱长品位分级为荐任1级。这一级别虽在全国各监狱中为最高，但与其他公务员类别相比则处于相对较低位置。在薪俸本不高的典狱长级别以下自高到低，又分为荐任11至1级、委任9至1级、委任待遇16至1级。如此细密分级，必然造成级差很小，低层级差仅有5元甚至2元。这不但弱化了薪俸的激励效应，而且在荐任以下层层推低，造成委任待遇官员尤其是看守以下职员级别与待遇极低。可见，北京监狱执行的薪俸制度，存在分级过细、激励效应不强的弊端，并成为下层监狱管理人员工资低下的制度原因。

第三，制度与实践之间存在极大距离。在整个民国时期，北京监狱素以制度先进、周密，执行严格著称，与其他监狱比较，它的确可称为佼佼者。但事实上，即使在这个被称为“模范”的监狱，同样存在制度与实践之间的距离。如前述及的薪酬制度往往不能及时兑现，欠薪现象时有发生。再如，惩罚制度不能得到公平贯彻。上层乃至典狱长的过失甚至犯罪得不到应有惩戒。前面谈到的藤竹科暴狱和监狱长携款逃跑事件即是明证。严景耀在该监狱调查时也发现存在“第一监狱间有两三个月没有教诲师，后来有了教诲师，每星期犯人有时还见不着教诲师一次面”① 的事例。这证明了该监狱有关规章制度未得到切实执行且未受到惩戒的事实。又如，正式规则与非正式规则错位，主要表现在抗战胜利后该监狱来自正式规则的薪酬在其管理人员收入中所占比重微乎其微，而来自作业收入的奖励金成为主要来源，形成正式规则与非正式规则错位。这种错位必然导致侵犯犯人权益的情况发生，使作业教育教诲功能丧失。

① 民进中央宣传部编：《严景耀论文集》，开明出版社1995年版，第31页。

第四章　北京监狱的教育与教诲

长期以来，教育教诲始终是近代中国监狱史包括近代北京监狱研究中的一个热点话题，同时一些令人欣喜的研究成果也随之面世。[①] 但这些成果多存在两个不足：一是往往局限于教育教诲本身，而未将其置于近代教育刑体系中加以考察；二是过多关注当时的档案材料而直接得出判断，缺乏对这些材料的甄别与分析。本章力图以北京监狱为个案，把教育教诲置于近代中国刑罚体系及其转型实际过程之中做一探讨。

第一节　教育教诲在教育刑中的地位与功能

一、近代教育刑内涵

在 19 世纪中前期之前，西方国家把刑罚的功能简单归于“阻止罪犯再重新侵害公民，并规诫其他人不要重蹈覆辙”，认为“只要刑罚的恶果大于犯罪所带来的好处，刑罚就可以收到它的效果”。[②] 因此，注重刑罚的惩罚威慑功能，奉行以刑罚之“恶”止罪犯之“恶”的报复主义。中世纪欧洲锯刑、轮刑、溺刑、磔刑等肉刑和死刑行刑方式之残忍比古代中国有过之而无不及。19 世纪中后期，随着西方国家科技发展和文明程度的大幅提高，人们开始认

---

① 参见欧阳志工等《民国时期北京监狱教育教诲探析》，《犯罪与改造研究》2016 年第 2 期，第 57—61 页；吴翠：《浅析民国监狱教诲及教育制度》，《法治研究》2008 年第 12 期，第 71—73 页。

② ［意］贝卡里亚著，黄风译：《论犯罪与刑罚》，中国法制出版社 2002 年版，第 53—54 页。

识到酷刑不仅无益于防治犯罪，而且有悖于人道，并认识到罪犯犯罪时受其个性支配，而这种个性是从它的天资发展而来，由其出生后面临的外界环境即社会环境所决定。① 据此认为刑罚的使命，在于经过教育使罪犯得到矫正，而使之再为社会有用之一分子。② 随着这些观念的传播，以教育为主旨的教育刑，逐渐成为西方主要国家行刑主流思想和基本制度，并在 19 世纪后半期传播到中国。

关于近代教育刑内涵，近代教育刑集大成者弗兰茨·冯·李斯特指出，刑罚的目的就是对有罪者的再教育，刑罚的本质是教育；德国学者李普曼认为，刑罚本身就是一种教育。③ 还有学者直接把教育刑称为“教育刑主义”④，即以教育刑为中心的刑罚原则，教育要贯穿刑罚活动的全过程并在其中释放最大功效。⑤ 综合以上含义，可将近代教育刑内涵概括为一种以改造罪犯使之改过自新，进而重回社会为本质和目的，把教育渗透和贯穿于刑罚制度和刑罚活动过程，并在其中释放最大功效的一种行刑制度。

二、教育教诲在近代教育刑中的功能

王元增依据西方教育刑理论对教育教诲的内涵及其二者间的关系做了界定。他认为“教化德性（即专重修养精神者），谓之教诲；启发理性（即专重训练智能者），谓之教育。智育德育为教养之要素，一日不能相离。教诲与教育，其名虽异，而其实则有密切之关系，宜相辅而行”⑥。教育教诲在近代教育刑中具有重要地位。近代教育刑是一个完整的刑罚体系。此体系中的刑罚制度可分为三个层次：一是监禁和分房制度；二是处遇制、减刑制、假释制等制度；三是教育教诲制度和罪犯作业制度。⑦ 这三个层次的制度在教育刑中

---

① 参见［德］弗兰茨·冯·李斯特著、徐久生译《德国刑法教科书》，法律出版社 2000 年版，第 12 页。

② 参见［德］弗兰茨·冯·李斯特著、徐久生译《德国刑法教科书》，法律出版社 2000 年版，第 7 页。

③ 参见［日］木村龟二《刑法总论》（增补本），东京：有斐阁 1984 年版，第 46 页。

④ 《汉英法律词典》，外文出版社 1995 年版，第 395 页。

⑤ 参见陈伟《教育刑与刑罚的教育功能》，《法学研究》2011 年第 6 期，第 155—172 页。

⑥ 《河北第一监狱改良计划书》，北京市档案馆藏，档号：J191-002-12553。

⑦ 参见《河北第一监狱改良计划书》，北京市档案馆藏，档号：J191-002-12553。

分别具有不同地位。其中，监禁和分房制，通过剥夺罪犯自由和不同拘押空间，改变其犯罪的社会环境，为对罪犯进行教育提供特定的时空条件。处遇制、减刑制、假释制是为罪犯提供教育，促使其悔过自新并缩短或解除其监禁，获得自由的不同机制。比如处遇制或累进制，就是将罪犯自由刑执行过程分为不同阶段，以罪犯在每阶段的表现为依据，逐步向下阶段过渡并改善其行刑处遇。教育教诲制和罪犯作业制则是为在监犯接受教育提供机会与途径。可见，教育刑刑罚体系完全不同于此前的报复主义和惩罚主义，而是以教育罪犯，将其改造为对社会有用之人为目的和宗旨。

教育教诲在教育刑体系中具有其他环节不可替代的重要职能。如果说该体系中前两个层次的教育性隐形于刚性的制度当中，为教育目的提供动力与保障机制，那么第三层次中的教育教诲制，则以其显性和柔性特征，不可替代地存在于感性的监犯日常生活当中。它之所以不可为其他环节替代，是因为其他环节虽可为监犯提供接受教育的动力与实现机制，但不能告诉犯罪个体走向犯罪的原因，也不能告诉这些个体罪与非罪的界限，更不能告诉其悔过自新的途径。而认识这些对一般罪犯来说尤为重要，因为，这些罪犯文化程度不高，上述问题和知识只有通过直接灌输方式才有可能得到。教育教诲就是以直接灌输的独特方式发挥其特定功能。这种功能主要体现在两个方面：一方面，对罪犯实行人性启迪、道德教育和思想矫正，使之根除恶习，去恶从善，成为守法良善之人；另一方面，对罪犯进行知识和职业素质教育。这不仅可以提高罪犯明辨是非的能力，知晓犯法与守法之间的界限，从而减少或避免重新犯罪，而且会帮助其适应社会发展，通过自己的劳动与经营获得合法收入，根除其犯罪根源。因而，教育教诲成为教育刑一项重要制度构成和最显著特征之一。也正因如此，对教育教诲的研究不能孤立进行，而须将其置于教育刑体系当中加以考察。

第二节　清代刑制改革

一、中国古代“明刑弼教”刑制辨析

19 世纪中期以前，中国刑罚与西方一样处于报复主义阶段。夏商周三代

以墨、劓、宫、髌、大辟等五刑为主，秦后各代以笞、杖、徒、流、死等五刑为主，至清则承袭并完善了封建制五刑体系。但中国古代刑罚受着儒家“明刑弼教”“德主刑辅”思想的深刻影响，并形成了系囚、悯囚、录囚等一整套监狱管理制度，具有浓厚的“教化”和“人道”色彩。但不能将这种人道和教化与近代教育刑中的教育教诲等同看待，甚至认为中国古代狱制具有教育刑思想。国内某些学者持这种观点。① 日本学者西田太一郎也持此观点，他认为：“在中国古代刑罚制度由肉刑向徒刑的发展沿革中，也包括着建立教育刑制度。”② 如果这一观点成立，就等于肯定古代中国已存在教育刑及其教育教诲制度。按此教育刑古已有之逻辑，中国近代狱制转型和教育教诲制度的建立与实行都成为不必要，至少会降低近代中国狱制转型和实行教育教诲制度的难度。

事实上，这种观点是不能成立的。的确，在中国历史很长时期内，其法律规定的刑罚是世界上最文明、最人道，至少比同时期欧洲刑罚要文明得多、人道得多。③ 荀子“不教而诛，则刑繁而邪不胜；教而不诛，则奸民不惩”包含着惩罚与教育并重思想。中国古代悯囚制度同样具有某种程度的教育感化作用。但这些都不能证明中国古代传统刑法中包含着教育刑制度。

其一，中国古代不存在教育刑及其教育教诲制度所依据的自由刑基础。世界刑罚经历了生命刑—身体刑—自由刑为中心的演进轨迹④，而教育刑只能建立在自由刑基础之上。因为，自由刑是以改造罪犯而非惩罚罪犯为目的，并通过其一系列具有教育性与惩罚性相统一的刑罚制度，为教育刑的实施提供时空条件和制度机制保障。但中国古代刑罚，即使不谈夏商周三代以肉刑为特征的墨、劓、宫、髌、大辟五刑，而以清末之前仍存在的笞、杖、徒、流、死五刑而言，笞、杖、流、死等生命刑和身体刑占主体地位，其中虽有

① 参见李文超《中国古代狱制的教育刑思想研究》，《兰州教育学院学报》2016 年第 5 期，第 155—157 页；李玲玲：《先秦教育刑思想探究》，中国政法大学 2011 年硕士学位论文。

② ［日］西田太一郎著，段秋关译：《中国刑法史研究》，北京大学出版社 1985 年版，第 145 页。

③ 参见姜晓敏《谈谈对中国传统刑事法律的认识》，《法学家》2007 年第 5 期，第 20—24 页。

④ 参见宏玉《刑事政策与刑罚结构变化之考察》，《中国人民公安大学学报》2003 年第 3 期，第 47—50 页。

徒刑（自由刑），但其在这个刑罚体系中不占主流地位。[①] 而在缺乏自由刑这一教育刑必要基础条件下，教育刑及其教育教诲制度是不可能实行的。因此，在古代中国，狱制只能具有某种程度甚至浓厚的“教化”色彩，而不可能形成教育刑制度，也就不可能形成作为该制度有机构成部分的教育教诲制度。

其二，中国古代狱制本质上是报复刑、苦辱刑而非教育刑。中国古代刑罚虽受儒家学说“明刑弼教”“德主刑辅”思想深刻影响，但制定和执行刑罚的是封建统治者。为维护其专制统治与利益，这些统治者实际上走的是“明儒暗法”或“内法外儒”的道路。[②] 其标榜的“明刑弼教”“德主刑辅”具有十分明显的维护封建统治的工具性。其实行的“悯囚”政策是统治者对罪囚的“法外施恩”，而非教育刑所需要的人本主义和权利平等。正因如此，他们所标榜甚至被明定于法律当中的“悯囚”政策，在历史的绝大多数时间是不能实现的。如《大明令·刑令》规定，监狱的“枷扭常须洗涤，荐（草席）常须铺置，冬设暖匣，夏备凉浆，无家属者食米一升，冬给絮衣一件，夜给灯油，病给药医”。但这些被颂称为“良法美意”的制度化狱囚待遇并未被兑现。嘉靖六年（1527）给事中周瑯上书言及监狱时说：“奸吏悍卒，倚狱为市，或扼其饮食以困之，或徒之秽溷苦之，备诸痛楚，十不一生。”[③] 这证明其狱制是报复刑、苦辱刑而非教育刑。

其三，中国古代监狱不具备实行教育教诲的条件。对此，无须做其他方面的分析，只要看看“佐贰杂流，滥竽充数，狱事不治”[④] 的狱吏和被排在“娼优皂卒”末位的狱卒，即可明白要以素质如此低下的狱官狱卒实行教育刑，开展教育教诲是绝无可能的。

总之，中国传统狱制虽有浓厚的“教化”色彩，但在本质上是以报应主义为特征的传统“苦辱刑”，而非教育刑。

---

① 参见周密《中国刑法史纲》，北京大学出版社 1998 年版，第 442 页。

② 参见高绍先《中国刑法史精要》，法律出版社 2001 年版，第 410 页。

③ 〔清〕张廷玉等：《明史》，中华书局 1974 年版，第 2000 页。

④ 参见《法部奏议复实行改良监狱折》，载薛梅卿等编《清末民初改良监狱专辑》，中国监狱学会 1997 年印刷，第 56 页。

二、清末狱制状况

清朝在承袭以前各朝尤其明朝狱制基础上，制定了以《大清律例》为代表的一系列监狱管理制度，使其狱制不但达到古代中国最完备的程度，而且其“恤囚制度”较之以前各代也有所进步。然而，清朝维护满族和蒙古贵族利益的绝对专制主义，决定这些规定只能是冠冕堂皇的表面文章，其狱政实际状况却十分腐败和黑暗。如果说清代文献学家刘锦藻在《清朝续文献通考》中对清朝狱法出于相沿几千年的“束其身体，节其饮食，隘其居处，无非多方折磨”的批评中，尚肯定其“苦辱”罪犯的目的是“启其悔过迁善之心”①，那么清代文学家方苞根据其康熙年间亲身被关押于刑部监狱一年零五个月的所见所闻撰写的《狱中杂记》，其中勾画的情形连通过“苦辱”以启犯人“悔过迁善之心”都是不存在的。它所展现的是一幅赤裸裸的贪赃枉法、残害监犯的阴森恐怖的“人间地狱”。而刑部监狱是整个清朝监狱的一个缩影。因此，清代是古代中国监狱最完善的时期，同时也是古代中国监狱最腐败、最黑暗的时期。这不仅为中国人民深恶痛绝，而且为西方国家所诟病。

三、清末教育刑引入

如前所述，八国联军侵华战争之后，清王朝为延续其统治被迫进行监狱改良。而狱制改良是其中的核心部分。从该时期有关文献尤其是1910年完成的《大清监狱律草案》和1911年公布的《大清新刑律》看，清末通过监狱改革引入了西方教育刑制度。其具体体现在以下几方面。

第一，狱制思想开始由“德主刑辅”“明刑弼教”向中西参合的“中学为体、西学为用”转换。张之洞、沈家本等以中国纲常名教为原本，参酌西方狱制，改革清朝狱制思想被清王朝接受。《大清监狱律草案》就是由清政府聘请被誉为“日本监狱学之巨擘”的小河滋次郎，在吸收西方尤其日本监狱学理论并结合中国监狱历史传统和当时国情起草的。

第二，狱制开始由传统“苦辱刑”向近代“教育刑”转变。《大清监狱律草案》总则中宣示了“待遇化导”的宗旨。其第九条规定：“受刑者须以使其

① 刘锦藻：《清朝续文献通考》刑考六·刑制，商务印书馆1936年版，第9929页。

畏服国法威严，中心自知尊重国法之必要。出狱后能复归于有秩序适法生活。”即把自由刑执行过程，看成对犯人进行服法教育的过程。而这正是近代教育刑区别于古代监狱以报复为目的的“苦辱刑”的根本标志。①

第三，割除传统五刑制度，实行自由刑制度。光绪三十年（1904），清廷废除了原刑制中的笞、杖二刑，“仿照外国罚金之法，改为罚银”②，删除了凌迟、枭首、戮尸、刺字等刑罚，并将徒、流、军、遣，除不孝及奸、盗、诈伪旧例应实发者，改留本地习艺所工作。③ 1911 年公布的《大清新刑律》仿效西方刑法，将刑罚改为“死刑、无期徒刑、有期徒刑、拘役、罚金”五种主刑和被夺公权、没收两种从刑。同时，规定了特赦、减刑及假释制度。自由刑的确立为实行教育刑提供了基础。

第四，增加了某些改善罪犯待遇、保护罪犯权利的规定。《大清监狱律草案》规定：“有精神丧失状态，或因监狱拘禁有不能保全其生命之虞者；受胎后七月以上或分娩后未满一月者；罹传染病者，得不收监。”规定拘押须斟酌在监者性别、年龄、罪质及个人特点，设男监、女监和徒刑监、拘留场和留置所等不同形式。规定“当设法以保其健康”，要讲求监狱构造和饮食衣服“无害卫生”“无害身体”。规定监犯有不服监狱处置情诉权、拒绝监狱虐待权、要求正常水准的生活待遇权、保护身体健康权和定期接见与通信权、请求奖赏权等权利。这些待遇与权利规定为实行教育刑提供了某些条件。

第五，规定了教诲教育制度。《大清监狱律草案》第六章规定，除休业日外，在监人至少每十日接受一次教诲，酌情允许宗教教徒举行宗教仪式；在监者（年龄十八岁以上或刑期不满三个月的罪犯除外）“每星期二十四小时以内，依小学程度教以读书、习字、算学、作文及其他必要学科”④。这是中国历史上教育教诲制第一次被正式纳入监狱法律法规。此外，该草案还规定了惩罚与习艺相结合的作业制度。

第六，改革狱官制度，培养监狱管理人才。为适应近代教育刑对监狱管

① 参见薛梅卿、叶峰《试谈〈大清监狱律草案〉的立法意义》，《政法论坛》1987 年第 3 期，第 49—55 页。

② 《清史稿》卷一百四十三，志一百十八，刑法二。

③ 参见《清史稿》卷一百四十三，志一百十八，刑法二。

④ 薛梅卿等编：《清末民初改良监狱专辑》，中国监狱学会 1997 年印刷，第 81—82 页。

理人员素质与数量的需要，清末改良把改革监狱官职和培养监狱管理人才作为重要内容。不仅把原来刑部改为法部作为中央司法机构，还下设典狱司主管全国监狱工作，并在地方实行派专官治狱制度。与此同时，以举办监狱学堂或监狱专修科等形式培养监狱管理专门人才。新式监狱管理人员队伍的培养与初步形成，为实行教育刑提供了一定的主观条件。

由上可见，清末监狱改良使中国狱制发生了质的变化，基本上由原来以报复主义为核心的"苦辱刑"狱制，转变为以自由刑为基础的教育刑狱制。当然，这些改良仍具有相当浓厚的中国传统狱制色彩，并且只是在湖北、奉天等个别新式监狱得到并不系统的实施。尤其作为该狱制改良集中成果的《大清监狱律草案》，由于清廷保守势力反对，也由于其本身"学理上固多问题"① 且"法理事实，不相符合"② 的缺陷，未被清廷通过，更未在全国实行。因此，在辛亥革命之前，中国由封建报复型狱制向近代教育刑转型基本处于文本阶段。

第三节　北京监狱教育教诲实践演化

北京监狱是按教育刑理念建造的中国规模最大，设施最完备、最先进的近代化中央监狱。该监于 1912 年 8 月投入使用后，便利用这一物质条件，开始探索教育教诲制度，成为中国近代教育刑由悬于文本阶段向实践阶段转变的显著标志。纵观历史，可以明显看出该监狱教育教诲发展轨迹，大体经过了筹办时期的早期探索、筹办完成后的初步发展与曲折和南京国民政府时期形式拓展与本质异化这样三个阶段的演化过程。

一、教育教诲的早期探索

北京监狱成立伊始，即将教育教诲作为狱政之本。这不仅来自典狱长王元增对西方各国的考察心得，也来自他对该监狱犯人犯罪原因的具体分析。

---

① 何勤华、姚建龙编：《赵琛法学论著选》，中国政法大学出版社 2006 年版，第 380 页。

② 孙雄：《监狱学》，商务印书馆 2011 年版，第 72 页。

他认为该监狱425名罪犯（1913年4月末人数）[①]中，“识字者不过十分之一”[②]，且“此十分之一识字者，德育固不必论，即普通之智育亦未受过”[③]。因此，他认为“罪犯者，大半由于德育智育之欠缺”所致。“欲达化莠为良之目的，舍教诲教育其道未由”[④]。他据此把教诲教育看作改良狱政的根本。[⑤]鉴于北京监狱筹办时期北洋政府“所有监狱法令尚未颁布，事属创始无所遵从”[⑥]的情况，他以其对教育刑的深刻理解，并借鉴《大清监狱律草案》有关规定，在逐步建立近代教育刑制度过程中，把教育教诲作为监狱中心工作之一，在制度设计和实务两方面进行了可贵探索。

第一，设置主管教育教诲专门机构。王元增在1912年10月起草的《北京监狱试办章程》中，借鉴日本监狱经验，在“三科两所”机构中设置了教务所，作为主管教育教诲事务专门机构并初步规定其职责。[⑦]经司法部批准后试行。这一机构的设立使该监狱教育教诲进入初步规范化轨道。

第二，配置专职人员，提高看守人员素质。王元增认为“求教诲教育之实施，必须由道德较高者和相当资格（如年龄、容貌、学识、经验、口才、品行等）之教诲师及教师担任”[⑧]。1912年10月，司法部任命王元增暂任典狱长的同时，任命田畴暂充教诲师。[⑨]1913年5月，该监狱又派张以坊充任教诲师。[⑩]值得注意的是，其教诲师文化水平较高，田畴为高小毕业并曾担任小学教师，张以坊为北京法律学堂监狱专修科卒业。同时教诲师还享受较高待遇（见表4-1）。

① 《京师第一监狱每日在监人数表》，北京市档案馆藏，档号：J191-002-13033。

② 《京师第一监狱教育工作报告表》，北京市档案馆藏，档号：J191-002-13016。

③ 《京师第一监狱教育工作报告表》，北京市档案馆藏，档号：J191-002-13016。

④ 王元增：《北京监狱纪实》，北京监狱1913年印刷，第42页。

⑤ 《充实新旧监狱教海教育案》，北京市档案馆藏，档号：JI91-002-13590。

⑥ 王元增：《北京监狱纪实》，北京监狱1913年印刷，第29页。

⑦ 王元增：《北京监狱纪实》，北京监狱1913年印刷，第31页。

⑧ 王元增：《北京监狱纪实》，北京监狱1913年印刷，第29页。

⑨ 参见王元增《北京监狱纪实》，北京监狱1913年印刷，第7、28页。

⑩ 参见《京师第一监狱司法部关于教诲师张以坊退职给予终身恤金的案卷》，北京市档案馆藏，档号：J191-002-16371。

表 4-1　北京监狱月薪俸和工资情况表（单位：银元）①

职务	规定数	实支数
典狱长	400	300
科长	160	130
医士	160	120
教诲师	160	70
看守长	80	60
工师	30	30
看守部长	15	15
看守	10	10
监丁	7	7
预备看守	6	6

由表 4-1 可见，按当时北洋政府规定薪俸数额看，教诲师仅次于典狱长，而与科长、医士相同。如按实支额，教诲师低于典狱长、科长和医士，但高于看守长，更高于其他职务。教诲师的较高素质与待遇反映了该监狱对教诲的重视程度。

与实施教育教诲相适应，1912 年 8 月北京监狱进行的看守招考严格规定了应考人员的基本素质，如品行方正、年龄在 25 岁以上 35 岁以下、监狱学校或高等巡警学堂与巡警教练所毕业，抑或曾在高等小学以上毕业以及有高等小学以上相当之程度者。对曾处徒刑以上或曾宣告破产者以及有嗜好者严禁报考。② 这些要求和措施，无疑对开展教育教诲具有积极意义。

第三，确定教育教诲对象与内容。北京监狱教诲面对所有监犯展开。对于教诲内容，从对教诲师“以道德较高者充之”的要求和该监狱编写的《朝明》《静夜思》两首歌词看，其教诲内容主要限于道德修养、修身方面。教育

① 参见王元增《北京监狱纪实》，北京监狱 1913 年印刷，第 28 页。

② 参见《京师第一监狱关于招考看守日期及要求的函》，北京市档案馆藏，档号：J191-002-12640。

则限于十八岁以下。教育内容按小学课程安排。[①] 由此可见，这时该监狱教诲对象与内容是比较狭窄的。

第四，规定了教诲教育形式与时间。该监狱主要采用三种教诲形式：一是工场教诲，在每日饭后休息时进行；二是集合教诲，于星期日在教诲堂进行；三是个人教诲，随时进行。另外，该监狱还采取唱歌为教诲辅助形式，并为此编了《朝明》《静夜思》两首歌曲。[②] 由此可见其教诲形式比较单调，时间规定不够具体。

总之，北京监狱在筹办时期初步制定了教育教诲制度，并采取一些具体措施，教育教诲得到多方面展开。值得注意的是，该监狱作为受司法部直接管辖的中央监狱，这些做法必须通过司法部批准方能实行。因而这些做法大都经历了由该监狱典狱长提出报告，经司法部批准，再在该监付诸实施的过程，体现了自下而上与自上而下相结合的探索路径。其探索的许多成果被司法部肯定并得到推广，成为国家层面的教育教诲法规的重要来源。比如，在该监狱实行"三科两所"管理体制之前，各新式监狱教育教诲主管机构很不统一，有的甚至没有。如湖北模范监狱设置了教诲师岗位与人员，但未设置专门管理机构。而北京监狱在"三科两所"机构中专门设置了教务所专管该方面事务。1913 年北洋政府颁布《监狱处务规则》直接吸收了北京监狱这一成果，把"三科两所"中的教务所上升为全国各新式监狱普遍管理体制。再如，北京监狱将教诲对象规定为所有在监人的强制性规定的做法，直接为 1913 年北洋政府修改的《大清监狱律草案》所吸收，并为《监狱规则》"在监者一律施教诲"新法规定提供了基础。又如，该监狱以唱歌为教诲辅助形式的做法，为 1913 年 6 月《司法部暂定实施监犯教育计划》采纳；《朝明》和《静夜思》两首歌曲也被列为各监狱通用材料。[③] 可见，筹办时期的北京监狱，可以说是民国初年中国监狱教育教诲的发源地和试验田，为后来民国时期教育教诲发展起到重要的促进作用。

同时，也要看到此时该监狱教育教诲制度建设与实践存在一些明显不足。

---

① 参见《京师第一监狱教育工作报告表》，北京市档案馆藏，档号：J191-002-13016。

② 参见《京师第一监狱教育工作报告表》，北京市档案馆藏，档号：J191-002-13016。

③ 参见王传敏主编《民国监狱法规汇编》，光明日报出版社 2014 年版，第 290 页。

一是制度设计比较简单。《北京监狱试办章程》规定了教务所承担犯人教育及教诲、犯人看读所用书籍和犯人出狱后状况调查等三项职责①，而缺乏具体规定。二是教育教诲形式简单。“该监狱教诲之法现尚无自编课本，惟每于工场教诲时用黑板一块书最浅之格言于其上。”② 三是比较而言重视教诲甚于重视教育。该监狱投入使用后，司法部很快派遣了专职教诲师，但教师却无专职人员③，而由看守长兼任。同时，其教诲面对所有监犯展开，而其教育对象被限制在十八岁以下，且缺乏固定地点与具体时间规定。这些不足说明，北京监狱在筹办时期虽对教育教诲做了多方面的可贵探索，但其成果是初步的。

二、教育教诲的初步发展

如果说在筹办阶段，因北洋政府“所有监狱法令尚未颁布，事属创始无所遵从”④，北京监狱的教育教诲走了一条自下而上与自上而下相结合的初步探索之路，那么，在 1913 年底《中华民国监狱规则》颁布之后的 10 年间，北京监狱的教育教诲则走了一条在遵循国家法律规则前提下，对教育教诲的具体内容、方式和方法，进行自上而下的进一步探索之路，并在这种探索中逐步使其教育教诲得到了初步发展，取得了当时公认的效果。

值得说明的是，如上所述，教育教诲作为教育刑的核心要素，在本质上不同于中国古代的“明刑弼教”。教育教诲的实施，不仅需要明确把握其确切含义，划清它与由统治者恩赐于犯人的传统“教化”之间的界限，而且需要具备与其他教育刑要素相联系的各方面实施条件。正因如此，此阶段北京监狱的教育教诲，依然走过了一个逐步发展的过程。其主要表现是 1913 年底《中华民国监狱规则》颁布后到 1921 年前仍重视教诲、轻视教育，到 1921 年后才开始向教育教诲并重转化。

1913 年 12 月，北洋政府司法部颁布了《中华民国监狱规则》。查阅北洋政府时期监狱文献可以发现，自 1913 年 12 月《中华民国监狱规则》颁布后

① 参见王元增《北京监狱纪实》，北京监狱印刷 1913 年印刷，第 35 页。

② 《京师第一监狱教育工作报告表》，北京市档案馆藏，档号：J191-002-13016。

③ 参见《司法部关于各监教诲师教师及各职员分担课程及京师第一监狱的呈》，北京市档案馆藏，档号：J191-002-14200。

④ 王元增：《北京监狱纪实》，北京监狱印刷 1913 年印刷，第 29 页。

至1924年以前，北洋政府几乎未颁发有关监狱教育教诲的法律法规，1923年后才密集发布。这表明《中华民国监狱规则》是该时期各监狱教育教诲实践遵循的主要法规。其中第六章第四十八条至五十一条规定：（1）在监者一律实施教诲；（2）未满十八岁者，一律实施教育，但年满十八岁者自请教育或监狱官认为有必要者亦得教育之；（3）教育时间为每星期二十四小时以内；（4）教育内容依小学程度教以读书、习字、算学、作文及其他必要科目，在监者在无碍监狱纪律和感化宗旨前提下可阅读书籍。①

可见，该法规关于监狱教育教诲的规定是原则性的，具有笼而统之的不足。但从论述重点看，其中关于教诲的内容仅有"在监者一律实施教诲"一条，而其他三条均是关于教育的。由是观之，该法规在教育与教诲两方面中是很重视教育的。然而，从北京监狱的教育教诲实践看，在1921年前所重视的却不是教育，而是教诲②，筹建时期的重教诲轻教育倾向依然在延续。所不同的是，教诲的内容和形式都得到了丰富并走向初步完善。

第一，教诲内容大大扩展。由此前单一道德范围，扩展到了中西方宗教与中国传统道德体系。据1916年出版的《中国新旧监狱比较录》记载，北京监狱教诲分为宗教教诲、非宗教教诲和女监教诲三项。③ 但其女监教诲的内容自然不会逾越宗教和非宗教的内容，因而该监狱教诲内容为宗教教诲和非宗教教诲两部分。

北京监狱的宗教教诲始于1914年。民国三年（1914）八月，"僧人觉先禀请向该监布教，经部批准每星期日来监说教三小时"④。民国"六年（1917）秋，北京基督教青年会请于犯人操业之暇，派员来监演讲德育，经部核准每星期讲演一次"⑤。1922年4月北京监狱收容俄犯后，为使其保持平日所信仰的宗教，特请北京东正教宗会司祭负责训诲俄犯。此后，北京监狱"每星期

---

① 参见王传敏主编《民国监狱法规汇编》，光明日报出版社2014年版，第10页。

② 参见《京师第一监狱关于呈送教诲教育日记、教诲工作月报表的呈》，北京市档案馆藏，档号：J191-002-17241。

③ 参见朱紫垣《中国新旧监狱比较录》，北京共和印刷局1916年版，第97页。

④ 《京师第一监狱教育工作报告表》，北京市档案馆藏，档号：J191-002-13016。

⑤ 《京师第一监狱关于基督教青年来监做德育演说的呈报》，北京市档案馆藏，档号：J191-002-11977。

由青年会、神召会、耶教会各来监讲道三十分钟”①。另有学者指出，在 20 世纪初叶，北京监狱教诲堂“将儒、道、耶、回开山祖师的画像与 19 世纪英国狱制改良的领袖约翰·霍华德和观音菩萨的画像悬于一堂，欲求囚犯顶礼膜拜”②。这些表明，此时不仅西方基督教、东正教，而且中国儒、道、回、佛教与西方狱制改良领袖，都被作为宗教引入北京监狱教诲当中。当然，这展现的不单是“一帧当时国人向西方学习慌不择食，甚至是鹿死不择音的紧迫而幼稚的漫画图景”③，同时也透露出该监狱参用西方资源，同时重视中国本土资源中西杂糅的教诲理念。

北京监狱在筹建时期即有非宗教教诲内容，此时变得逐步丰富起来。北京监狱对累犯教诲内容多采自《进德录》《吕子节录补遗》《格言联璧》《太上宝筏》《宣讲拾遗》及《人德言行录》。④ 该监狱在 1927 年编写的《教育图说》分孝亲、立志、敦品、知耻、改过、平和、诚实、正直、尚俭、惜时十课。⑤上述内容表明，该监狱非宗教教诲已由原先狭窄的某些道德规范，扩展到了礼、义、廉、耻、忠、孝、仁、爱、信、义、和、平等完整的中国传统道德体系。

第二，教诲形式得到丰富、完善和细化。除继续实施前阶段的工场教诲、集合教诲、个人教诲三种形式之外，增加了类别教诲，即以犯同样罪者分类而进行的教诲。如北京监狱于“每星期一星期四专提累犯者教诲一次”⑥。这使该监狱教诲形式由三种发展为四种。

第三，教诲时间、地点和具体形式得到规范。北京监狱教诲分为宗教教

---

① 《京师第一监狱关于基督教青年来监做德育演说的呈报》，北京市档案馆藏，档号：J191-002-11977。

② 许章润：《说法 活法 立法：关于法律之为一种人世生活方式及其意义》，清华大学出版社 2004 年版，第 211 页。

③ 许章润：《说法 活法 立法：关于法律之为一种人世生活方式及其意义》，清华大学出版社 2004 年版，第 211 页。

④ 参见《京师第一监狱教育工作报告表》，北京市档案馆藏，档号：J191-002-13016。

⑤ 参见《京师第一监狱关于呈送教诲教育日记、教诲工作月报表的呈》，北京市档案馆藏，档号：J191-002-17241。

⑥ 参见《京师第一监狱关于累进处遇办法的草案及监所教诲规程》，北京市档案馆藏，档号：J191-002-13598。

诲、非宗教教诲和女监教诲三项。其实施教诲的具体方式为：宗教教诲于每周日罢役后在教诲堂施行一次，分两个班分别进行，每班持续一小时；非宗教教诲在每日早餐后由教诲师按照工场秩序前往教诲，每日教诲两个工场，每工场进行一小时；女监教诲在每星期一由教诲师自往女监施行。① "每星期一星期四专提累犯者"进行类别教育。② 个人教诲形式更得到细化与规范，对监犯入监、出监、转监，到疾病、亲丧、惩罚、接见、书信的各环节③，都无不有教诲相伴随。这些表明，该监狱教诲初步实现了时间、地点固定化和具体形式规范化。

第四，举行演讲教诲。1923 年该监狱组织了春节演讲会并持续两天。会上，不但典狱长王元增亲自演讲，而且有监犯七人进行了"现身说法"式演讲，各述心得感想。自此以后，北京监狱"于每周日添设集合讲演一次，以补平日教诲之不足"。所有演讲的，不是各界名流，便是本监狱职员，或囚犯的忏悔。④

第五，详备教诲日记，编写教诲课本。北京监狱制定了详细的教诲教育规则，要求教诲师与教师备课严谨，并详备教诲日记，如《教诲日记之说仁》《教诲日记之说义》《教诲日记之说礼》等。该监狱还把教诲师的讲稿集印为教材，由教诲师教诲时分发给被教诲罪犯。这些教材分宗教教诲与非宗教教诲两种。其中宗教教诲教材主要是教诲师讲义，非宗教教诲课本主要围绕儒家的仁、义、礼、智、信内容，如《说义》《说仁》《因果浅说》等。⑤ 这些教材虽语言晦涩难懂，但毕竟改变了上阶段"一块黑板"式的简单方式。

第六，营造感化氛围。北京监狱成立后将儒、道、耶、回开山祖师以及观音菩萨和约翰·霍华德画像悬挂于教诲堂。1919 年将该监正门新修的一条

---

① 参见《京师第一监狱关于累进处遇办法的草案及监所教诲规程》，北京市档案馆藏，档号：J191-002-13598。

② 参见《京师第一监狱关于累进处遇办法的草案及监所教诲规程》，北京市档案馆藏，档号：J191-002-13598。

③ 参见《京师第一监狱关于累进处遇办法的草案及监所教诲规程》，北京市档案馆藏，档号：J191-002-13598。

④ 参见《京师第一监狱教育工作报告表》，北京市档案馆藏，档号：J191-002-13016。

⑤ 参见《京师第一监狱教诲讲稿》，北京市档案馆藏，档号：J191-002-13020。

路命名为“自新路”。[1] 尽管当时的绝大多数监犯对这些“圣人”并没有多少了解，醒目路牌的含义也未必被那些目不识丁的犯人理解，但这些做法为该监狱感化教育罪犯营造了一定氛围。正如冯客所说，“只要它们存在就能产生力量，这种力量能够促使犯人忏悔和自我改造”[2]。

从以上情况看，这一阶段北京监狱初步改变了前阶段教诲内容的狭窄性和形式的单调性，教诲内容和形式都得到了丰富和完善。

但与之相比，在1921年以前，该监狱的教育薄弱状况并无明显改观。朱紫垣在1915年出版的《中国新旧监狱比较录》表述其教育情形时，只是简单说道：“除星期外每日教育三小时，由丙部部长提往教育讲堂实施之，教育毕提回工场或监房。”[3] 1915年王元增在《京师第一监狱报告》中，只简略说明了当时教诲情况而未提及教育。严景耀在《北平监狱教诲与教育》一文中对1921年前教育情况亦未提及。这些都反映出当时该监狱罪犯教育薄弱的状况并无改观。

那么，在1913年底至1921年前，何以会存在《中华民国监狱规则》强调教育而北京监狱却依然延续重教诲、轻教育的情状？

一是缺乏政府支持。《中华民国监狱规则》虽突出强调实施教育，但这只是几条笼统规定，缺乏后续发布具体规范加以保障。特别是北京监狱自建立起，即受经费不足的困扰，以致连已有监狱管理人员工资都不能如数发放，更难拿出经费投入教育。

二是人才匮乏。专职教师对学历与素质要求较高，而具有这些条件的教师，又往往不愿到监狱这个被人鄙夷的地方任职。这使该监狱获得实施教育的人力资源与其获得实行教诲人力资源的情形大相径庭。王元增在1915年《京师第一监狱报告》中述及：“北京监狱为全国之模范中的模范监狱。僧人愿于是处树之先声，一以毕佛祖之宏愿，一以指犯人之迷途。”[4] 就是说北京监狱以其特殊地位，容易得到来自宗教界教诲人员的助力。因而不但僧人，

① 参见《北平河北第一监狱报告书》，北京市档案馆藏，档号：J191-002-16035。

② ［荷］冯客著，徐有威等译：《近代中国的犯罪、惩罚与监狱》，江苏人民出版社2008年版，第246页。

③ 朱紫垣：《中国新旧监狱比较录》，北京共和印刷局1916年版，第98页。

④ 王元增：《京师第一监狱报告》，京师第一监狱1915年印刷，第84页。

即使其他宗教各界人士，也主动要求到该监狱实施布法教诲。该监狱正是借助宗教界这一社会资源使其教诲得到了较快发展。然而，对该监狱教育来说，却很难获得这样的助力。所以，直到1921年前，该监狱一直无专职教师而由看守兼充。但这些看守文化程度和综合素质低，且一直面临看守少而入监犯人日益增多的压力，使之除履行本职工作外，不能也不愿投入足够时间和精力对监犯实施教育。

三是此时北京监狱作业虽已开展，但规模不大，科目尚少，盈利微薄。1914年至1919年底，6年间获余利仅为9590余元。① 加之该监狱作业主要为手工劳动，因而使作业对犯人的知识、技术要求还未突出出来，教育所提供的作业智力支撑问题未引起重视。

四是认识模糊和传统观念影响。清末民初，教育教诲作为近代教育刑要素被引进中国，且在概念上把教育与教诲分别使用。但对二者的内涵与外延以及二者的区别并不那么清楚。这是因为移植于西方的教育教诲概念本来未必科学。在此概念中，教育一般是指智育，教诲一般是指德育，但二者不但都属广义教育范畴，而且在某些方面存在交叉。如德育中道德观念部分属教诲范畴，而其知识部分则实际属教育范畴。因而严景耀曾认为“不如将教诲并入教育，在教育内另开一门德育较为妥善”②。但当时人们对二者的确切含义模糊不清，在实践中往往混用，或以教诲涵盖教育，或以教育涵盖教诲。

在教育教诲含义认识模糊情形下，人们思想深层的中国传统观念又形成了重视教诲思维导向。民国初期监狱改良受着传统“明刑弼教”刑罚观念的深刻影响，1915年朱湙以此为朱紫垣《中国新旧监狱比较录》题词，以概括该书宗旨。而在这些传统观念中，不外乎“道之以政，齐之以刑，民免而无耻；道之以德，齐之以礼，有耻且格”。其最高境界，也只是通过“明刑”而惩恶，使人们因畏法而守法；通过道德礼仪教化而化恶为善，其中几乎没有作为智育的教育意涵。这种传统观念的思维惯性，容易导致人们对教育教诲的认识偏重于教诲，而忽视教育。

---

① 参见《京师第一监狱关于经费积欠困难情形的呈》，北京市档案馆藏，档号：J191-002-13527。

② 严景耀：《北平监狱教诲与教育》，《社会学界》1930年第4期，第36页。

可见，在《中华民国监狱规则》强调教育以后北京监狱所延续的重教诲而轻教育倾向，既与北洋政府监狱政策相联系，也与其受多方面条件限制和对教育教诲认识偏差及传统思维惯性有关。

到1921年，北京监狱教育的薄弱状况开始改变。其起点是同年该监狱实行的“扩张教诲教育”①。这种扩张虽包括教育教诲两方面，但从该时期实际情况看，这种扩张是在延续教诲势头的同时，重点促进教育扩张。在北京监狱“扩张教诲教育”的推动下，司法部于1924年6月亦开始了全国监狱的教育教诲扩张。为此先后出台《监犯未满十八岁者须施教育令》（1923年6月）、《司法部暂定实施监犯教育计划》（1924年6月）、《在监人教育音乐等项准如拟实施令》（1924年7月）等法令法规，对教育教诲提出了一系列具体规范和要求。这些文件与北京监狱一样，更多的是强调教育扩张。因而在1921年后至1924年秋，北京监狱在延续其教诲发展势头的同时，教育得到了前所未有的发展，主要表现如下：

第一，任命专门教师人员，加强教师力量。在此阶段，该监狱配置专门教师1人。② 民国十年（1921）八月，鉴于教师严重不足，该监狱“特派犯人5名帮教国文。次年又添派囚犯3个”③。此外，还聘请工师到各工场进行技术指导。

第二，教育范围得到扩大。此阶段该监狱打破了1913年《监狱规则》关于教育对象仅限于18岁以下的规定，将受教育罪犯年龄提高到了20岁，且规定对20岁以上犯人，亦规定于休息时间由教师教诲师分赴工场，按其文化程度教以读书识字。④ 这实际上把全部罪犯以不同形式和程度纳入了教育范围。这一做法为1924年6月司法部《监犯年满十八岁者须施教育令》所吸

① 《京师第一监狱关于厅之书记室函送各县实施监犯教育计划及汪教诲师讲稿》，北京市档案馆藏，档号：J191-002-16161。

② 参见《京师第一监狱关于监犯教育取消年龄限制、每日须授课两时、发教育计划及所定唱歌体操两项的意见、进派教员、送教育课本问题的案卷》，北京市档案馆藏，档号：J191-002-16163。

③ 《京师第一监狱关于监犯教育取消年龄限制、每日须授课两时、发教育计划及所定唱歌体操两项的意见、进派教员、送教育课本问题的案卷》，北京市档案馆藏，档号：J191-002-16163。

④ 参见《京师第一监狱关于监犯教育取消年龄限制、每日须授课两时、发教育计划及所定唱歌体操两项的意见、进派教员、送教育课本问题的案卷》，北京市档案馆藏，档号：J191-002-16163。

收。该文件规定“查在监人犯未满十八岁者除教诲外照章须一律施以教育。兹特将年龄限制取消”①。这意味着北京监狱将所有罪犯纳入了教育范围的做法上升为国家法令。

第三，教育程度提升，教育内容扩展并规范。该监狱建立初期，其教育内容依小学程度，教以读书、习字、算学、作文及其他必要科目。② 1925 年以前，其教育按年龄分 20 岁及以下和 20 岁以上两个部分，按不同文化程度分班进行。③ 1924 年 6 月《司法部暂定实施监犯教育计划》发布后，上述两部分教育分为第一年级、第二年级、第三年级；教育内容由原先的读书写字扩展到国文、唱歌、体操、公民、地理。④《司法部暂定实施监犯教育计划》还制定了初级和补习科课程标准及课时分配表⑤，使其教育得以规范和提升。

第四，教育形式多样化与细化。除按年龄分别授课之外，该监狱还采取工师到工场现场指导技术、创办内部刊物、设立图书馆等方式，实施多种形式的教育。其教育内容与载体也更为丰富和规范。

1. 创办监狱刊物。1921 年 7 月，北京监狱创办了《京师第一监狱旬刊》（下简称《旬刊》）。⑥ 这是中国第一个由监狱自办的刊物。该刊每星期出版一次，由监狱官管理，监犯负责编辑印刷，专供本监在监人犯阅读。其宗旨是“感化教育之辅助”。《旬刊》每月三期，第一期以小报格式印行，从第二期起改为小册子形式。其内容既有本监纪事、感化教育格言和教育刑制度常识，也有常识和实业知识介绍。稿件不仅来自监狱管理人员，监犯的心得体会乃至对该刊的看法都不时在旬刊发表。旬刊创办发行对北京监狱教育教诲起了积极作用。1924 年大赦后，该刊主笔囚犯相继假释出狱，若由监狱职员代编又与主旨不合，故于 1924 年 7 月印行至第 109 期停刊。⑦ 严景耀对此感叹道：

---

① 《监犯未满十八岁者须施教育令》，北京市档案馆藏，档号：J191-002-18153。

② 参见王传敏主编《民国监狱法规汇编》，光明日报出版社 2014 年版，第 10 页。

③ 参见《京师第一监狱关于呈送教诲教育日记、教诲工作月报表的呈》，北京市档案馆藏，档号：J191-002-17241。

④ 参见《京师第一监狱关于呈送教诲教育日记、教诲工作月报表的呈》，北京市档案馆藏，档号：J191-002-17241。

⑤ 参见王传敏主编《民国监狱法规汇编》，光明日报出版社 2014 年版，第 288—289 页。

⑥ 《京师第一监狱教育工作报告表》，北京市档案馆藏，档号：J191-002-13016。

⑦ 参见《京师第一监狱教育工作报告表》，北京市档案馆藏，档号：J191-002-13016。

“将这有益于囚犯旬刊无形消减，不能不算中国监狱教育的大遗憾。”①

2. 设置图书室。1922年4月，北京监狱经司法部批准设置了专供囚犯阅书之用的图书室。图书室专设主任看守一人，管理图书室事务，并制定了图书阅览规则。规定凡善良犯人得入室阅书，不能入室阅书的犯人要阅书得向图书室贷借，且囚犯每人只能看一本。阅书时间为星期六下午2—3时，星期日及其他免服劳役日为上午10时至下午5时。图书室书籍杂志，均由宗教家、慈善家、著作家赠送。藏书最多时达4383册。按教育教诲分类，属于教诲的占64.33%，其中以佛经最多，占全部藏书的47.54%；教育教诲兼有的占11.16%；属于教育的占24.51%。但从图书种类看，教育类在21类中有16种，占76%。② 因而这座图书馆为该监狱教育和教诲提供了必要的教育设施。尽管后来该图书室利用率不高，但其设置本身“对推进监狱教育而言不失为具有长远意义的创举”③。

表4-2　北京监狱图书室书籍类别④

图书类别	册数	百分比（%）
佛经	2070	47.23
谈道书	490	11.18
月刊杂志	487	11.11
耶教丛书	200	4.56
农工业	137	3.13
史书	114	2.60
子书	109	2.49
法学	93	2.12
清律	81	1.85
图画	81	1.85
杂集	75	1.71

① 严景耀：《北平监狱教诲与教育》，《社会学界》1930年第4期，第36页。

② 参见《京师第一监狱教育工作报告表》，北京市档案馆藏，档号：J191-002-13016。

③ 张东平：《近代中国监狱的感化教育研究》，华东政法大学2010年博士学位论文。

④ 参见严景耀《北平监狱教诲与教育》，《社会学界》1930年第4期，第36页。

续表

图书类别	册数	百分比（%）
七经	63	1.44
古文及杂志	60	1.37
文学	58	1.32
数理化学	49	1.12
格言及劝善	43	0.98
教育小说	34	0.77
军事学	33	0.75
监狱学	27	0.62
科学杂志	27	0.62
科学常识	26	0.59
教育杂志	26	0.59
共计	4383	100

3. 教材规范化。不仅图书室和监狱刊物成为其教育新载体，其以往的自制教材，也被司法部统一规定与印制的规范教材所代替。《司法部暂定实施监犯教育计划》和《监狱未满十八岁者须施教育令》中规定了全国监狱统一使用的教材。

4. 音乐教诲。音乐因其“象德”，有益陶冶性情，而对道德教化有独特作用。1924 年 7 月，北京监狱按司法部试办音乐队的训令，组织了国乐队，开展音乐教育。① 具体方式是，天冷时停奏，天热时于收工后在病监空室里摆弄丝竹；各工场每星期轮流唱歌 1 小时。演唱歌曲有国歌 1 首、朝明 1 首、时计 1 首、静夜思 4 首、劝民歌 43 首、道情歌 12 首，皆附歌谱，长久练习。②

由上可见，1921 年后该监狱逐步改变了其成立初期教育对象狭窄和方式单一、教育层次低、过程不规范等状况，在各方面得到了显著发展。北京监

① 参见《京师第一监狱关于组织音乐队购置乐器用款办法、办乐队的意义、办法问题的案卷》，北京市档案馆藏，档号：J191-002-16162。

② 参见《京师第一监狱关于组织音乐队购置乐器用款办法、办乐队的意义、办法问题的案卷》，北京市档案馆藏，档号：J191-002-16162。

狱教育之所以在该阶段得到重视和发展，主要有以下几个原因：

第一，王元增对教育教诲认识深化。如果说王元增在北京监狱筹办时期对教育教诲关系认识多侧重于二者间的联系，那么，在这个阶段，随着实践发展，他不仅对二者联系的认识得到深化，而且明确了二者间的区别。1917年王元增在《监狱规则讲义》中提出："教化德性（即专重修养精神者）谓之教诲，启发理性（即专重训练智能者）谓之教育。智育德育为教养之要素，一日不能相离。教诲与教育，其名虽异，而其实则有密切之关系，宜相辅而行。"① 王元增对教诲教育内涵及其二者区别与联系的正确认识，促使他改变此前重教诲、轻教育倾向，把重点转换到促进教育发展上。

第二，作业发展尤其是作业盈利的提高。主要表现为20世纪20年代后，该监狱作业获利逐步增加。1920年1月至1922年6月获利达31 720元②，1922年获利24 000元③。作业发展离不开技艺的支撑，因而要求加强教育特别是作业技艺教育。因此，北京监狱作业发展尤其是收入增加，为其重视教育提供了动力。

第三，废存领事裁判权运动推动。在1921年华盛顿会议上，列强在拒绝中国废除领事裁判权争议要求的同时，做出了组成国际调查法权委员会到中国考察法制状况，以作为废存领事裁判权依据的决议。北京监狱在修建之初即被赋予"列邦之观听，各省之楷模"④ 的特殊地位，其教育教诲更是被调查的主要内容。面对即将到来的列强调查，该监狱加强了教育这一教育教诲的薄弱环节。

由于以上原因，该监狱采取了一系列措施，使其教育得到了快速发展，改变了前一阶段重视教诲轻视教育的倾向，使其教育与教诲走上了比较均衡的发展道路。正因为如此，严景耀把1924年秋以前的几年看作北京监狱"教育教诲最盛时期"⑤。

---

① 王元增编：《监狱规则讲义》，京师第一监狱1917年印刷，第73—74页。

② 参见法权讨论委员会编《考查司法记》，1924年，第80—81页。

③ 参见梁锦汉《河北第一监狱一览》，河北第一监狱1929年印刷，第5—6页。

④ 《法部奏设模范监狱折》，载薛梅卿等编《清末民初改良监狱专辑》，中国监狱学会1997年印刷版，第41页。

⑤ 严景耀：《北平监狱教诲与教育》，《社会学界》1930年第4期，第36页。

通过以上考察可以看到，北京监狱从成立初期到 1924 年秋经历了教育与教诲从发展不平衡到发展相对均衡的转换。但总的说来，在这十几年时间里，其教育教诲呈上升发展之势，收到了较好效果。这被许多材料所证明。

在教诲方面。严景耀在叙述该监狱非宗教教诲演讲效果时说："在当时已经演讲过一次的监犯，因为听人家演讲孝亲，触动了他那压不住的情感，再述他的感想，使全场痛哭流涕者过半。"① 蔡兆祥对该监狱宗教教诲调查后谈道："北京监狱囚犯因得佛教和基督教会的法师与牧师之开导，颇信佛、耶两教的教理，且大有感动，誓此以后愿依释迦、耶稣教理为人生之模范者甚众。"②《河北第一监狱一览》记载：近年来该监狱罪犯在宗教教诲中"深得其益，时有以文字表示其感想者，现有信仰佛教者 313 名，其中受三规五戒者 25 名，信仰基督教者 173 名"③。

当然，"一切宗教都不过是支配着人们日常生活的外部力量在人们头脑中的幻想的反映，在这种反映中，人间的力量采取了超人间的力量的形式。"④因而宗教不能实现对犯人的根本性改造。但在根本改造罪犯条件尚未具备之前，宗教以其因果报应和引人向善的道德指向，成为促进罪犯改悔的第一利器和具有对其人心的"最大之感化力"⑤。可见，宗教对罪犯起到一定慰藉和引导作用是不能否定的。

在教育方面。在 20 世纪 20 年代上半期，北京监狱做了两次文化测试，都证明其教育获得了一定效果。在 1922 年 5 月 1 日举行第一次测验时，选择两句成文而空出三字，令囚犯自填。结果百余人中有 20 人填得，但所填字句能通顺、合格者实仅 9 人。⑥ 这一数据比 1913 年时仅有十分之一识字而"智育亦未受过"的情形要好多了。1922 年 12 月 11 日举行的第二次测验，分为

---

① 严景耀:《北平监狱教诲与教育》,《社会学界》1930 年第 4 期，第 36 页。

② 蔡兆祥:《河北第一监狱教育情形的调查及其建议》,《社会问题》1930 年第 1 期，第 27 页。

③ 梁锦汉:《河北第一监狱一览》，河北第一监狱 1929 年印刷，第 12 页。

④《马克思恩格斯选集》第 3 卷，人民出版社 1995 年版，第 666—667 页。

⑤ 孙雄:《监狱学》，商务印书馆 1936 年版，第 236 页。

⑥ 参见《京师第一监狱关于呈送教诲教育日记、教诲工作月报表的呈》，北京市档案馆藏，档号：J191-002-17241。

国语、修身、算术、旬刊四门，99 人中答者共有 53 人，比第一期测验大为改观。[①] 1928 年进行的一项调查也证明了这一点。1928 年 6 月该监狱人犯共有 506 人，其受教育的结果是能执笔发挥意见的有 55 人；能认识普通用字的有 368 人。换言之，能通文理的占全监人数的 11%，能识字的犯人占全监人数的 73%，而不识字犯人仅占全监人数的 16%。[②] 需要说明的是，这时北京监狱虽已转为南京国民政府治下，但其教育的上述效果，不可能是刚刚改治就突然产生的，很大程度上是 1921 年以来北京监狱教育扩张的结果。

正因如此，该阶段北京监狱教育教诲相对平衡发展，且获得明显效果。朱紫垣在《中国新旧监狱比较录》中分析李万和假释出狱原因时认为："此种美果不专归功于教诲，而教诲之力实多所利赖。盖教诲一端最能令在监人之服法也。"朱紫垣在这里虽说的是教诲，但其中更包含着教育尤其是作业技能教育，因为贾万和案例的成功标志主要是"以监中所习之鞋业教其子弟籍此营业生活全家"[③]。所以，严景耀认为 1924 年秋之前几年是北京监狱教育教诲的鼎盛时期。[④]

需要强调的是，不能如目前不少论著那样，将上述效果简单归之于北京监狱在教育教诲方面采取的措施或贯彻司法部要求结果。事实上，教育教诲是近代教育刑的一项重要制度。北京监狱采取或按司法部要求采取的上述措施，是当时中国教育教诲制度的体现或与该制度紧密联系。因为，教育型制度保障罪犯除被剥夺自由之外的所有平等权利，罪犯人格受到尊重，从而使罪犯生成并保持通过改悔自新，重归社会的愿望；教育刑中的教育教诲和作业制度，为罪犯接受教育，认罪、悔罪并表现出来，提供了平台与机会；其奖惩制度、减刑制度和假释制度，提供了引导罪犯悔过自新乃至提前出狱，早获自由的激励机制、通道与法律依据。总之，教育型制度是该监狱教育教诲各项措施收到效果的基础和保障。

---

① 参见《京师第一监狱关于呈送教诲教育日记、教诲工作月报表的呈》，北京市档案馆藏，档号：J191-002-17241。

② 参见蔡兆祥《河北第一监狱教育情形的调查及其建议》，《社会问题》1930 年第 1 期，第 27 页。

③ 朱紫垣：《中国新旧监狱比较录》，北京共和印刷局 1916 年版，第 169 页。

④ 参见严景耀《京师第一监狱的教育教诲》，燕京大学社会学系，1930 年，第 36 页。

北京监狱罪犯贾万和与李万福被假释出狱案，是此方面的突出例证。1912 年北洋政府颁布的《暂行新刑律》规定，凡无期徒刑执行逾十年，有期徒刑逾二分之一，而有悛悔实据，得许假释出狱，但有期徒刑执行最少须经过三年。贾万和与李万福正是因为较好接受了教育教诲，在服刑期间表现良好，有悔改实据，符合《暂行新刑律》有关规定而被假释。如无后者，贾万和与李万福既无表现良好的动力，也无获得假释的法律依据，其出狱就成为不可能的事情。所以，中国近代监狱学家孙雄对该监狱教育教诲及其制度做出了高度评价："数千年罪犯桎梏囚禁之处，一变为实施教养之所，惜乎仅限于京师狱制耳。"①

由于北京监狱实际上是司法部教育刑狱制的"试验田"，因而其教育教诲制度与做法在取得良好效果后，其中不少便被司法部汲取而被上升为国家监狱制度与法规。这个过程在该监狱建立后不久即已开始。1913 年《监狱处务规则》关于教务所设置即源于北京监狱的"三科两所"体制。同年司法部公布的《监狱规则》关于教诲与教育的规定，也是在汲取北京监狱做法基础上形成的，只不过该《监狱规则》根据全国各监狱条件各异的情况增加了一定的灵活性。1914 年后引进社会团体进行宗教教诲，也是从北京监狱开始而推向全国各监狱的。1924 年 6 月司法部发布的《监犯年满十八岁者须施教育令》，同样是根据北京监狱实际对所有监犯实施不同形式教育的做法，而取消了 1913 年《监狱规则》规定未满十八岁者施以教育的年龄限制，而把全部罪犯纳入了教育范围。这说明，北京监狱教育教诲制度与实践，对推动当时中国监狱制度转型起了重要推动作用。

在充分肯定北京监狱教育教诲取得良好效果及其历史作用的同时，也要看到该监狱教育教诲实践及其与之相联系的某些制度，存在多方面局限性和不少问题，看到其获得效果的有限性。

第一，以宗教为主的局限与问题。北京监狱的教诲虽有宗教与非宗教不同形式，但宗教始终是主要形式。但如前所述，宗教虽对罪犯改造起到一定慰藉和引导罪犯改恶向善的作用，但这种慰藉毕竟是一种虚幻的精神寄托，其主要功能是使罪犯认命服法，而不能给其指出真正的改过自新之路。当时

---

① 孙雄：《监狱学》，中华书局 2011 年版，第 73 页。

北京监狱一些职员即已看到“佛教、耶教对犯人的训诲不过陈说祸福报应之理，仅足以警示犯人一时的意念，实非永久良策”①。因为，中国是世俗文化，中国人所追求的是现世现报，而非现生赎罪，来生超脱。即使在身陷囹圄的特殊情形下，一些罪犯受宗教感化而忏悔其罪，乃至皈依教门，而一旦出狱，重回残酷、复杂的社会现实，其在狱中建立的虚幻世界则被打得粉碎，不得已重新走上犯罪道路。这决定该监狱宗教教诲只能收一时之效。

第二，师资不足。民国初年尤其是20世纪20年代上半叶，北京监狱虽重视并较好开展了教育教诲，但始终受着资源不足的困扰，直接影响教育教诲效果。一是教诲师和教师人员不足。该监狱于1912年11月成立时，在监人犯仅为144人②，至1914年底增加到642人③，到1929年增加到740余人④。罪犯人数成倍增长，但教诲师和教师人数却少得可怜。多数时间教诲师为1人，最多时的1927年也只有2人⑤；教员则长期由看守兼职，后来虽予配置，但仅为1人。因此，该监狱始终存在犯人数量不断增长而教诲师、教师数量严重不足的矛盾。以区区两三个人担负如此众多罪犯的教诲教育任务，其效果自然受到限制。

第三，脱离实际。首先，其教育教诲不能解决罪犯最关切的出狱后的生计问题。教育刑“刑罚的使命，在使犯罪人再为社会有用之一分子”⑥。因此，教育刑不仅要使罪犯在狱中改过自新，而且关心其出狱后不再犯罪。因而对罪犯实施教育教诲必须关注解决其出狱后的生计问题。然而，北京监狱宗教教诲、非宗教教诲，抑或技能教育，却不能解决这个问题。严景耀在北京监狱调查时亲眼看到一个典型案例。一次，教诲师“用足他的十分精神”，对一个盗窃犯讲“仁义道德礼义廉耻”，“理由非常充足”。但最后该犯谈感想道：“老爷，你讲得实在有理，我现在都已明白啦！以后当牢记在心，可是我出狱

① 蔡兆祥：《河北第一监狱教育情形的调查及其建议》，《社会问题》1930年第1期，第27页。

② 参见王元增《北京监狱纪实》，北京监狱1913年印刷，第15页。

③ 参见王元增《京师第一监狱报告》，京师第一监狱1915年印刷，第20页。

④ 参见梁锦汉《河北第一监狱一览》，河北第一监狱1929年印刷，第2页。

⑤ 参见严景耀《北平监狱教诲与教育》，《社会学界》1930年第4期，第36页。

⑥ 林山田：《刑罚学》，台北商务印书馆1953年版，第182—183页。

后肚子要饿，又找不着事情，不知道老爷有什么法子可以救我。”[①] 这个罪犯所提出的问题，是不合理的社会制度造成的，绝非教诲师能够解决的。可见，北京监狱的教育教诲虽言之凿凿，头头是道，但其内容是飘忽实际之上的空洞说教，不能解决罪犯出狱后所面临的生存问题。这正如严景耀所指出的，这样的教育教诲“不过叫犯人做一个好囚徒，并不是能适应社会的好国民”[②]。

其次，不能开展个性化教育教诲。教育刑要达到使罪犯再为社会有用之人的目的，需要根据不同犯人的不同情况，开展有针对性的教育教诲。北京监狱虽实行了分类和个别教诲，但教育教诲人员不足及其“敷衍塞则”[③] 的态度，使这些教育流于形式。如北京监狱虽有部分监犯信教或经过教诲可以接受某种教义，但也有不少人不信教，而且在当时中国这个世俗社会，这样的人具有普遍性。但该监狱“每星期日的宗教教诲，还是不准不去”[④]。这种强迫接受宗教教诲的做法，引起犯人极大反感，被斥为“不但与在监人无丝毫利益，且有徒费光阴，妨碍作业之弊”[⑤]。

再次，形式与载体脱离监犯文化水平。该监狱虽编写过图文兼具的《教育图说》，但不久便弃用了。而其他用于监犯阅读的讲义或书籍都晦涩难懂。比如《说仁》（悔杀人罪犯）、《说义》（悔强盗罪）、《说敬、说让、慎交游》（悔强盗罪）[⑥] 等都是如此。其晦涩程度从《说义》一文可见一斑。这些讲义虽在教诲时发给监犯，但文化水平低下的监犯“哪里能看得懂古文式的讲义”，所以“十有八九未曾读过”。[⑦]

说义（诲强盗罪）

韩文公曰：博爱之谓仁，行而宜之之谓义。故义者，宜也，无往而不相宜者也。兄弟友爱谓之义，扶危济困亦谓之义，慷慨施与者谓之仗义疏财，

① 严景耀：《北平监狱教诲与教育》，《社会学界》1930 年第 4 期，第 36 页。
② 严景耀：《北平监狱教诲与教育》，《社会学界》1930 年第 4 期，第 36 页。
③ 严景耀：《北平监狱教诲与教育》，《社会学界》1930 年第 4 期，第 37 页。
④ 严景耀：《北平监狱教诲与教育》，《社会学界》1930 年第 4 期，第 36 页。
⑤ 严景耀：《北平监狱教诲与教育》，《社会学界》1930 年第 4 期，第 36 页。
⑥ 《京师第一监狱教诲讲稿》，北京市档案馆藏，档号：J191-002-13020。
⑦ 严景耀：《北平监狱教诲与教育》，《社会学界》1930 年第 4 期，第 37 页。

代鸣不平者谓之仗义执言，义之为用至大，而其心至公，反之则为私为利。孔子曰：君子喻于义，小人喻于利。孟子曰：何必曰利，亦有仁义而已矣。又告攘鸡者曰：如知其非义，斯速已矣。是明义与利之辩，而知义之不可不重，利之不可不审也。故孔子曰：见利思义。倘见利而忘义，难免限于罪戾。无论何种罪名，无非见利忘义所致。罪至于盗，盗曰强盗，是不义之甚者矣。苟能思义，盗且不敢，况强盗乎？凡人与人之关系，均有义也。家属、戚属、乡党、邻里，固当接之以义，即社会交际，亦无不当裁之以义，诚知义之不可忘，不但强盗杀伤之事不可为，即他人之一丝一粟，亦不能抢夺窃取而为我有，或侵占诈骗而为我有。见人之儿女，我爱之不遑，何忍施诱拐之术，见人之妻女，我敬之不遑，何敢起淫邪之念？故知有义，即知有礼，知有礼，则不致于为非而入于罪恶。大凡罪恶之造成，都由于见利忘义，故不义之财，不可妄取。《礼记》有曰：临财者毋苟得，临难毋苟免。朱柏庐先生家训曰：莫贪意外之财。皆重义而轻利也。且利有尽而义无尽，因利而伤义，智不为也。能知义之足重，即知利之可轻，行一事以义度之，出一言以义权之，义可行则行，义可言则言，一切人与物交接之间，无不顾名思义，无不以义为制裁，自为人类所敬重，决不致再蹈法网。相传有义马、义犬、义猫等等，畜类尚知行义，岂可以人而不如畜类乎？故人有舍生而取义者，如忠孝节烈，皆是也。或曰：何以能知为义？曰：义由仁而发，能知为仁之道，即可以知为义之道。大抵人情不甚相远，凡于吾之情有不适者，即非义，则适于人情为人情所甚愿者，即义也，所谓行而宜之之谓义也。

北京监狱图书室虽创中国监狱先例，但也存在其所藏图书不适合监犯需要与文化水平问题，因而借阅率极低。严景耀在调查后认为：“图书室最多的就是宗教书类，最少的为科学常识及教育期杂志，但是在监人借阅宗教书籍，尤其是佛教的书籍，却很少很少。同时借书与阅书的时间，又只每星期一次，所以由图书室中‘得进知识’的人们却很少。”①

第四，教育刑实施受传统狱制思想深刻影响。教育刑功能的发挥，不但取决于制度本身，而且取决于执行制度的人。如后者不能树立与前者相适应

① 严景耀：《北平监狱教诲与教育》，《社会学界》1930年第4期，第35页。

的理念并付诸实践，即使构建了这样的制度，也难以充分发挥其教育功能。北京监狱初期虽重视选拔具有较高文化的监狱管理人员，但传统狱制的影响仍存在于这些人思想深层，从而影响教育刑及其教育教诲功能的发挥。对此，严景耀通过对包括北京监狱在内的北方多座监狱调查后认为："中国改良监狱运动，已有近二十年的历史，新式的监狱，也已有七十多所了，可是对于监狱的观念，却还脱不了'刑罚主义'。"① "目前新式监狱，仍退不了旧时的报复主义与刑罚主义。"② 在以传统报复主义与刑罚主义狱制思想为基础的监狱管理环境下，该监狱教育教诲措施的实际效果大打折扣。

上述局限与问题，决定北京监狱教育教诲的制度设计与其实际效果之间存在着明显差距，其效果是有限的。正如严景耀通过调查得出的结论：这样的教育教诲方法与目的"就完全能达到了，也不过叫犯人做一个服从的好囚徒，并非是能适应社会的好国民"③。至于民国初年贾万和出狱后，以在监所学技艺维持生计且毫无越轨行为的实效案例，仅此一人。当然，这并非否定其在 1924 年秋教育教诲方面获得的成效。

总之，北京监狱特别是 20 世纪 20 年代初的北京监狱，在教育教诲方面的确获得不少成就，以致被孙雄赞叹为中国唯一一个变数千年罪犯桎梏囚禁之处为实施教养之所④，推动了中国狱制向教育刑转变，但同时也要看到其存在的多方面局限性和一系列问题，才能做出客观全面的评价。

三、教育教诲的衰败

然而，在此后的几年间，具体说在 1924 年秋至 1928 年 6 月近四年间，北京监狱教育教诲出现了极为诡异的一幕。当时北洋政府在汲取北京等监狱教育教诲实践经验基础上，发布了一系列教育教诲文件。如 1924 年 6 月《司法部暂定实施监犯教育计划》、1924 年 6 月《监狱未满十八岁者须施教育令》、1924 年 7 月《在监人教育音乐等项准如拟实行令》、1927 年 9 月《监所教诲

---

① 严景耀：《北平监狱教诲与教育》，《社会学界》1930 年第 4 期，第 36 页。

② 严景耀：《严景耀论文选》，开明出版社 1995 年版，第 76 页。

③ 严景耀：《北平监狱教诲与教育》，《社会学界》1930 年第 4 期，第 36 页。

④ 参见孙雄《监狱学》，中华书局 2011 年版，第 73 页。

规程》等。这些文件不但体现出当局对监狱教育教诲的空前重视，而且对教育教诲做出了全面规划，提出了较为系统的要求。如果说此前北洋政府的狱制和教育教诲的思路及要求，基本上是抄袭清末《大清监狱律草案》，那么，在 1924 年以后，则逐渐形成了适合自身统治需要的一套办法。同时，司法部严加督查，并“令各省财政厅拨款，实行改建计划……一时各监大加整饬，焕然一新”①。

与此形成鲜明对比，此时教育教诲发展达于鼎盛的北京监狱，不但未延续其原有势头，而且出现了逐步衰败的趋向。在此之前，该监狱已形成比较系统的教育教诲制度和教诲师、教师职责规范，并在王元增的严格训练下，形成了“有条不紊”执行这些制度与规范的传统。② 但此时该监狱教育教诲人员的“有条不紊”传统淡薄甚至不见了，而玩忽职守、敷衍塞责、欺上瞒下成为风气，这不仅使已有制度和做法不能坚守，即使对司法部新颁法令也不认真执行。

1924 年《司法部暂定实施监犯教育计划》规定，教育分为初级与补习两种，各分三年，定课程标准，按监犯文化程度高低，实行单级法教授，每日平均授课 2 小时。③ 1927 年 9 月司法部训令并公布《监所教诲规程》，要求在囚犯新入监、出监、转监、疾病、亲丧、妻嗣兄弟丧、说赏罚减、接见亲友、接收信函及所有请求时，抓住机缘，分别施以个人教诲，要求以此为各监准绳，按月呈送司法部报表。④

然而，严景耀在北京监狱看到的实际情形是，“第一监狱的教诲师，每天至多来二小时，来了也无非在教务所里谈天说地而已”⑤。为应付上报和督查，甚至假造教诲报表（见表 4-3、表 4-4）。

报表上对教诲时间和教诲演讲纲目细致而规范，但这些“完全以司法部的明令而规定的，实际上并没有依照时间教诲”，“呈送司法部的月报年报中

---

① 孙雄：《监狱学》，商务印书馆 2011 年版，第 75 页。

② 参见［荷］冯客著、徐有威等译《近代中国的犯罪、惩罚与监狱》，江苏人民出版社 2008 年版，第 86 页。

③ 参见王传敏主编《民国监狱法规汇编》，光明日报出版社 2014 年版，第 294 页。

④ 参见王传敏主编《民国监狱法规汇编》，光明日报出版社 2014 年版，第 294 页。

⑤ 严景耀：《北平监狱教诲与教育》，《社会学界》1930 年第 4 期，第 36 页。

加上‘每犯于每星期受 24 小时以上教诲’一句表述，以及其他司法部明令的条件罢了，而实际上每星期每犯还未必能听受 1 小时教诲”。教诲师的玩忽职守、欺上瞒下和敷衍塞责态度，把教育教诲变成了自欺欺人的把戏。

表 4-3　北京监狱轮流教诲时间表①

<table>
<tr><th rowspan="2">时别</th><th rowspan="2">类别</th><th colspan="4">日别</th><th rowspan="2">备考</th></tr>
<tr><th>星期二</th><th>星期三</th><th>星期四</th><th>星期五</th></tr>
<tr><td rowspan="2">八时至九时</td><td>分场集合教诲</td><td>排字
石铅印
装订印刷</td><td>织布
缝纫
木工</td><td>杂物炊场
洋炊场
新入监者
洗工料</td><td>女监</td><td rowspan="9">全体集合教诲由教诲师定之，但先期通知二科布置一切。
个人教诲及入监丧期惩罚等教诲在教务所行之，但由教务所看守提送，并须二科在提人证上盖章，以清手续。</td></tr>
<tr><td>地点</td><td>幼年讲堂</td><td>正北讲堂</td><td>集合教诲堂</td><td>女监工场</td></tr>
<tr><td rowspan="2">九时三十分至十时三十分</td><td>类别集合教诲</td><td>杂物炊场
洋炊场
新入监者
洗工料</td><td>女监</td><td>排字
石铅印
装订印刷</td><td>织布
缝纫
木工</td></tr>
<tr><td>地点</td><td>集合教诲堂</td><td>女监工场</td><td>西食堂</td><td>集合教诲堂</td></tr>
<tr><td rowspan="5">十时三十分至十二时三十分</td><td rowspan="4">特别教诲</td><td colspan="4">个人教诲</td></tr>
<tr><td colspan="4">新入监教诲</td></tr>
<tr><td colspan="4">丧期教诲</td></tr>
<tr><td colspan="4">惩罚教诲</td></tr>
<tr><td>地点</td><td colspan="4">教务所</td></tr>
</table>

① 《京师第一监狱教育工作报告表》，北京市档案馆藏，档号：J191-002-13016。

表 4-4　北京监狱教诲演讲纲目表①

<table>
<tr><th rowspan="2">日别</th><th colspan="4">星期</th><th rowspan="2">备考</th></tr>
<tr><th>第一星期</th><th>第二星期</th><th>第三星期</th><th>第四星期</th></tr>
<tr><td>星期二</td><td>新教规律或自撰稿</td><td>新教祝言格言</td><td>太上宝筏</td><td>阴骘文广义</td><td rowspan="4">以上系分场教诲挨次轮流行之，其每日第二堂教诲之处以下列之：
每星期二日类别教诲，由各罪犯自撰讲稿或选择成作教诲之；
每星期三日个人教诲，就个人之近况临时撰稿教诲之；
每星期四日女监教诲，就各成作之关于妇女者或自撰讲稿教诲之；
每星期五日之教诲，与星期三同。</td></tr>
<tr><td>星期三</td><td>新教祝言格言</td><td>太上宝筏</td><td>阴骘文广义</td><td>新教规律或自撰稿</td></tr>
<tr><td>星期四</td><td>太上宝筏</td><td>阴骘文广义</td><td>新教规律或自撰稿</td><td>新教祝言格言</td></tr>
<tr><td>星期五</td><td>阴骘文广义</td><td>新教规律或自撰稿</td><td>新教祝言格言</td><td>太上宝筏</td></tr>
</table>

教育也是如此。按严景耀的调查，在 1925 年北京监狱对教育比较重视，“十五年（1926）后即不甚注意”了。在此阶段，该监狱虽也曾出现过新教育形式，但不能坚持下去。1927 年，该监狱编写了《教育图说》，其中“有初级第一册，分孝亲、立志、敦品、知耻、改过、平和、诚实、正直、尚俭、惜时十课。每课均有附图”②，不过用了不久便废去了。③

图书室阅读时间也不能保证。1922 年所定规则为每星期六下午 2 时至 3 时、星期日及其他免服劳役日为上午 10 至下午 5 时。但 1925 年后，这些规

① 《京师第一监狱教诲讲稿》，北京市档案馆藏，档号：J191-002-13020。

② 《京师第一监狱教育工作报告表》，北京市档案馆藏，档号：J191-002-13016。

③ 参见严景耀《北平监狱教诲与教育》，《社会学界》1930 年第 4 期，第 36 页。

则被改变，仅每星期日上午开一次门，而且专为借书，没有阅书[①]，致使监犯不但不能进室阅读，而且借阅量极少（见表 4-5）。

表 4-5 北京监狱图书室借书统计表[②]

年别	类别		
	借出图书共计	每星期平均借出书	借阅人数占全监人数百分比
1925 年	311	6	1.4%
1926 年	427	8	1.3%
1927 年	360	7	1.4%

由上可见，正如严景耀指出的，自 1924 年秋以后，北京监狱教育教诲，改变了该监狱成立以后的上升发展以至鼎盛状态，呈现一派衰败凋零景象。

那么，何以在全国其他各监狱整饬如火如荼的大环境下，北京监狱教育教诲却出现凋零衰败的诡异局面呢？主要有以下原因：

第一，囚犯帮教人员出狱。此前该监狱的教育教诲之所以得以发展，一个重要原因就是聘请了 8 名素质较好的囚犯充当国文帮教人员，这在一定程度上缓解了专业教诲师和教师数量严重不足的压力。但“十三年（1924）秋，帮教之囚犯相继假释出狱”[③]，而且这次假释人数达 53 人[④]，无合适人员及时补充。这是该监狱教育教诲“渐衰”的直接原因。

第二，受当时监狱改建造假之风影响。1921 年华盛顿会议后，鉴于多种因素，北洋政府把接受国际调查法权委员会赴华调查准备工作的重点，放在了“整饬法院、监狱和看守所外观和内务，以图短期粉饰以收回法权”。在此

① 参见严景耀《北平监狱教诲与教育》，《社会学界》1930 年第 4 期，第 36 页。

② 严景耀：《北平监狱教诲与教育》，《社会学界》1930 年第 4 期，第 36 页。

③ 《河北第一监狱关于假释犯人实质条件清册及同意书附保护管束规则、在监人动作时间表》，北京市档案馆藏，档号：J191-002-14661。

④ 参见《河北第一监狱关于假释犯人实质条件清册及同意书附保护管束规则、在监人动作时间表》，北京市档案馆藏，档号：J191-002-14661。

过程中“急功近利有之，弄巧舞弊有之”[①]。其在监狱的表现，就是粉饰各监狱基础设施外观，临时补充一些监狱狱制和管理文件及材料，而并非监狱改良效果的真实反映。尽管这种“粉饰”是当时法界中人面对混乱政局无能为力，国家司法主权沦丧痛心疾首的“无奈之下的苦心经营”[②]，但由此形成的造假之风，给中国监狱造成的严重影响不可低估。北京监狱原有的传统逐渐被侵蚀，造成监狱职员（包括教诲师和教师）玩忽职守、敷衍塞责现象泛滥，这不能不降低罪犯改造的效果。

第三，北洋政府统治危机与北伐战争兴起。孙雄在其《监狱学》中分析当时政局对监狱的影响时说道：“经费为事业之母”，但“民国成立以来，内战频仍，军费浩大，库款空虚，一切经费，日趋拮据”，“使狱政进行，不免大受影响。至十五年（1926），革命军兴，两年之间，各省皆忙于军事，一时狱政不遑顾及”[③]。北京监狱的狱政管理和监狱职员工作态度，不能不受北京政府统治危机与北伐战争发展影响，成为其教育教诲衰落的外在政治经济原因。

第四，王元增辞职。王元增长期担任北京监狱典狱长，对该监狱教育教诲及其他狱政管理起着关键领导和监督作用。但 1927 年 8 月王元增“辞职南下”[④]，使该监狱失去了当时“无出其右”的“治狱之才”[⑤]，必然给该监狱管理带来严重影响。而且，如上所述，王元增辞职后的几年间，该监狱典狱长频繁更换，进一步造成该监狱人心不稳。另值得注意的是，对王元增辞职南下不能简单认为是一般任职变动。他南下后随即就任南京监狱典狱长，并很快入职司法行政部，还于 1932 年 3 月升任监狱司司长。这一过程说明，他的辞职并非偶然，而是在国共合作和北伐战争发展形势下他对政治信仰的再选择，是他此前对北洋政府统治失望、对南京国民政府向往的结果。而这种思想转变和情绪，必然影响他对北京监狱管理的工作力度和效果。因此，王元

① 李启成：《治外法权与中国司法近代化之关系——调查法权委员会个案研究》，《现代法学》2006 年第 7 期，第 26—37 页。

② 李启成：《治外法权与中国司法近代化之关系——调查法权委员会个案研究》，《现代法学》2006 年第 7 期，第 26—37 页。

③ 孙雄：《监狱学》，商务印书馆 2011 年版，第 75 页。

④ 《北平河北第一监狱报告书》，北京市档案馆藏，档号：J191-002-16035。

⑤ 王元增：《监狱学》序言，京师第一监狱 1924 年印刷。

增辞职及其此前思想变化，也是此时北京监狱教育教诲走向衰退的重要原因之一。

由上可见，1924 年后北京监狱教育教诲的衰落，是该监狱内部和外部多种因素变化的结果。需要说明的是，与该监狱教育教诲衰落同时出现的其他“各监大加整饬，焕然一新”① 局面，只止于监狱外表修缮和临时补充有关材料，而非其教育教诲有真正起色。

四、教育教诲的回升及其分析

由于北京监狱改属前后“典狱长凡五易”，尤其是由中央降为地方的影响，使该监狱“一切进行事宜均为之停顿”②，本已受挫的教育教诲更走到了谷底。严景耀实地调查后称，该监狱“有二三个月没有教诲师，后来有了教诲师，每二星期犯人有的还见不着教诲师一面，而教育则自 1927 年以来所见不多”③。这些说明此时北京监狱教育教诲已跌落到谷底，甚至名存实亡。

然而，此时南京国民政府加快了监狱制度构建步伐。自统一北方至抗战全面爆发前，南京国民政府在沿袭和修改北洋政府监狱教育教诲制度与做法基础上，先后颁布一系列法律法令，主要是 1928 年 10 月《监狱规则》、1930 年 1 月《监狱教诲用书应呈部审核令》、1932 年 4 月《实施监犯教育办法》《各新监典狱长督饰教诲师遵照〈处务规则〉切实施行令》、1935 年《监狱法草案》等。这些法律法令尤其是《监狱法草案》规定的累进处遇制，进一步拓展和完善了教育教诲内容、形式和载体，使教育教诲制度在形式上更为规范化和系统化。

在这一背景下，北京监狱经历挫折中的沉沦之后，到 1929 年 4 月开始恢复正常运转状态。1929 年 4 月，梁锦汉接任北京监狱典狱长，对该监狱各方面实行整顿，在一定程度上落实了南京政府陆续颁布的有关法律法规，使其教育教诲走出低谷，并在抗战全面爆发前几年间，出现了回升局面，同时也

---

① 孙雄：《监狱学》，商务印书馆 2011 年版，第 75 页。

② 《河北第一监狱关于建筑、监外隙地、南北监给养事项等问题的材料规定》，北京市档案馆藏，档号：J181-033-02760。

③ 严景耀：《北平监狱教诲与教育》，《社会学界》1930 年第 4 期，第 36 页。

显示出它与南京国民政府颁布的教育教诲制度形式之间的巨大差距。这主要表现在教育教诲内容、形式扩展和时数增加及北京监狱相应实践与其之间的差距。

南京国民政府成立后，除沿袭北洋政府时期宗教、道德、国文、公民、体育、技艺，并增加历史、地理等内容外，逐步把国民党“党义教育”和法西斯主义纳入了教育教诲体系。1935 年召开的全国司法会议，强调监狱教诲师、教师以对国民党忠实者充任，教材以党义为主，并由司法行政部通令在全国各监狱遵办。[①] 这标志着国民党“党义教育”成为南京国民政府治下各监狱教育教诲的重要内容与特色。同时，法西斯教育也被引入教育教诲内容。1935 年出版的《狱务大全》列举的教诲词《服从之意义》一文称：“吾人对于正当之命令与管理悉应绝对服从”，“你们现在地位已经剥夺公权，较之一般的人民更应绝对服从，毋因循毋疑虑，令行即行，令止即止，就是你们的服从。”[②]

北京监狱教育教诲实践在一定程度上执行了上述规定。据梁锦汉《河北第一监狱一览》记载，此时该监狱教诲“仍注重伦理道德与宗教”[③]。吴峙沅在 1936 年《北平河北第一监狱报告书》中简要叙述了该监教育教诲内容。教诲主要有宗教、道德以及公民和传统道德；教育则包括国语、党义、公民常识、地理、历史、算术、珠算、作文、习字、图书、音乐等。[④]

值得格外注意的是，此时“党化教育”和法西斯主义教育也被纳入了该监狱教育教诲内容。1928 年 10 月举行国庆集合教诲时，前面悬总理像、国旗、国民党党旗党徽，并全体唱国歌。[⑤] 1932 年后，该监狱与其他监狱一样，“所有犯人都被讲授基于《三民主义浅说》一书的党义”[⑥]。同年，建立了“党义研究所”[⑦]，给其“党义教育”提供智力支持。1936 年，北京监狱典狱长吴峙沅在给司法行政部报告中强调，该监狱进行“总理遗教”及国民党开展的

---

① 参见曾三省《监狱教诲应加充实改良案》，载河南省劳改局编《民国监狱资料选》（上），河南省劳改局 1987 年印刷，第 296 页。

② 孙雄编：《狱务大全》，北京大学出版社 2014 年版，第 631 页。

③ 梁锦汉：《河北第一监狱一览》，河北第一监狱 1929 年印刷，第 8 页。

④ 参见《北平河北第一监狱报告书》，北京市档案馆藏，档号：J191-002-16035。

⑤ 参见严景耀《北平监狱教诲与教育》，《社会学界》1930 年第 4 期，第 36 页。

⑥ ［荷］冯客著，徐有威等译：《近代中国的犯罪、惩罚与监狱》，江苏人民出版社 2008 年版，第 245 页。

⑦ 李志乾：《河北第一模范监狱参观记》，《北平青年》1934 年 26 卷第 7 期。

“忠孝仁爱信义和平”新生活运动教育。①

同时，法西斯主义教育亦成为该监狱教育教诲一项重要内容。按照南京政府“以军队之纪律，管束犯人，使之绝对服从”的要求，北京监狱改按起床号起床，对监犯每日“一举一动，又非命令不行”②。原已实行但要求不十分严格的“静默制”，此时被严格推行。“无论在工厂，室内外，不但不许相互的谈话，且不许与监管人说一句话的，否则是要受处罚的。”③ 当严景耀与一个监犯谈话后，这个监犯不但反复道谢，而且乞求“你多与我同在一会儿，给我一个与你谈话的机会”④。以上表明，在全面抗战前，包括北京监狱在内的教育教诲已开始改变此前“司法独立”状态，逐步走上了以“党义”和法西斯主义意识形态治狱的道路。

但南京国民政府的意识形态教育并未能收到预期效果。严景耀在描述他所调查的监狱（包括北京监狱）“以党治狱”状况时说：“革命以后，监狱便同各机关一样的政治化了，旧有的领袖大多被免职，由党员接办，可是党员来了终日谈‘三民主义’，不是‘监狱改良’，有的甚至于在监内称犯人为‘同志’，对于他们的行动一点不加管束和指导，看守们在监内公开的卖酒和纸烟给囚徒们，大概他是实行他在监狱遍贴着‘三民主义是解放囚徒的主义’的标语，若问他对于囚徒当如何处置，他便茫然了。”⑤ 以这样的主体和方式实施的“党义教育”，只能进一步败坏其“党义”形象而难达预期效果。

在扩展教育教诲内容的同时，南京国民政府进一步完善了教育教诲形式，教育教诲规定时间也有所延长。1928 年《监狱规则》把监所教诲分为三种：集合教诲、类别教诲、个人教诲。教诲时间每犯一周最少两小时以上。⑥ 1932 年《实施监犯教育办法》规定，新监教育形式分小学程度和补习班两种。教育时间为每星期二十四小时以内。⑦ 除以上三种基本形式外，1935 年的《监

---

① 参见《北平河北第一监狱报告书》，北京市档案馆藏，档号：J191-002-16035。

② 严景耀：《严景耀论文集》，开明出版社 1995 年版，第 69—70 页。

③ 李志乾：《河北第一模范监狱参观记》，《北平青年》1934 年 26 卷第 7 期。

④ 严景耀：《严景耀论文集》，开明出版社 1995 年版，第 67 页。

⑤ 严景耀：《北平监狱教诲与教育》，《社会学界》1930 年第 4 期，第 35 页。

⑥ 参见山东省劳改局编《民国监狱法规选编》，中国书店 1990 年版，第 14 页。

⑦ 参见河南省劳改局编《民国监狱资料选》（上），河南省劳改局 1987 年印刷，第 19 页。

狱法草案》规定“对于刑期较长者，可用讲演、电影、音乐作为教育之补助”[①]。1932 年《实施监犯教育办法》进一步延长了教育时间：凡人犯未满 25 周岁者，每日 3—4 小时；满 25 岁以上者，每日至少 2 小时。[②] 由上可见，该阶段北京监狱教育教诲基本形态依然延续了北洋政府时期的做法，但增加电影为新的辅助形式，使其更具多样化和近代化，教育教诲时间较之前也有延长。

北京监狱不仅实行了司法部的上述规定，而且在某些方面还有所改进，同时也有未落实之处。根据吴峙沅《北平河北第一监狱报告书》，此时该监狱教诲形式，实行个人教诲、类别教诲和集体教诲三种基本形式，但与前不同的是，“尤重于个人类别，因能对症下药，易受感化之功”。教育教诲辅助形式，主要有“歌唱音乐”[③]。而对《监狱法草案》规定的电影形式，报告并未提及，说明该监狱与其他监狱一样，没有也无条件使用这种新手段。

北京监狱的教育形式有“青年教育班”和“不识字者识字班”两种。“青年教育班”由 25 岁以下刑期满 6 个月以上者参加，分为甲一、甲二、乙一、乙二共四个班。甲一班适合高小二年级文化程度；甲二班适合高小一年级文化程度；乙一班适合初小四年级文化程度；乙二班适合初小一年级文化程度。按单级教授法，每日授课四小时。识字班由不识字者参加，主要方式是单字识字法，即选普通常用字，揭示于各工场，教以音义，每三日更换四字。[④]

由上可见，该监狱教育对象是 25 岁以下和不识字两类监犯。那么，在这两类罪犯中何者为主要对象？教育对象占总监犯人数占何种比例？据吴峙沅《北平河北第一监狱报告书》提供的数据，1936 年末该监狱监犯实在人数为 865 人。其中 25 岁以下者仅为 37 人。[⑤] 该报告未提及不识字监犯数据，但参考王元增在《北京监狱纪实》中“识字者不过十分之一”[⑥] 的估算，1936 年该监狱不识字者为 778 人，这说明北京监狱的主要教育对象是不识字者，即

① 河南省劳改局编：《民国监狱资料选》（上），河南省劳改局 1987 年印刷，第 30 页。

② 参见王传敏主编《民国监狱法规汇编》，光明日报出版社 2014 年版，第 301 页。

③ 《北平河北第一监狱报告书》，北京市档案馆藏，档号：J191-002-16035。

④ 参见《北平河北第一监狱报告书》，北京市档案馆藏，档号：J191-002-16035。

⑤ 参见《北平河北第一监狱报告书》，北京市档案馆藏，档号：J191-002-16035。

⑥ 王元增：《北京监狱纪实》，北京监狱 1913 年印刷，第 42 页。

识字班监犯。如再加上青年教育班监犯37人，其受教育人数共815人。如以上数据符合实际情况，就意味着该监狱94%的监犯都被纳入不同层次的教育体系，并成为该监狱教育的一大特色。

但以上情况是否真实，令人质疑。与其他教育类型一样，开展监狱教育教诲的首要条件是其教育人员和时间保证。没有足够的教师、教诲师和授课时间，教育教诲就无从进行，质量更无从保障。仅就该监狱教育而言。吴峙沅上述报告明确写到，当时该监狱有教师1人，分四个班授课，“每日授课四小时”①。但对每日四小时授课时数，是指四个班授课总时数，还是每一个班授课时数，却语焉不明。如指前者，则意味着该监狱25岁以下犯人，每日受教时间只有1小时。这仅仅是《实施监犯教育办法》未满25岁者每日4小时规定的四分之一；如指后者，不免又令人困惑，一位教师怎样完成由众多受教人数和规定学时所产生的巨大工作量？其中，仅仅青年教育班4个班每日工作量总计达16小时，仅此项工作也是在单级教授法方式下一个教师难以完成的。如按《实施监犯教育办法》25岁以上者每日至少受教2小时，且分别在17个大小工场②，对700多个不识字监犯授课而形成的巨大工作量，则更成为不可想象的事情。那么，该监狱此时是否沿用其北洋政府时期所采用过的雇用囚犯充当帮教，以担负部分工作；或许以教诲师（当时该监狱有教诲师1人）兼任部分教育课程呢？但报告对此均未提及。因此，对该报告关于监犯教育的内容，不能排除有虚假成分掺杂其中。另需注意的是，在此前该监狱此类报告中，无论王元增1915年报告，还是1929年梁锦汉的《河北第一监狱一览》，都有教育效果的内容，但吴峙沅的报告却无此踪影。再联系1935年4月吴峙沅在全国司法会议提案所云：“各监教诲师、教师……以吾国监狱空谈感化，距题太远，对于已身之职务类皆敷衍了事。所有各种日报、月报不过临时钉饾以备一格，甚有数日不到署，或每日昼到后即走者。”③ 因此，对于北京监狱教育实际状况的评价不宜过高。

---

① 《北平河北第一监狱报告书》，北京市档案馆藏，档号：J191-002-16035。

② 参见《北平河北第一监狱报告书》，北京市档案馆藏，档号：J191-002-16035。

③ 吴峙沅：《改定教诲师教师之任用与待遇以整顿教务案》，载河南省劳改局编《民国监狱资料选》（上），河南省劳改局1987年印刷，第275—276页。

由以上分析可见，从1929年至抗战全面爆发前，该监狱教育教诲内容、形式上虽得到扩展，出现逐步回升态势，但存在教育时间不足、教育质量不高等问题。这些问题或不足，反映了民国时期该监狱普遍存在的制度与实践之间的差距。

第四节　北京监狱教育教诲演化特点

与同时期国内其他监狱比较，自民国初年至抗战全面爆发，北京监狱教育教诲制度与实践演化有如下几个明显特点。

一、内容不断扩展与多重转化

在北京监狱筹备过程中，王元增即从宏观上认识到教育与教诲不可偏废，应均衡发展①，但教育教诲不但是一个由多方面内涵构成的复合概念，而且是一个随实践发展其内涵不断充实的动态实践过程。因此，北京监狱对其认识和实践，经历了一个不断扩展与多重转化的过程。北京监狱成立初年，由于古代“明刑弼教”传统影响和对教育教诲认识的浅层性，该监狱不但较重视教诲，轻视教育，而且在教诲中比较重视宗教教诲，轻视德育教诲。该监狱正式成立后，随着认识加深和实践发展，逐步转向教育教诲并重，且在教诲中越来越重视道德方面的内容。这在一定程度上矫正了此前偏向，实现了教育教诲及其不同方面的相对协调发展。进入20世纪30年代后，随着作业发展对监犯知识与技能要求的提高，该监狱在知识与技能方面教育的地位逐步得到提高。这一过程从一个侧面反映了近代中国监狱教育教诲法律移植与本土化进程。

二、形式由简单到复杂

与任何其他事物必然经历从简单到复杂的发展过程一样，北京监狱教育教诲形式也经历了这样的过程。该监狱成立之初，其教诲仅有工场教诲、集合教诲和个人教诲三种形式，其教育则只有补习小学课程一种形式。该监狱

---

①　参见王元增《北京监狱纪实》，北京监狱1913年印刷，第42页。

正式运行后，逐步发展为类别教诲、集合教诲和个人教诲，教育也开展不同年龄和文化程度的分级教育。此外，还增加了演讲、图书室、刊物等辅助形式。该监狱改属河北后，其教诲依然沿袭原有形式。其教育虽因《京师第一监狱旬刊》停刊而使其形式有所减少，但在举办不识字者补习班和青年教育班方面仍有新进展，主要是对不同文化程度的监犯实施从高小到初小的分级授课，说明其在具体形式上较前更为丰富。北京监狱教育教诲形式由简单到复杂的发展进程，在一定意义上反映了中国狱制的转型进程。

三、态势由上升、引领转为下降与平庸

北京监狱成立时，其前身的“京师模范监狱”名称和“模范中之模范”定位虽被取消，但它作为中央监狱，不仅为中外所瞩目，而且充当了中国建立监狱制度“发源地”和“试验田”的重要角色，并至少在1912年至1924年长达十几年间，在教育教诲及监狱改良其他方面，都走在其他各监狱前面，处于上升发展势头，起着引领作用。孙雄“关于监狱各种法规，大概由王氏手订，先就该监狱试行，再行颁布”① 推行的论断，当然包括教育教诲方面。这有许多例证可资证明。如前已述及的各监狱教育教诲管理机构——教务所，即来自北京监狱首创的“三科两所”。该监狱率先引进社会宗教团体开展教诲。其创办图书室和《京师第一监狱旬刊》都是中国监狱史上的创举，并在全国监狱加以推广。

然而，1924年秋后北京监狱教育教诲开始衰落。其1928年改为河北地方监狱，不仅仅是隶属关系的变化，而且是其狱治状态和角色的变化。及至抗战全面爆发前，该监狱教育教诲状况虽呈回升之势，但其教育教诲内容与方式方法，要么执行司法行政部法规法令，要么借鉴其他监狱的办法，已无创新科研，而失引领之功。如北京监狱识字班使用的单字识字法，即来自司法行政部推广，由上海第二特区监狱创造的一种方法。② 北洋政府时期外界对该

---

① 孙雄：《监狱学》，商务印书馆2011年版，第72页。

② 参见《指令上海江苏高等法院第三分院转呈上海第二特区监狱举办监犯识字情形改良办法由》（1935年1月28日司法行政部训指令第367号），载孙雄编《狱务大全》，商务印书馆1935年版，第564页。

监狱诸如“数千年罪犯桎梏囚禁之之处，一变为实施教养之所”①，“实具有模范全国之资格”② 之类的赞叹之声及其在全国监狱的引领作用，已成明日黄花，衰变为平庸的一般地方监狱了。

四、始终存在制度、实践、效果之间的距离

如前所述，自清末监狱改良，到抗战全面爆发前，中国逐步构建了比较完备的教育刑制度和相应的教育教诲制度。与近代中国法制和狱制始终存在制度与实践之间的距离一样，北京监狱教育教诲实践不仨始终存在与这些制度之间的巨大距离，而且始终存在这种实践与其效果之间的明显差距。比如，民国时期历届政府相应法律法规都明确规定了教育教诲的时间，但无论北京政府治下，还是南京国民政府治下的北京监狱，都不同程度地存在不能切实落实的问题。只是与其他监狱比较而言，1924 年秋以前北京监狱的落实程度要大些。再比如，南京国民政府《监狱规则》规定，监狱长官及教诲师至少每 10 日一次访问分房囚犯。③ 但事实上不但不能完全做到，而且许多时候是有名无实。据严景耀调查，河北“第一监狱间有二三个月没有教诲师，后来有了教诲师，每二星期犯人有的还见不着教诲师一次面”④。即使该监狱在实践上做出了不小努力，但其效果往往与其努力程度有很大差距。严景耀在分析该监狱类别教育时指出：“犯人的背景，人各不同，愚智亦各相殊，现在犯了同样的罪，便要他们受同样的‘教诲’，这种教诲的成绩，盖可想见。”前述严景耀描述的教诲师“用足他的十分精神”对监犯讲“仁义道德礼义廉耻”，但面对监犯提出“出狱后饿肚子，又找不着事情，谁来救我”问题时而陷入的尴尬，更是一个典型例子。

北京监狱是一座按照现代教育刑功能要求建造的近代中国设施最先进、功能最齐全，备受当局重视的近代化监狱，但其教育教诲实践与教育刑制度和效果之间存在明显差距，根源即在于其教育教诲实践与其他行刑实践一样，

---

① 孙雄：《监狱学》，商务印书馆 2011 年版，第 72 页。

② 朱紫垣：《中国新旧监狱比较录》弁言，北京共和印刷局 1916 年版。

③ 参见王传敏主编《民国监狱法规汇编》，光明日报出版社 2014 年版，第 17 页。

④ 严景耀：《北平监狱教诲与教育》，《社会学界》1930 年第 4 期，第 36 页。

不得不面临种种内外矛盾。它们主要是教育教诲人员少与受教监犯人数多且不断增加的矛盾、现代教育刑制度与当时中国国情之间的矛盾以及当时国家政权性质与教育教诲需要之间的矛盾。这些矛盾造成了北京监狱教育教诲与教育刑制度和效果之间的明显差距。

第五章　北京监狱罪犯作业发展及其功能演变

监狱作业是近代教育刑的一项重要制度，有经济与社会双重功能。北京监狱成立初期，监狱作业得到较快发展，其功能得以初步发挥。自1923年1月至1928年底，二者双双衰退。此后至1937年全面抗战前，该监狱作业规模得到扩展，但其功能逐步异变为南京国民政府榨取罪犯劳动成果的工具。从一定意义上说，这一演变过程是近代中国监狱作业和监狱转型走向的缩影。

第一节　近代监狱作业制度建立

一、中国古代劳役制度

（一）中国古代劳役制度的形成与演变

劳役制度是统治集团凭借国家强制力，在拘束与限制监犯人身自由基础上，强制监犯进行劳动的一种惩罚制度。中国劳役制度始自商代，到周代时劳役制度已具雏形。《周礼·秋官·司圜》载："司圜掌收教罢民，凡害人者，弗使冠饰，而加明刑焉，任之以事，而收教之。能改者，上罪三年而舍，中罪二年而舍，下罪一而舍。其不能改而出圜土者，杀。"① 这一记载描述了周代把有轻微犯罪行为的"罢民"，禁闭于圜土，通过"任之以事"，即服役而促其改过。对改过者以其犯罪轻重分年释放回家，对不改过且越狱者给予杀伐的情景。

① 薛梅卿：《中国监狱史》，群众出版社1986年版，第9页。

随着春秋战国时期刑徒制的兴起与发展，至秦朝时劳役制基本形成并成为强力推行的刑罚制度。[①] 秦始皇二十八年（前 219）使刑徒三千人“皆伐湘山树，赭其山”[②]。秦始皇三十年，命徒刑者七十余万人，分作阿房宫和骊山陵，都是对秦代大规模服役情形的简明勾勒。到了汉代，随着徒刑代替肉刑，劳役监被以法律形式正式确立下来，劳役成为监禁刑的主要内容。至唐代，劳役制度得到完善。劳役不仅成为五刑（笞、杖、徒、流、死）中徒刑的主要刑罚方式，而且其范围由徒刑犯扩大到流刑犯。到宋代，除一般徒、流犯服役外，还形成了配隶制，即对宥恕死罪囚徒行刑后，被送往边远地区，强迫服军役或劳役。至明代更形成了颇具特色的“以役代刑制”，如《明会典》规定：“令罪人得以力役赎罪，死罪拘役终身，徒流照年限，笞杖计月日，满日疏放。”“清承明制”基本上沿袭了明代的劳役制度。

（二）中国古代劳役制度的主要特点

劳役制度不仅存在于中国古代，而且存在于 18 世纪末叶、19 世纪初教育刑产生以前的近代世界各国。如果将中国古代劳役制置于其整个刑罚制度之中，并与古代欧洲及近代教育刑制度相对照加以考察，会发现它有以下几个特点：

第一，劳役刑是中国古代监禁刑中的一种惩罚形式。在古代中国各朝代的五刑中，劳役刑是徒刑的主要内容，但不是唯一内容，徒刑犯除被强迫服役外还往往伴随笞刑等其他刑罚形式。如北周时，徒刑与杖刑、鞭刑一并使用。周律规定徒刑分一至五年。“徒一年者鞭六十，笞十。徒二年者鞭七十，笞二十。徒三年者鞭八十，笞三十。徒四年者鞭九十，笞四十。徒五年者鞭一百，笞五十。”[③] 直到明清两代，其徒刑每一年都要加受 60—100 不等的杖刑。另外，劳役刑还适用于流刑，即犯人在流放地仍要服役。从这个意义上说，中国劳役制不是一个独立的刑罚形式，而是与其他形式并用的一种刑罚形式，这一点与近代教育刑有重大差别。完全意义上的近代教育刑除死刑外，

---

① 参见万安中《论我国古代劳役制度的历史演变》，《广东省社会主义学院学报》2009 年第 3 期，第 62—65 页。

② 中华人民共和国司法部编：《中国监狱史料汇编》（上册），群众出版社 1988 年版，第 467 页。

③ 沈家本：《历代刑法考》，中华书局 1985 年版，第 19 页。

实行剥夺罪犯自由的监禁刑，肉刑等各种其他惩罚形式悉已废除，作业或劳役成为一种独立的刑罚形式。

第二，中国古代劳役制注重惩罚与威慑，忽视罪犯教育改造。在劳役制滥觞的周代，虽有“任之以事而收教之”对能改者予以释放，整个古代中国刑罚也在一定程度上体现了儒家“明刑弼教”的思想，但在实践上是以苦役来惩罚和威慑罪犯，而非使之消恶改良。这不仅体现于服役过程中所遭受的各种肉刑折磨，而且体现在对服役罪犯劳动赤裸裸的无偿剥夺和残酷压榨。这与近代教育刑促使罪犯由恶变善、精练技能，以便出狱后以技谋生，并在服役中得到某些报偿的近代作业制度有着本质区别。

第三，中国是实行劳役制最早的国家。在国外尤其西方国家，从奴隶制社会到中世纪，以至到16世纪中叶的几千年间，实行的是生命刑、肉刑等残酷刑罚，而且其刑罚手段比古代中国更为残忍，如砍头、砸死、绞死、溺死、铡死、烧死、车裂、肢解、鞭挞、墨面等。而劳役制在欧洲如此漫长时间里几乎找不到踪影。到16世纪中叶后，在荷兰等国产生了早期监禁刑。如1559年设立的阿姆斯特丹劳役场，即收容男性犯罪人服役，但“苦役劳动是这个时期监禁刑的特色，这样的监禁刑无异于肉刑的变种”①。而中国早在公元前2世纪的秦朝，亦即早欧洲1800多年形成劳役制，是世界上实行劳役制最早的国家。

（三）中国古代劳役制度评价

对古代中国劳役制度要置于古代中国历史条件下和世界刑罚发展进程当中做出整体性客观评价，否则容易将其与近代教育刑相混淆，如有学者把中国古代狱制体现的“恤刑悯囚”思想视为古代教育刑思想。② 因此，很有必要将其置于世界刑罚的演变进程和古代中国刑罚体系中，做出整体性的客观评价。

第一，它属于传统报复型、惩罚型刑罚制度。世界刑罚演进先后经历了

---

① 廖斌：《监禁刑现代化研究》，中国政法大学2005年博士学位论文。

② 参见李文超《中国古代狱制的教育刑思想研究》，《兰州教育学院学报》2016年第5期，第155—157页。

以生命刑—身体刑—自由刑为中心的不同发展阶段。[①] 界定某种刑罚的类型，不能以个别刑种所具有的某种成分为依据，而应以其存在其中的类型为依据。任何时候个别都大于一般，个别寓于一般当中。古代社会刑罚处于生命刑—身体刑阶段，其总体特征是报复型和惩罚型。因而，劳役作为一种辅助刑罚，自然属于报复型、惩罚型类型。这并非简单逻辑推论的结果，同时也为众所周知的古代劳役的苦辱性、羞辱性和残酷性大量事实证明。

第二，它是维护古代专制统治的工具。中国古代劳役制度的确体现了儒家“明刑弼教”并在一定时期和某种程度上付诸实践。但统治者的目的，一是为塑造国王或皇帝“以德配天”“明法慎罚”形象，缓和人民和囚犯反抗，以强化其统治的合法性；二是既以服苦役形式使监犯受到报复和惩罚，以维护社会稳定，又能为统治者提供任其驱使和压榨的无偿劳动力，创造大量财富，以减轻监狱财政负担和压力。总之，古代劳役制度归根结底是维护其专制统治服务的工具。

第三，它是华夏监狱文明和进步的集中体现。“觇其监狱之实况，可测其国程度之文野”[②]，狱制是体现国家文明程度的重要标尺。古代中国的劳役制度，虽仍是一种惩罚型监狱制度，但它以劳役代替肉刑乃至死刑，在某种程度上体现了人道主义精神，是中国刑罚制度走向文明和进步的重要标志。更重要的是，中国劳役制在公元前 2 世纪即已形成，到汉代前期劳役即代替肉刑。而欧洲的劳役制度晚至 16 世纪才姗姗来迟。这说明中国监狱文明起点远远早于欧洲，其文明程度在此后长达一千多年的时间里远高于欧洲，欧洲只是在 16 世纪后随着教育刑产生才超过中国。

第四，它为实行近代教育刑及其作业制度提供了丰富的本土资源。尽管不能以孤立的眼光将古代中国劳役刑制度夸大为教育刑，但该制度中的确蕴含着丰富的“明刑弼教”思想。而这一思想与近代教育刑思想相暗合，因而为近代乃至当代构建和实行教育刑及其作业制度提供了丰富的本土资源。如《周礼·秋官·司圜》：“凡害人者，弗使冠饰，而加明刑焉，任之以事，而收

① 参见王宏玉《刑事政策与刑罚结构变化之考察》，《中国人民公安大学学报》2003 年第 3 期，第 47—50 页。

② 沈家本：《修订法律大臣沈家本奏实行改良监狱宜注意四事折》，《东方杂志》1907 年第 7 期。

教之。……凡圜土之刑人也，不亏体，其罚人也，不亏财。”这些思想，虽在古代中国不可能被真正付诸实践，但其关于劳役的主旨和原则，的确如沈家本所说“与近世新学说相合”①。另外，唐朝劳役监所建立的服役罪犯病给医药、死给安葬、发放囚粮囚衣、劳动奖惩等管理制度②，也为近代建立和实行作业制度所借鉴。

二、近代西方监狱作业制度

（一）西方监狱作业制度确立

在奴隶社会和中世纪，西方国家普遍实行生命刑和肉刑制度，这里没有监禁制度，因而也没有作为监禁制度主要内容的作业制度。直到 16 和 17 世纪前期，随着近代生产力的发展，劳动力能够生产出除自身消耗之外的剩余产品的能力得到显现之后，犯人所特有的比普通劳动力更廉价甚至无偿的劳动力价值也受到重视。因而，在 17 世纪中期到 18 世纪，监禁制度和与之相适应的劳役制度开始形成，并逐步代替生命刑和肉刑被广泛推广。正如美国学者理查德·霍金斯所说：“对劳动力的需求促使劳役成为一种颇受欢迎的刑罚方式。”③ 劳役制度的形成虽是一个历史进步，但这时并未摆脱中世纪报应论和报复主义影响。直到 18 世纪末 19 世纪初，这种监禁制度只是强迫监犯在极其恶劣的条件下从事机械、不断反复而笨重的劳动。这种劳动不仅是对犯人的肉体摧残，也是对犯人的精神折磨④，无异于肉刑的变种，因而未起到预防犯罪的作用。

随着 17、18 世纪资产阶级启蒙刑罚思想和人权运动发展，欧洲一些有识之士，如英国监狱改革先驱约翰·霍华德、意大利刑法学家切萨雷·贝卡利亚等，认识到中世纪生命刑、肉刑和资本主义初期监禁刑摧残劳动力、违反人道主义等种种弊端，在 18 世纪末 19 世纪初开始了监狱改革运动，把教育改造思想引入监禁刑。在此基础上，至 19 世纪中叶，随着德国刑法学家李斯

---

① 沈家本：《历代刑法考·狱考》，中华书局 1985 年版，第 1160 页。

② 参见薛梅卿《中国监狱史》，群众出版社 1986 年版，第 52 页。

③ ［美］理查德·霍金斯、杰弗里·P. 阿尔珀特著，孙晓雳、林遐译 《美国监狱制度——刑罚与正义》，中国人民公安大学出版社 1991 年版，第 13 页。

④ 参见潘华仿主编《外国监狱史》，社会科学文献出版社 1994 年版，第 5 页。

特创立刑事社会学派，近代教育刑和与之相适应的监狱作业制度理论，成为西方国家监狱行刑的主导理论，西方各国监狱的近代教育刑和作业制度得到普遍建立和发展。

（二）西方监狱作业制度主要内容

监狱作业，在一定语境下亦可简称作业，是近代（现代）教育刑制度中，刑罚执行机关从矫正犯人目的出发，依法组织犯人进行生产劳动的制度。它是西方及日本在19世纪末近代教育刑兴起后，为区别于传统劳役或服役而使用的一个概念。监狱作业概念内涵极为丰富，并在此后不断得到充实与发展。但本章作为对近代中国作业问题的考察，只能以当时西方理论、制度与实践为依据，综合19世纪末和20世纪上半叶西方法学家、监狱学家和国际会议有关文献，梳理当时西方监狱作业制度的主要内容。

第一，监狱劳动是罪犯改悔自新的根本。教育刑理论认为，犯罪是行为者个人因素与周围环境因素共同作用的结果，因此，预防犯罪应从犯罪根源着手。而人格缺陷、懒惰和劳动技能低下，是犯罪的重要根源。劳动不但因"使其人勤恳，则人即归于诚实"，而为"道德之补助"，并"可资以谋生"。所以，"工作不惟能助人改悔自新，实乃改悔自新之根本。"① 1910年召开的华盛顿会议决议还认为"作业不仅是教育犯人改造自新获得技能以重返社会的手段，而且也是对国家经济的补偿"②。

第二，强迫犯人从事监狱劳动。对此，不仅多位监狱学家做过论述，而且1872年伦敦国际监狱会议和1910年华盛顿监狱会议也做出"以强制劳役"③"监狱中之犯人，无论刑期长短，无论监狱大小，皆当使他工作"④的相关规定。

第三，以工作在监狱为要图，并不损及社会劳动。针对19世纪西方盛行

① 《1872年伦敦国际监狱会议》，载河南省劳改局编《民国监狱资料选》，河南省劳改局1987年印刷，第102页。

② 潘华仿主编：《外国监狱史》，社会科学文献出版社1994年版，第616页。

③ 《1872年伦敦国际监狱会议》，载河南省劳改局编《民国监狱资料选》，河南省劳改局1987年印刷，第102页。

④ 《1872年伦敦国际监狱会议》，载河南省劳改局编《民国监狱资料选》，河南省劳改局1987年印刷，第109页。

的包工制，逼迫监犯从事繁重体力劳动、缺乏劳动保护设施、延长劳动时间等弊端，强调“工作在监狱为要图，于外间工人，并无侵碍。1872 年伦敦国际监狱会议，针对 19 世纪三四十年代因监狱劳动成本低廉而与社会机械工业发生不公平竞争问题，强调监狱劳动不应与机械工业开展竞争，不“损及社会上普通工人之权利”①，监狱劳动的产品只满足监狱或州立机关、学校、医院和其他慈善机构的需要而不进入市场。②

第四，酌给作工监犯工资。1910 年华盛顿监狱会议提出，“所有监犯在监工作，应照其作工业之高下，酌予工资，分作二分，一半交其家属，俾得赡养，一半待其出狱时，付作营生资本”。这样“即可保护其家属，复能使囚徒出狱后，可以自立”。当然，这次会议也看到酌给监犯劳动工资“照目前情形，概难办到”，因而对具体要求未做规定。

第五，给监犯劳动提供良好生活条件与制度环境及动力机制。约翰·霍华德在 1777 年出版的《英格兰和威尔士监狱状况》一书中建议，除给犯人劳动并付一定的报酬外，还要提供有益于健康的食品，创造良好的卫生环境。③美国纽约州的奥本监狱发源的沉默制，对犯人实行夜晚单独监禁，白天在狱内或者场地上集中劳动，劳动中犯人要保持绝对沉默，不准交谈和大声说话，即使以姿势、手势、眼神交流亦被禁止，以防止发生相互争斗和预谋犯罪。在累进制中，把劳动成果以分数形式计入成绩，凡达到一定责任分数者即可升级，得到更高的自由程度及其他待遇。美国学者约翰·列维斯·齐林在《犯罪学及刑罚学》中也指出，囚犯改过自新包含三种要素：隔离监禁、劳役以及世俗教育和宗教教育④，即把劳役与隔离监禁和教育教诲相结合。

以上劳动制度是当时世界上最先进的监狱制度，代表了当时监狱改革的潮流，并成为近代中国监狱改革的效仿对象。需要说明的是，近代中国监狱

---

① 《1872 年伦敦国际监狱会议》，载河南省劳改局编《民国监狱资料选》，河南省劳改局 1987 年印刷，第 103 页。

② 参见舒鸿康《近代西方国家监狱犯人的劳动制度》，《上海政法学院学报》1993 年第 1 期，第 65—67 页。

③ 参见金鑫主编《监狱学总论》，法律出版社 1997 年版，第 146 页。

④ 参见［美］约翰·列维斯·齐林著、查良鉴译《犯罪学及刑罚学》，中国政法大学出版社 2003 年版，第 433 页。

作业的主要理念与制度，主要来自明治维新后的日本，但日本监狱的这些理念与制度“是西狱的复制品”[①]。二者在称谓上不同（日本称之为“监狱作业”，欧美称之为“监狱劳动”），但其内容是相同的。

（三）监狱作业功能定位

功能，亦称机能，是事物在运行过程中所产生的功效和作用。对教育刑制度下的监狱作业而言，重要的不只是考察其实行过程，还要研究其能否和在多大程度上达到教育刑宗旨，即在改造监犯上起到何种作用。

在中国近代和当代，学者们对作业（当代称为劳动）功能的界定有所不同。当代的劳动功能一般被概括为惩罚、教育和经济三大功能。近代的作业则被界定为社会和经济两大功能。其社会功能是指，通过作业劳动，使其受到惩戒，感觉到痛苦，并消除导致监犯犯罪的闲散、懒惰、倦怠等习性，使之养成勤劳习惯[②]，训练并养成监犯某种谋生技能，使其出狱后得以独立生活，“复归于有秩序的适法生活”[③]，为社会提供能够自食其力的守法公民。这一功能亦被称为作业的教育功能或政治功能。其经济功能是指，通过罪犯的有效生产劳动，创造出经济效益，使罪犯自食其力，同时有助于改善监狱设施，降低行刑成本。这一功能亦被称作生产功能。

在上述两种功能中，社会功能反映作业本质和价值所在。近现代自由刑理念认为，天下无不可教化之人，因而监狱行刑的目的，不是惩罚和威吓，而在于化除罪犯的恶性，养成其技能，锻炼其体格，使其出狱后，回复良民生活，成为对国家和社会有用的人。[④] 现代刑罚主义要求废止肉刑、流刑等不人道的措施，因而世界大部分国家选择作业这一既使罪犯感觉痛苦，又能促其自信的措施来改造罪犯。马克思主义认为，劳动不但能改造客观世界、创造物质财富，也能改造主观世界、创造精神财富，是人的本质的体现。“体力

① 孔颖：《论清末日本狱制考察》，《日本研究》2006年第4期，第90—95页。

② 参见［荷］冯客著、徐有威等译《近代中国的犯罪、惩罚与监狱》，江苏人民出版社2008年版，第161页。

③ 王元增：《监狱学》，京师第一监狱1924年印刷，第172页。

④ ［日］小河滋次郎口述，熊元翰编：《监狱学》，上海人民出版社2013年版，第16页；［德］弗兰茨·冯·李斯特著，徐久生译：《德国刑法教科书》，法律出版社2000年版，第7页。

劳动是防止一切社会病毒的伟大的消毒剂”①，是罪犯自新的手段②。总之，改造罪犯的社会功能是作业本质属性的反映。

同时，作业的经济功能具有不可替代的重要作用，是实现作业社会功能的载体和手段。只有取得良好经济效益的作业，才能使作业得以正常并可持续发展，从而使其社会功能得到发挥。但作业的经济功能有其天生的逐利性，如不加以把握和控制，就会使作业偏离宗旨，削弱甚至泯灭其社会功能，使作业本身失去价值，异变为利用罪犯无偿劳动追求经济利益的工具。因此，在作业过程中，需要正确处理二者之间的关系，既把握宗旨，以发挥其社会功能为中心，又要注重经济效益，使二者相辅相成，相得益彰。这是以教化为核心的近现代作业制度和以“苦人、辱人”为目的的传统“劳役”制度的根本区别，也是传统监狱向近现代监狱转型程度和监狱现代化发展程度的一个显著标志。

三、清末监狱作业制度的建立

（一）西方作业理念在中国的传播

西方监狱作业理念，是作为近代教育刑核心理念之一，在 19 世纪末 20 世纪初的中国传播开来的。对此，有关论著多有涉及，恕不赘述。但值得注意的是，相对于教育刑其他理念，西方监狱作业理念在中国的传播显示出两个显著特点。

第一个特点是具有丰厚的本土资源。这些资源不仅在于前面阐述过的中国古代劳役制中有与西方作业观念相暗合之处，更在于自清朝发展起来的自新所，为其传播提供了直接本土资源。乾隆年间，一些深谙当时狱制弊端的有识之士和开明官僚，在苏州一带创办了自新所（有称迁善局或改过局等），并迅速发展到江南地区。至嘉道以降，自新所渐呈“黑狱化”倾向，且大量遭遇拆焚厄运。但到同治年间又纷纷重建，光绪年间更扩展到广西、四川、山东、直隶等 12 个省份。据陈兆肆研究，在同治、光绪年间，各种名目的自

① 《马克思恩格斯全集》第 31 卷，人民出版社 1972 年版，第 538 页。

② 参见《马克思恩格斯选集》第 3 卷，人民出版社 1995 年版，第 318 页。

新所即达 37 个。①

自新所主要收押对象是已决轻罪犯人。它与传统监狱的劳役有明显不同。其主旨在“厉工以迁善”②。其制度设计大致为：由官府提供习艺场和原料，教以技艺，生产某种产品，并付罪犯一些工钱，同时给予教化。如有改悔，即行释放。人犯所得工钱，可助日后谋生之用，亦可作日后迁善之资。道光年间的《江阴县志》，较为详细地记载了自新所的制度安排与做法：每名给资本钱五百文，日给口粮薪菜钱，夏给扇席，冬给棉衣，发谕言一道，令刑书每三日向众犯讲诵一过，俾其悔悟自新，其有能制草鞋、绳索、纺绵诸技，各予物料，使之工作，不能者令看役教导，如匝月无成，即督令炊爨，以免偷惰。另拨内丁看役、更夫各二名，驻宿于内，以专稽查巡防之责。需用料物器具，选诚实副役一名，代为置买。设簿注若干，代某存贮，如有改过自新者，许该犯亲属保邻等具结保出，俾得谋生。存贮钱文，悉当堂给发。

可见，自新所虽生长于传统狱制的胎胞之中，但与传统监狱劳役制又有明显差别，是一种新式的劳役形式，在一定程度“具备明显的独立行刑特征”，“与西方近代新式狱制多有暗合之处”③，因而成为西方监狱作业观念在中国易于被理解、接受，因而被广泛传播的直接本土资源。

第二个特点是后来担任北京监狱第一任典狱长，且任职达 16 年之久的王元增，这个时期即把作业看作近代教育刑的核心要素，并将作业制度作为其对外考察和对内传播的重点。1906—1907 年，王元增在日本警察监狱学校留学时，以看守身份，亲身深入日本监狱考察罪犯作业实务，并于 1908 年在国内出版了《日本监狱实务》一书，全面具体地介绍了川越监狱罪犯作业的详细情况。1910 年，王元增自费随同司法部考察团赴欧美考察各国监狱制度时，也把作业作为重点之一。王元增对西方监狱作业情况与制度的考察，为他任职典狱长后重视并极力推动监狱作业发展奠定了良好基础。

---

① 参见陈兆肆《清代自新所考释——兼论晚清狱制转型的本土性》，《历史研究》2010 年第 3 期，第 133—149 页。

② 刘锦藻：《皇朝续文献通考》，浙江古籍出版社 2000 年版，第 118 页。

③ 陈兆肆：《清代自新所考释——兼论晚清狱制转型的本土性》，《历史研究》2010 年第 3 期，第 133—149 页。

（二）清末罪犯习艺所的发展

法律移植，必须以外域法与本土资源相结合为先决条件。正因为中国古代劳役制传统尤其清代自新所的发展，使中国具备把西方教育刑中的作业理念与制度最先移植于中国的条件。加之清政府面临的统治危机和犯罪发配外地的军流徒制度带给清政府的沉重财政负担以及犯人脱逃所形成的重重压力，因而废止军流徒制度，“各省通设罪犯习艺所”[①]，成为清末监狱改良的第一个步骤。自此以后，各种习艺所在奉天、保定、天津以及江苏、山东、河南、云南等地陆续建立。

这些习艺所虽规模大小各异，发展程度不同，但实行自由刑下的作业制或劳役制则是其共同点。各罪犯习艺所均开设工场，购置器具，聘雇工师，监犯均从事劳作，学习技艺，以作日后谋生之术。产品如有销售盈余，部分提为公用，部分则归犯人所有。尽管各所在具体实践中存在“视工艺为重，刑罚为轻”倾向，而“与惩戒感化上反多杆格之处”[②]，但其制度规定大都以感化教育为中心，体现了与自由刑作业制度的一致性。

（三）晚清监狱作业制度的制定

清末监狱改良初期的罪犯习艺所，虽在一定程度上减轻了军流徒制度给清政府造成的沉重财政负担及犯人脱逃的重重压力，但罪犯习艺所的设施配备、人员管理和组织结构等只适于收容轻罪人犯，而不适于拘禁诸如军流等重犯，因为这些重犯“多系不逞之徒，聚数百人于一隅，挟众滋事，诸多可虑”[③]。因此，罪犯习艺所并不能解决重犯羁押与改造问题。

这一问题在罪犯习艺所建立较少的地区显得更为突出。尤其作为清朝最高普通监狱的法部南北二监来说，重罪人犯多且数量大增，而北京罪犯习艺所数量少、南北二监容量小，由此造成直隶各府州军流以下人犯基本可照章收所习艺，而北京对军流犯无所可收，只能照旧发配的“一省之人，而办案

---

① 《护理山西巡抚赵尔巽奏请各省通设罪犯习艺所折文》，载薛梅卿等辑《清末民初监狱法制辑录》，中国政法大学出版社2017年版，第10页。

② 《罪犯习艺所之成绩》，《申报》宣统元年二月初十。

③ 《河南巡抚陈奏遵设罪犯习艺所酌议办法折》，载薛梅卿等辑《清末民初监狱法制辑录》，中国政法大学出版社2017年版，第116页。

两歧”[①] 局面。这一局面把清廷的刑制改革推入了困境：或延续“一省之人，而办案两歧”局面，或如当时有人提出的京师所拟军、流、徒犯均免发遣，一概留于本地监禁、设所作工。但这两种情形都将给清廷造成严重后果：前者把清廷刑制改革置于自相矛盾的尴尬局面，其结果势必导致整个刑制改革失败；后者把“聚千百罪犯于京城，一旦有变，后果何堪设想”。

要突破这一困境，避免上述后果，维护清廷统治，唯有建立新式监狱一途。因为，这样既可解决军流徒制的弊端，亦可依照近代监狱规制，扩大收容规模，强化监犯管理，解决重犯羁押与改造问题。更重要的是，在当时旧狱制备受国内外诟病和中国人民争取收回领事裁判权要求日益高涨形势之下，建立新式监狱还可使清政府树立“改革鼎新”的形象。因此，清政府接受了修订法律大臣沈家本关于建立新式监狱，包括新建京师模范监狱的主张，并聘请被誉为“日本监狱学之父”的小河滋次郎起草监狱法，于 1910 年制定完成《大清监狱律草案》。

《大清监狱律草案》在制度形态上标志着中国狱制由传统报复型到近代教育刑的转变，也标志着中国近代监狱作业制度构建基本完成。它主要体现在三个方面。一是明确了监狱宗旨。《草案》规定“受刑者须以使其畏服国法威严，中心自知尊重国法之必要。出狱后能复归于有秩序适法生活”的“待遇化导”原则。[②] 二是构建了包括作业和与之相联系的比较完整的教育刑监狱制度。《草案》分别对收监、拘禁、戒护、作业、教诲及教育、给养、卫生及医疗、出生及死亡、接见及书信、赏罚、领置、特赦减刑及暂释和释放等问题做了详细规定，涉及监狱作业及作业人权利义务相关的各个方面。三是对监狱作业事项做了专门具体规定。《草案》第五章以第 75 条至第 98 条共 23 条的大篇幅，对包括作业对象、种类、经营方式、时间、收入分配、赏与金及交付形式、监督等各环节做出了系统性规定。上述三方面共同构成了该草案近代教育刑下的监狱作业制度形态。

《大清监狱律草案》第一次以法典形式否定了中国延续几千年的古代劳役

---

① 沈家本：《与戴尚书论监狱书》，《寄穆文存》卷五。

② 参见《大清监狱律草案》，载薛梅卿等辑《清末民初监狱法制辑录》，中国政法大学出版社 2017 年版，第 172 页。

制，把中国监狱作业制度，置于近代教育刑体系中做了比较系统的规定，初步构建了惩罚、教育与习艺相结合的中国作业制度体系，并为后来北洋政府和南京国民政府同类文件与相关实践所沿袭，在这一方面应肯定其历史意义。但其同时具有十分明显的历史局限性。其一，基本上照抄日本《监狱法》相关规定，导致条文与实际脱节的弊端。其二，其作业赏与金制度，奉行封建恩惠主义，而非权利主义，是中国半封建社会的反映，与教育刑观念与制度格格不入。其三，以法典代替作业专门法规。《草案》中关于作业的规定虽较详细、系统，并且在特定条件下起了构建作业制度的特殊作用，但其作为一部监狱法典，不可能对其中各方面内容做详尽和具有可操作性的规定。这些细致规定应由专门法规和条例来完成。由此，某些规定作为法典过于具体，而某些规定过于笼统，缺乏可操作性。这些局限性，是当时中国社会和政权性质以及国情的必然产物，也是中国狱制转型初始的必然反映。正因如此，这些制度与《草案》的命运一样未被通过，更未在清末被付诸实践，而是作为一种制度形态存在。与该制度设计同时建造的北京监狱，成为其向实践形态转化并接受检验的试验场。

第二节 北洋政府罪犯作业法律法规

一、罪犯作业法律的草创

1912年2月至1913年2月，北洋政府并未来得及制定自己的监狱及其作业制度，出现了王元增所说的“所有监狱法令尚未颁布”① 的空白期。1913年2月，北洋政府司法部颁布了《中华民国监狱规则》，其中的第五章对劳役做了专门规定。尽管这部法律文件仅有一年起草时间，出台仓促，而且其内容除某些修改外，基本上沿袭了《大清监狱律草案》，因而《中华民国监狱规则》及其作业规定都具有草创性质，但毕竟是中国第一部被付诸实践的近代教育刑独立监狱法典，使中国监狱作业有了可供遵循的初步法律依据。

值得说明的是，对这种沿袭不能简单加以贬斥或否定。这是因为，任何

① 王元增：《北京监狱纪实》，北京监狱1913年印刷，第29页。

一种新的制度都是建立在汲取前人成果基础上的。而《草案》正是中国第一个近代教育刑监狱法典，并包含把惩罚、教育与习艺相结合的作业制度。《中华民国监狱规则》对《草案》的沿袭，很大程度上是汲取后者制度设计，将其转化为面向实践的现实制度，并且为在较短时间实现这种转变，草创中国第一个具有实践意义的监狱法典和作业制度提供了有益范本。至于其中存在的局限与不足，也只有在实践当中才能加以完善，而这也是法律移植与实践发展的必经过程。

二、罪犯作业法律的逐步完善

在《中华民国监狱规则》颁布前后的几年间，北洋政府根据中国实际情况，尤其是各监狱作业实务状况，对这一文件及其有关作业的规定做了不少修改和补充。在这个过程中，北京监狱做出了独特贡献，正如孙雄所说："关于监狱各种法规，大概由王氏手订，先就该监狱试行，再行颁布。"[①] 经过七年的探索与总结，北洋政府颁布了中国历史上第一个监狱作业专门法规——《监狱作业规则》。这标志着北洋政府初步形成了自己的监狱作业体系，也表明中国监狱作业制度由草创发展到初步成熟。

三、北洋政府罪犯作业法律法规的主要内容

北洋政府时期监狱作业法律法规的内容，涉及宗旨、管理体制、科目选择与分配、作业经费、作业场地、作业时间、经营方式、营利分配等一系列环节。这些制度安排的一个重要特点是既重视发挥作业经济功能，又重视发挥其社会功能。一是明确了作业目的。强调"监狱改良首重作业"[②]，其目的是"一方面为囚人谋生计，一方面即为国家筹经济"[③]。二是缩短每日作业时间。由《大清监狱律草案》的 8 小时以上、12 小时以下，改为 7 小时以上、10 小时以下[④]，使每日作业时间明显缩短。三是修改赏与金发放标准，由

① 孙雄：《监狱学》，商务印书馆 2011 年版，第 73 页。

② 《责成书记官长购用监狱出品通饬》，北京市档案馆藏，档号：J191-002-16277。

③ 《拟定监狱作业应遵各条及清册格式通饬》，北京市档案馆藏，档号：J191-002-14274。

④ 参见《国民政府司法部公布监狱规则》，北京市档案馆藏，档号：J191-002-10464。

《大清监狱律草案》以货币额为计量单位，改为以监狱所在地方普通佣工价的十分之三或十分之五①，使其具有了动态性和不同地区适应性。四是规定必要科目。1915 年第一次监狱会议规定了裁缝科、建筑科、织布科、印刷科、木工科等 11 个科目。通过立法规定作业科目的目的，在于使之适用于经济，同时也适用于监犯技艺，并不损害监犯身体，避免与民争利。五是规范作业经营形式，实行提倡鼓励官司业、限制委托业尤其承揽业政策。民国初年，中国监狱罪犯作业主要有官司业、委托业和承揽业三种经营形式。官司业是由监狱经营管理，产品由政府采购的经营形式；委托业是作业项目由外界委托而来，所用机械由委托者提供，由监狱雇佣技师、组织工人代为制作，产品由委托者销售；承揽业则是将监狱或其中某作业项目承包给私人，由承包人组织犯人进行生产。显然，前一形式是行政主导性经济模式，有利于罪犯作业的社会功能发挥；后两种形式则与市场联系较紧密，逐利性较为突出。北洋政府对官司业持提倡鼓励态度，而对委托业尤其承揽业实行限制政策。1921 年公布的《监狱作业规则》对实行承揽业的具体规定和要求多达 21 项②，但鉴于各地官司业不发达，北洋政府又不得不允许监狱实行委托业和承揽业，且在新式监狱中占很大比重。③

北洋政府在陆续颁布监狱作业法律法规的同时，还采取了一系列措施，推进全国监狱尤其是新式监狱作业的发展。但正如后来的监狱学家杨显光评论的那样，北洋时期“从整个监狱作业情况看，除少数新监有组织地开展作业外，由于监狱设施简陋，监区狭窄，一些监狱组织犯人劳役时断时续，大部分旧监狱无法组织生产”④。

---

① 参见《国民政府司法部公布监狱规则》，北京市档案馆藏，档号：J191-002-10464。

② 参见《民国九年四月十四日司法部训令第二七九号》，北京市档案馆藏，档号：J181-001-16282。

③ 参见高艳《清末民初罪犯作业研究》，中国社会科学出版社 2008 年版，第 167 页。

④ 杨显光：《中国监狱史》，内部资料，1991 年，第 87 页。

第三节　罪犯作业早期发展与功能初显

一、罪犯作业的早期发展

在这些“少数新监”中，北京监狱尤其在该监狱成立后的10年间，成为发展作业的佼佼者。1912年10月，北京监狱成立并接收犯人后，即十分重视并大力开办作业。首先，将“三科二所”① 中的第三科，作为管理作业的主要机构并制定了一些具体规则。其次，设置并不断增加作业科目。到1913年6月，即发展到木工、织工、印刷、钣金、缝纫、藤竹、农作、皮鞋等多个科目②，至1915年发展到17个科目③。再次，工场设备从无到有，至1923年6月工场达到9个④，其中印刷机、切纸机、刨书边机、缝纫机等设备初具规模。最后，作业营利不断增长。1913年营利仅为3690元，1914年营利增长到9609元。⑤ 至1922年，其作业获利达到24 000元。⑥ 王元增在总结北京监狱初期作业情况时说：“作业筹划不可谓不力，进步不可谓不速。”⑦ 可见，此时的北京监狱在相当程度上把清末至民初历届政府设计的监狱作业制度，转化为了比较系统的实践形态。

二、罪犯作业双重功能初显

（一）罪犯作业双重功能初步发挥

监狱作业一旦进入实践过程，其功能问题，即其经济功能与社会功能发挥及其二者关系问题，就立刻显现出来，并成为决定作业性质与成败的主要

---

① “三科二所”指第一科、第二科、第三科和教务所、医务所。这是该监狱成立初期在全国率先设置的监狱管理机构，后被推广到全国各新式监狱。

② 参见《京师第一监狱各科作业机械器具清册》，北京市档案馆藏，档号：J191-002-13574。

③ 参见《司法部四年度办事情形报告》，北京市档案馆藏，档号：J181-002-16454。

④ 参见《京师第一监狱财产目录及说明》，北京市档案馆藏，档号：J191-002-12870。

⑤ 参见《京师第一监狱三年经常费收支表册》，北京市档案馆藏，档号：J191-002-16277。

⑥ 参见《京师第一监狱收入状况表》，北京市档案馆藏，档号：J191-002-16555。

⑦ 王元增：《北京监狱纪实》，北京监狱1913年印刷，第22页。

矛盾。早在西方资本主义发展初期的监狱劳动制度，就已暴露出经济效益与促进犯人改恶从善的矛盾。① 随着该矛盾的发展激化，欧美等国不得不由报复刑下的劳动制度，转变为教育刑下的劳动制度。在民初西方教育刑已被移植中国的条件下，北京监狱能否免蹈西方资本主义初期的覆辙，能否按教育刑要求，较好发挥监狱作业的两种功能，成为考察该监狱作业问题的重点问题。

史实表明，此时北京监狱不但注重发挥罪犯作业经济功能，同时更重视发挥其社会功能并使之得到初步彰显。

第一，坚持秉承"以教化为本"理念。典狱长王元增认为，罪犯作业的主要目的在于使罪犯心灵由恶变善，并健全其身体，精练其技能，养成其勤勉习惯，出狱后能谋生自易，不致再犯罪。② 他主张"借比（作业）……使游惰无业者得以独立自营其生活，较之旧日之监狱，其经济之得失果何如哉"③，并身体力行，把此理念作为作业价值取向。

第二，科目设置注重培养罪犯的"一技之长"。监狱将木工、织工、印刷科等设置为作业科目，而将洗涤、打杂、营缮、炊夫等形式的监内劳动排除于作业范围之外。④ 考虑到"工场宜多，作业种类宜丰富"，监狱把三处食堂改为小工场。⑤ 这表明该监狱不像欧洲资本主义早期监狱作业那样，把打杂、营缮、炊夫等监内劳动亦算入服役内容，而使之失去培养罪犯技艺的意义，也表明该监狱不以营利为追求，而是注重罪犯技艺的培养。

第三，采取有利于发挥社会功能的经营方式。在西方资本主义早期，欧洲监狱为追求利润，多采取合同制和租用制等经营方式。其实质是将犯人的劳动承包或租赁给私营制造商。制造商为追求利润最大化，任意延长劳动时间，增大劳动强度，没有任何劳动保护，更不可能进行教育改造。这样的经营方式发挥了监狱作业的经济功能，给资本家、国家和监狱带来了丰厚利润和收入，监犯也得到了可怜的报酬，但没有教育作用，反而使监狱成为"犯

---

① 参见舒鸿康《近代西方国家监狱犯人的劳动制度》，《上海政法学院学报》1993 年第 1 期，第 63—65 页。

② 参见王元增《监狱学》，京师第一监狱 1924 年印刷，第 228 页。

③ 王元增：《京师第一监狱报告》，京师第一监狱 1915 年印刷，第 38 页。

④ 参见王元增《北京监狱纪实》，北京监狱 1913 年印刷，第 22 页。

⑤ 参见王元增《北京监狱纪实》，北京监狱 1913 年印刷，第 17 页。

罪学校”。而民国初期的中国监狱尤其是北京监狱，很大程度上避免了这种悲剧，采取了有利于发挥作业社会功能的经营方式。

北京监狱利用其中央监狱的特殊条件，采取了以官司业为主的经营方式。政府采购品有司法部状纸、司法公服、司法例规、大理院判决录、《中华杂志》、《法政学报》、《法学杂志》、清道夫制帽制服、女子师范学校制服、第二蒙养院所用的恩物等①，“作业收入已达万元”②。北京监狱虽也有委托业，但极少采用，承揽业则被严格禁止。

第四，实施赏与金制度。北京监狱自作业伊始，即实施了赏与金制度。这个阶段的赏与金制度有三个特点。一是赏与金额逐步增长。1914 年底，全监人犯“赏与金之积成数共五百七十八元四角四分四厘”③，其中积存 10 元以上者仅占 2%。到 1923 年，发放赏与金总额共计 2050.73 元④，是 1914 的 3.5 倍。二是赏与金在总收入和出监人数中占比较大。如 1923 年赏与金占作业收入 28.71%。在同年 907 名出监人中，无赏与金者仅有 171 人，占总出监人数的 17.8%；有赏与金人数为 736 人，占总出监人数的 82.2%。⑤ 三是实行接济家属和出狱后支付制度，即按等级把一定数额的赏与金付给作业罪犯，其余部分支付给家属或出狱时支付给罪犯。这对促进改造罪犯好逸恶劳习性、树立自食其力观念起到了积极作用，也有利于为罪犯出狱后靠技艺自食其力提供某些准备。

第五，作业与教育教诲相结合。监狱创立之初，便首创教务所作为负责教育教诲的专门机构，聘请有相当资格的教师（士）、教诲师、工师充当教育教诲专职人员，进行现场指导或授课，把教育教诲时间计入劳役时间，将罪犯作业成绩记载于课程表，构建了与作业相结合的教育教诲制度体系。据严景耀实地调查，在 1922 年 11 月的一次对国文、算术、修身三门功课的测试

---

① 参见《京师第一监狱关于提倡监狱作业征集成品开会展览及改良监狱仁政的饬》，北京市档案馆藏，档号：J191-002-10971。

② 《京师第一监狱收入状况表》，北京市档案馆藏，档号：J191-002-16555。

③ 《京师第一监狱现金出纳薄》，北京市档案馆藏，档号：J191-002-16703。

④ 参见《京师第一监狱现金出纳薄》，北京市档案馆藏，档号：J191-002-16703。

⑤ 参见《京师第一监狱关于调查囚犯作业、囚粮经费其他等事项的函》，北京市档案馆藏，档号：J191-002-12826。

中，99人中有53人答中。因此他把该监成立后至1924年秋，称作北京监狱“教育教诲的鼎盛时期”①。

由于这一阶段北京监狱比较重视发挥作业的社会功能，因而使作业的这一功能得到了初步发挥，取得了较好的社会效益。据统计，1923年该监狱获赏与金者占总作业人数的82.2%。1915年至1923年全国共假释犯人1364人，其中京师第一监狱假释犯人共68名（不包括外国籍犯人），占全国监狱假释总人数的5%。② 该监狱犯人出狱以后不乏能以所习之艺生业者，贾万和、李万幅即是其中的典型。贾万和于1913年初假释，“出狱以后以在监时所习，课其子并课其弟，父子兄弟均以此为生”，“甚知安分”，且“因手艺尚好，出售较易”。李万幅是该监狱假释的第二名犯人，出狱后被推荐到宛平监狱担任作业技师。③ 上述材料从不同侧面说明该监狱通过作业使罪犯复归良民的效果。近代监狱学家孙雄指出：“数千年罪犯桎梏囚禁之处，一变为实施教养之所，惜乎仅限于京师狱制耳。”④

（二）罪犯作业功能初步发挥的意义

民国初年北京监狱罪犯作业功能初步发挥，具有多方面意义。第一，它在相当大程度上改变了旧监狱罪犯的苦役惨象，避免了西方资本主义初期单一追求经济功能、无视其社会功能的弊端。这不仅在一定程度上改善了作业罪犯的生存状况，而且对罪犯消恶从善，回归社会起了一定作用。第二，破天荒地打破了沿袭几千年的苦辱刑劳役制度，开启了中国以教化为中心的近代罪犯作业转型进程。第三，促进了北洋政府时期罪犯作业制度的建立，推动了全国其他监狱罪犯作业的发展和向近代化转型的进程。该监狱不仅因其“实有模范全国之资格”⑤ 而为其他监狱所效仿，而且经该监狱实验而形成的监狱作业立法和培养各地监狱实习人员、工师而极大影响了其他监狱作业发

① 严景耀：《京师第一监狱的教育教诲》，燕京大学社会学系，1930年，第36页。

② 1915—1929年该监狱假释98人（不包括外国人），减去1924—1929年假释的30人，1915—1923年该监狱共假释犯人68名。参见《京师第一监狱假释人犯清册》，北京市档案馆藏，档号：J191-002-13335。

③ 参见王元增《京师第一监狱报告》，京师第一监狱1915年印刷，第90—92页。

④ 孙雄：《监狱学》，商务印书馆2011年版，第73页。

⑤ 朱紫垣：《中国新旧监狱比较录》弁言，北京共和印刷局1916年版。

展。据统计，民国初年在该监狱实习并分赴各地新式监狱工作的管理人员即达 300 多人①，成为民国时期培养监狱作业管理人员的摇篮。

（三）罪犯作业功能初显原因分析

在中国监狱由传统向近代转型的初级阶段，北京监狱罪犯作业功能之所以得到较好发挥，既由其拥有的内在条件决定，也与当时国内外环境紧密联系。具体来说：

第一，具有得天独厚的设施条件。该监狱占地 120 亩，按西方监狱理念和图式规划设计并施工建造，设备完备、功能先进、规模宏大，并建有工场设施②，堪为“模范中之模范”，是具有国际水平的现代化监狱之一。

第二，王元增长期担任典狱长。王元增不仅是近代中国著名监狱学家，而且被称为“当今无出其右”的“治狱之才”③。他利用该监狱的先进设施，制定了以教化为中心的包括作业制度在内的一系列制度、措施，并“庶几毅力、热心，到底不懈”④。值得注意的是，从 1912 年 8 月到 1927 年 8 月，王元增担任该监狱典狱长达 15 年之久。该监狱的各种法规“大概由王氏手订，先在该监狱实行”，再由司法部采纳、颁布⑤，或由司法部提出先在该监狱试行而后颁布，这为该监狱罪犯作业发展提供了重要保障。

第三，民国初年的司法体制和监狱改良为其提供了一定发展空间。当时北洋政府迫于形势压力，建立了审判、检察、监狱、律师等一整套近代意义上的司法体制⑥，并把“司法独立”确立为司法改革和监狱改良的原则。⑦ 这一体制和原则与其实务之间虽有差距，但它在形式上是相对完备的。这为王元增推行包括作业在内的一系列近代监狱制度，而较少受外界干预，提供了某种程度的政治空间。

---

① 参见《北平河北第一监狱报告书》，北京市档案馆藏，档号：J191-002-16035。

② 参见王元增《北京监狱纪实》，北京监狱 1913 年印刷，第 23 页。

③ 王元增：《监狱学》序言，京师第一监狱 1924 年印刷。

④ 王元增：《监狱学》序言，京师第一监狱 1924 年印刷。

⑤ 参见孙雄《监狱学》，商务印书馆 2011 年版，第 73 页。

⑥ 参见谢冬慧《民国时期的司法改革及其当下启示》，《中国法律评论》2016 年第 7 期，第 106—125 页。

⑦ 参见何勤华等编《赵琛法学论著选》，中国政法大学出版社 2006 年版，第 383 页。

第四，适应了北洋政府需要，得到一定支持。北洋政府之所以极力推动“司法独立”和监狱改良，其“最大原动力，是要收回领事裁判权”[①]。北京监狱罪犯作业发展时期，正值北洋政府与西方列强进行长达15年的谈判，并准备接受国际调查法权委员会实地考察期间。京师第一监狱自筹建时，即被赋予“列邦之观听，各省之楷模”[②]的特殊地位，成为国际调查法权委员会必定考察的对象。扶持该监狱作业发展，对北洋政府塑造“司法独立”的国际形象，凸显其监狱改良成果，实现其废除领事裁判权愿望，具有举足轻重的地位。由此，北洋政府给予北京监狱罪犯作业以多方面支持。如该监狱罪犯作业初期的基本金5100多元来自司法部[③]，而包括京师第二监狱在内的其他监狱多靠转借和捐款[④]。再如，司法部同意北京监狱请示，自1913年起该监不收临时犯人，仅收5年以上之人犯[⑤]，以利于该监狱作业发挥教化功能。

总之，北京监狱作业功能之所以在其成立后10年间得以较好发挥，是该监狱内在条件与当时国内外环境相互作用的结果。

第四节　罪犯作业功能的衰退

一、罪犯作业经济功能衰退

自1923年起，北京监狱罪犯作业经济功能发挥，由上升期步入衰退期。其主要表现是盈利降低。1922年，该监狱作业获利24 000元[⑥]，达到其成立以来的最高点。但自1923年起开始减少，该年获利总数降至14 000元[⑦]，比

① 民进中央宣传部编：《严景耀论文集》，开明出版社1995年版，第76页。

② 《法部奏设模范监狱折》，载薛梅卿等编《清末民初改良监狱专辑》，中国监狱学会1997年印刷，第41页。

③ 参见王元增《京师第一监狱报告》，京师第一监狱1915年印刷，第22页。

④ 参见高艳《清末民初罪犯作业研究》，中国社会科学出版社2008年版，第83—85页。

⑤ 参见王元增《京师第一监狱报告》，京师第一监狱1915年印刷，第93页。

⑥ 参见《京师第一监狱经常及作业月报各种表册一览表》，北京市档案馆藏，档号：J191-002-12842。

⑦ 参见《京师第一监狱经常及作业月报各种表册一览表》，北京市档案馆藏，档号：J191-002-12842。

上年下降 42%。1924 年以后，其盈利更“每况愈下，不及万元”。至 1927 年，“作业及至停顿，每月可获余利六百余元”①。

二、罪犯作业社会功能衰退

随着经济功能衰减，该监狱作业的社会功能发挥也逐步衰退。劳动是人的本质体现，是人改造客观世界和主观世界的根本途径。通过劳动，人不但能创造财富，而且能养成勤奋自立的品质和能力，克服人性中好逸恶劳的懒惰性。而这种惰性，往往是犯罪尤其是刑事犯罪的重要根源。因此，马克思把劳动看作“防止一切社会病毒的伟大的消毒剂”②。同样道理，该监狱作业经济功能的衰退，就意味着犯人劳动机会的减少，因而意味着作业本身的教育矫正功能削弱。

同时，作业社会功能的发挥，还有赖于教育刑体系其他要素的配合。如教育教诲，不仅能启发罪犯认识劳动价值，从而尊重别人的劳动成果，认识其犯罪根源，引导其改邪归正，而且能学会技艺，以培养自立能力。再如劳动报酬，不但给其学的技艺提供动力，并且可为其出狱后实现劳动自立提供资金储备。然而，随着作业经济功能衰退，这些要素的作用亦趋式微。该监狱教育教诲“课程之数量”，是“依普通工场之作业数量规定”③，并在饭后休息时在工场进行的④，故而随着作业量减少，自 1924 年起，“教育教诲因之渐衰”⑤。同时，赏与金的数量也不断减少。赏与金来源于作业收入。由于罪犯作业营利减少，1926 年后北京监狱开始出现拖欠赏与金现象，仅 1927 年 4 月至 1928 年 9 月，即积欠 462.711 元。⑥ 这些都意味着该监狱作业社会功能的衰退，同时导致该时期获假释比例逐步下降。1923 年该监狱假释 53 人⑦，是

① 《京师第一监狱关于经费积欠困难情形的呈》，北京市档案馆藏，档号：J191-002-13527。

② 《马克思恩格斯全集》第 31 卷，人民出版社 1972 年版，第 538 页。

③ 《京师第一监狱教育工作报告表》，北京市档案馆藏，档号：J191-002-13016。

④ 《京师第一监狱教育工作报告表》，北京市档案馆藏，档号：J191-002-13016。

⑤ 民进中央宣传部编：《严景耀论文集》，开明出版社 1995 年版，第 80 页。

⑥ 参见《京师第一监狱关于经费积欠困难情形的呈》，北京市档案馆藏，档号：J191-002-13527。

⑦ 参见《京师第一监狱假释人犯清册》，北京市档案馆藏，档号：J191-002-13335。

其成立以来最多的年份，这在全国各监狱中也是假释人数最多的。但此后几年，假释人员明显减少，1924 至 1929 年 6 年间共假释 30 人[①]，年均假释仅有 5 人。

由上可见，北京监狱作业功能衰退，经历了从经济功能衰减，再到社会功能衰减，最后连作业正常运行都难以维持的逐渐衰退过程。

三、罪犯作业功能衰退的原因

（一）照搬西方模式的必然结果

就总体而言，包括作业制度在内的北京监狱制度，无论精神上还是形式上“均步武泰西”，但不同于西方国家，当时的中国是一个落后的半殖民地半封建社会。北京监狱虽能效仿西方，建造起具有世界水平的监狱设施，并将其狱制包括作业制度整体照搬过来，但不能改变中国经济、文化、法治的落后现状和国家政权性质，从而注定北洋政府和该监狱在作业制度设计上存在诸多弊端，并决定其实施过程及效果。这些弊端随着内外条件与环境的变化，越来越成为阻碍作业功能发挥的因素。

比如，赏与金制度。该制度把罪犯作业报酬当作国家施予罪犯的恩惠，规定罪犯无权请求监狱给付报酬，罪犯赏与金一直很低。据严景耀当时的调查，该监狱作业罪犯“平均每人每年仅可得二十二元五毛，连囚犯自己个人的饭费——每日一毛三分每年四十七元四毛五分——都整不出来”[②]。如果说该制度在罪犯作业早期因其否定全部无偿剥夺罪犯劳动的劳役制的进步性，尚能起到调动罪犯劳动积极性的作用，那么随着时间推移，其激励效应自然日益衰减。同时，该制度直接效仿于日本，但又不像日本监狱那样依照课程和作业完成情况给予相应等级的赏与金[③]，而只是在形式上与课程挂钩，缺乏把赏与金与教育教诲表现紧密结合的内在机制，因而从长期看不利于作业社会功能的发挥。

---

① 参见《京师第一监狱假释人犯清册》，北京市档案馆藏，档号：J191-002-13335。

② 民进中央宣传部编：《严景耀论文集》，开明出版社 1995 年版，第 56 页。

③ 参见高艳《民国时期北京监狱罪犯作业赏与金考察》，载马志冰、赖德毅主编《监狱文化建设与监狱管理创新工作研究》，法律出版社 2014 年版，第 268 页。

再如，监狱经营方式。该监狱自成立后即实行以官司业为主的经营方式。这一方式固然有利于作业社会功能的发挥，但其弊端在于容易形成对官司业的依赖，导致其产品市场适应性差、销路窄，一旦机关采购萎缩，便形成产品积压，甚至带来机关拖欠债务风险。事实上，这种依赖性和由此带来的问题在此前阶段就已存在，但由于北洋政府的支持，这一弊端尚未暴露。随着官员腐败加重，各机关负责采买的人员为得到“回扣”，宁愿与普通商户交易，也不与监狱买卖，致使政府采购品越来越少。

（二）与国内外环境变化紧密联系

在该阶段，北京监狱所面临的国内外环境发生了两方面巨大变化。一方面是原有动力丧失。1926 年 1 月，国际调查法权委员会考察结束，北洋政府收回领事裁判权幻想破灭，其“司法独立”和监狱改良的“最大原动力”随之消失，因而政府和社会对北京监狱支持也随之减弱。另一方面是经济萧条，政局动荡。1926 年 7 月北伐战争开始后，随着政局动荡，北京经济陷入萧条，北洋政府财政危机加剧。这不仅使北京监狱陷入经费困乏的窘境，而且导致各机关经费匮乏空前严重，各机关拖欠北京监狱的债务急剧增加。到 1928 年，各部门及个人欠款项共计 119 492.098 元。① 如此沉重的欠款，动摇了该监狱十几年发展的根基，使其官司业为主导的经营方式无以为继。同时，北伐战争的迅速发展，严重冲击着北洋政府的统治秩序。孙雄曾指出：“至十五年，革命军兴，两年之间，各省忙于军事，一时狱政不遑顾及。”② 这一点同样适应于北洋中央政府与北京监狱。

（三）王元增辞职和典狱长频繁更换

该监狱作业前一阶段之所以得到较好发展，很大程度上归功于王元增长期担任典狱长。王元增“以教化为本”理念和“庶几毅力、热心，到底不懈”③ 的品质，是该监狱作业功能得到发挥的保障。但 1927 年 8 月王元增辞职南下，该监狱失去了领导核心。在此后至该监狱改属河北前的一年多时间

---

① 参见《河北高法关于河北第一监狱作业纯利报告表的训令》，北京市档案馆藏，档号：J191-002-14591。

② 孙雄：《监狱学》，商务印书馆 2011 年版，第 75 页。

③ 王元增：《监狱学》序言，京师第一监狱 1924 年印刷。

内，三次更换典狱长（见表 5-1），有的一个多月即行更换。这不仅使典狱长难以履行职责，而且造成人心浮动，作业运行秩序紊乱，使“作业大受影响，几至停顿”①。

表 5-1　1927 年 8 月至 1928 年 6 月北京监狱典狱长更换表②

时间	典狱长	交接时间
1927 年	王元增	八月十日交卸
1927 年	许成襄	八月十日接事
1928 年	许成襄	五月十一日交卸
1928 年	王凤诗	五月十一日接事，六月二十三日交卸

总之，1923 年后北京监狱作业功能衰退，是其照搬西方模式的必然结果，也与当时国内形势和监狱内部人事变化紧密联系，是多种因素相互作用的结果。

第五节　罪犯作业扩展与功能异变

一、南京国民政府监狱作业法律法规

南京国民政府的监狱法律法规，同样经历了一个北洋政府沿袭旧制，再形成自己的制度设计的过程。1928 年制定的《监狱规则》和《监狱处务规则》基本上沿袭了北洋政府后期的法律法规。经过 1932 年制定的《监狱作业规则》《改良监所方案》和 1935 年制定的《监狱法草案》，南京国民政府初步完成了反映自身统治的法律法规体系。从这些文献可以看到，罪犯作业制度较北洋政府时期发生了明显变化。

第一，监狱作业以追求经济效益为主。南京国民政府虽声称“监狱本非

① 梁锦汉编：《河北第一监狱一览》，河北第一监狱 1929 年印刷，第 5 页。

② 《北平河北第一监狱报告书》，北京市档案馆藏，档号：J191-002-16035。

生利机关，监犯作业之目的亦不在营利”①，但这只是招牌而已。1932 年司法行政部出台的《改良监所方案》要求无论新监旧监，“惟豫贯彻自给自足之主旨”②，但这种“自给自足”与北洋政府时期强调的“自食其力”理念相比发生了质的变化。北洋政府时期的“自食其力”，重点是注重罪犯技能训练和教化，以待出狱后凭其在监所学技艺实现自食其力。而南京国民政府的“自给自足”，不但强调罪犯于在监期间，通过作业实现自食其力，而且还要为监狱建设和政府提供资金，使整个监狱依靠罪犯作业收入实现正常运转，以改变“监狱开支仰给于国库局面”③。在当时落后的生产力条件下，靠罪犯作业收入实现监狱自给自足目标，必然导致作业功能扭曲，把罪犯作业变成一味追求经济效益的过程。

第二，罪犯作业时间延长。1928 年 10 月的《监狱规则》规定日作业时间为 8—10 小时，1935 年《监狱法草案》规定每日不得超过 10 小时，也就是说抗战前南京国民政府时期作业的最低控制时间比北洋政府时期的 7 小时延长了 1—3 小时。

第三，作业经营方式向“类公司制”转变。南京国民政府成立后，至 1932 年《监狱作业规则》南京国民政府监狱作业经营方式，基本上仍延续北洋政府时期行政管理体制。但至 1935 年《监狱法草案》，取消了北洋政府时期监狱对外私人承揽业的严格限制，规定只要经监督官署核准即可。④ 这导致北京监狱作业经营方式开始由行政主导型向“类公司制”型转变。如果联系此后的发展趋势，这一转变会看得更清楚。1943 年 11 月，司法行政部颁布《监所作业管理人员奖惩办法》，规定以作业成数自纯益金 5%—20%奖给监所作业管理人员。⑤ 1946 年 1 月的《监狱行刑法》更明确规定：“作业收入以百

---

① 《司法行政部第 3125 号训令》，北京市档案馆藏，档号：J181-002-16583。

② 《司法行政部改良监所方案》，北京市档案馆藏，档号：J181-002-10971。

③ 中华人民共和国司法部编：《中国监狱史料汇编（下册）》，群众出版社 1988 年版，第 234 页。

④ 参见《监狱法草案》（民国二十四年国民政府会议通过），载王传敏主编《民国监狱法规汇编》，光明日报出版社 2014 年版，第 28 页。

⑤ 1944 年 11 月南京国民政府为“提高各监所作业效能并使提成给奖之各得奖人员不致因币值低落减少得奖”制定该文件。参见王传敏主编《民国监狱法规汇编》，光明日报出版社 2014 年版，第 399 页。

分之二十五充作业赏与金，百分之四十充作业基金，百分之十归属国库，其余充改善监狱内部设施及奖励之用。"① 这些都意味着南京国民政府监狱已实行"类公司制"经营方式。这种经营方式，虽避免了早期西方资本主义包工制把监犯外包给资本家的弊端，形式上也符合国际"工作在监狱为要图"的理念，但它赋予了监狱行政管理者的作业经营者身份，从而驱使作业日益走上以追求经济效益和监狱管理者追求自身收入为中心的轨道，把作业逐步蜕变为监狱压榨罪犯劳动和政府筹集资金的机器。

二、监狱作业回升与扩展

北京监狱转属河北地方后，执行了南京国民政府颁布的作业法律法规及措施，大大强化了作业的经济功能。尤其是1929年后，随着经济环境逐步改善以及梁锦汉接任典狱长并采取多方面有效措施，监狱作业得到逐步回升和扩展。1933年，该监狱实现纯利润9905元，1934年为10 601元，1935年为11 523元，至1936年增长到15 043元。② 作业设施也得到增加，1936年该监"有大工场七处小工场九处共分十二科……各科工业较前发达"③。上述情况表明，南京国民政府治下北京监狱作业的经济功能愈来愈得到强化，作业规模得到了扩展。

三、监狱作业功能异变

南京国民政府作业制度与政策导向，直接导致北京监狱作业经营方式开始由行政主导型向"类企业型"（这里的"类企业型"经营方式，与行政主导型相对应，是指在监狱作业经营中，引入企业某些机制与原则，主要是以获得盈利为目的，以市场和生产为导向管理员工。但由于监狱是国家主权的象征，必须服从国家管理，因而只能在某些环节和在一定程度上实行这些原则，故为"类企业型"）转变。1935年4月，为解决产品积压问题，北京监狱恢

① 中华人民共和国司法部编：《中国监狱史料汇编（下册）》，群众出版社1988年版，第38页。

② 参见《北平河北第一监狱报告书》，北京市档案馆藏，档号：J191-002-16035。

③ 《北平河北第一监狱报告书》，北京市档案馆藏，档号：J191-002-16035。

复、扩大了缝纫车间，并与当地承包人订立合同，规定监狱按合同组织生产。[①] 这种经营方式虽然扩大了作业规模，提高了作业收入，但也导致监狱作业功能开始发生质的变化。这主要表现在以下三个方面：

一是作业人员安排和技术培训的目的发生了根本变化。作业社会功能的发挥，要求作业科目斟酌罪犯年龄、罪质、刑期、身份、技能、职业及将来生计、体力强弱来安排，这样罪犯出狱后才能谋生自立。然而，在合同制经营方式下，监狱所注重的，是满足承揽人及其产品的要求，而非犯人出狱后的技艺需要，因而与作业社会功能要求的科目安排和目的背道而驰。

二是作业时间延长，赏与金比例大幅降低。根据吴峙沅《北平河北第一监狱报告书》在监人犯作业时间表计算，此时该监狱每年度 12 个月平均每日作业时间约 8.3 小时左右[②]，比民国初年的 8 小时延长了半小时。但罪犯赏与金在盈利总收入中的比例却大幅降低。1936 年，该监狱全年作业赏与金发放总额为 2731.12 元，占作业总收入 15 043.63[③] 的 5.5%，比 1923 年的 28.71%下降了 23.2%。作业收入的绝大部分，被纳入了国家财政和被用于本应国家负担的监狱设施修建。如 1935 年度，该监狱作业纯收益 13 578 元中的三分之一，被用于本应国家支出的屋宇修建。[④] 赏与金是罪犯从事作业的动力，也是改变其不劳而获恶习，养成劳动自立思想的重要机制，更是其出狱后谋生自立的储备。该监狱罪犯赏与金大幅较少，不但削弱了他们从事作业的热情，使他们出狱后自立谋生的希望破灭，更重要的是，因其更多劳动被剥夺，而必然产生对社会的不满情绪。这不能不使作业教育功能丧失殆尽。

三是作业社会功能发挥的保障机制被严重削弱。主要表现在罪犯权利进一步被侵犯和假释的异化。前者以罪犯生活权利为例。20 世纪 30 年代中期，该监狱罪犯口粮为“每日每人平均之囚粮约合国币九分左右”[⑤]，比民国初年

---

① 参见《改建翌年改良经过》，北京市档案馆藏，档号：J191-002-00093。

② 参见《北平河北第一监狱报告书》，北京市档案馆藏，档号：J191-002-16035。

③ 参见《北平河北第一监狱报告书》，北京市档案馆藏，档号：J191-002-16035。

④ 参见《北平河北第一监狱报告书》，北京市档案馆藏，档号：J191-002-16035。

⑤ 《北平河北第一监狱报告书》，北京市档案馆藏，档号：J191-002-16035。

“大洋一角一分”① 降低 0.2 元左右，如考虑通货膨胀因素其降低幅度更大。不仅民国初年以白面为主食，一日三餐的超越现实待遇不复存在，即使 1918 年后一日两餐，以白米、玉米粉、小米粉为主粮的标准也不能维持，而改为玉米面和黄豆面制作的窝头为主。罪犯衣被严重短缺更是监犯生活的常态。如 1929 年春，该监狱棉衣“人各一袭已感不足，且多褴褛未能服用”②。1930 年夏，“北京第一监狱囚服多年未曾添置，历经拆补，日形缺之”③。单衣多数因布质腐朽而纷纷报废，使 1100 名常押囚犯中大约 500 人无衣可穿。到 1936 年，其衣被“较前不敷更巨”④。罪犯在如此悲惨的生活境遇下从事繁重的苦辱性劳动，其教育功能殊难发挥，就不是不可想象的了。同时，如前所述，该监狱假释人数在 1923 年达到 53 人高峰之后，呈逐年减少态势。这时假释不再是罪犯的一种权利，而成为“主权者对于少数服刑人的恩典”⑤，而这是与教育刑理念相背离的，必然导致其对作业社会功能推动作用的丧失。

由上可见，南京国民政府治下的北京监狱作业，与北洋政府统治前期该监狱作业比较，后者虽存在作业制度与实践中的明显差距和制度弊端，但总的看是运行在教育刑轨道上的，其经济功能尤其社会功能得到一定程度的发挥；而前者的作业功能，则显示了单纯追求经济效益的异化趋势。

如果说抗战全面爆发前，北京监狱作业功能所呈现的异化发展趋势还不够十分突出，那么，再联系抗战胜利后该监狱情况加以考察，其异化趋势就会朗若白昼地展示在眼前。1946 年 1 月，南京国民政府公布了《监狱行刑法》，其中规定：“作业收入以百分之二十五充作业赏与金，百分之四十充作业基金，百分之十归属国库，其余充改善监狱内部设施及奖励之用。”⑥ 这一规定，意味着南京国民政府开始全力推动监狱作业的“类企业型”经营方式。

---

① 《京师第一监狱关于囚粮经费的呈报、指令、统计表及高检厅对此事的指令》，北京市档案馆藏，档号：J191-002-13264。

② 《河北第一监狱关于建筑、监外隙地、南北监给养事项等问题的材料、规定》，北京市档案馆藏，档号：J181-033-02760。

③ 《北平河北第一监狱报告书》，北京市档案馆藏，档号：J191-002-16C35。

④ 《北平河北第一监狱报告书》，北京市档案馆藏，档号：J191-002-16C35。

⑤ 王素芬：《教育刑理念的彰显与背离：近代中国假释制度考论》，《法制与社会发展》2007 年第 6 期。

⑥ 中华人民共和国司法部编：《中国监狱史料汇编（下册）》，群众出版社 1988 年版，第 38 页。

同月，北京监狱根据这一要求，援引1943年11月颁布的《监所作业管理人员奖惩办法》，将《监狱行刑法》规定的除作业赏与金、作业基金和上交国库之外25％剩余中的20％，都用于监狱职员奖励。[①] 由此，该监狱作业纯益金分配结构与北洋政府时期相比发生了质的变化。

在北洋政府时期，北京监狱作业收入除若干用于罪犯奖与金和改善监狱设施外，均“存入国家银行生息”，“无关作业的费用，不得由作业费项下开支”[②]，管理人员不得在作业收入中获得收入。然而，抗战胜利后，在该监狱作业收入分配结构中，除40％充作业基金外，监狱管理人员奖励金占20％；上缴国库占10％；用于监狱设施完善资金实际占5％；用于奖与金部分名义上占25％。这一分配结构，把监狱变成了“类企业型”工场。在这里，监狱管理者同时具有“作业经营者”身份，并且除40％充作业基金用于再生产外，其余盈利的绝大部分成为管理人员的奖励金和政府收入，作业罪犯几乎变成了无偿劳动力。

这个过程到1947年极为典型地表现出来。该年1月，该监狱典狱长吴峙沅根据1946年《监狱行刑法》关于作业除赏与金、作业基金和归属国库外，其余充改善监狱内部设施及奖励之用[③]的规定，参考当时上海监狱率先制定的各职员岗位奖励标准[④]，向河北高等法院呈文，请求以1946年作业盈余46 519 667.86元为基数，依1944年《监所作业管理人员奖惩办法》规定提出20％，计为9 188 400元，作为奖励金发放给本监狱员工。[⑤] 按此办法，以该

① 参见《典狱长吴峙沅关于请薪事宜的报告》，北京市档案馆藏，档号：J191-002-13989。

② 《京师第一监狱关于囚粮经费的呈报、指令、统计表及高检厅对此事的指令》，北京市档案馆藏，档号：J191-002-13264。

③ 参见中华人民共和国司法部编《中国监狱史料汇编（下册）》，群众出版社1988年版，第38页。

④ 1946年上海监狱率先制定了各职员岗位奖励标准，该标准也被北京监狱所借鉴。具体分配内容如下：典狱长应得年度奖励金的四分之一；科长应比照典狱长所得的三分之一获得奖励金；看守长、教诲师、主任医士应比照科长所得的三分之一获得奖励金；候补看守长、会计主任、中医士、教师应比照看守长所得的三分之一获得奖励金；办事员、雇员、药剂士、主任看守、工师应比照候补看守长所得的三分之一获得奖励金；看守应比照办事员所得的三分之一获得奖励金；监丁应比照看守所得的二分之一获得奖励金。

⑤ 参见《典狱长吴峙沅关于请薪事宜的报告》，北京市档案馆藏，档号：J191-002-13989。

监狱各职员岗位奖励标准计算，该监狱典狱长奖励金为 2 297 100 元（法币），科长 765 700 元（法币），看守长、教诲师为 255 233 元（法币），主任看守为 28 359 元（法币），看守为 9453 元（法币）。

值得的注意的是，这些奖励金额远远高于管理人员的工资额，奖金成为监狱职员主要收入来源。以典狱长和主任看守为例。按照 1946 年南京国民政府《修正暂时文官官等官俸表》并以二职务相应的荐任一级与委任一级计算，典狱长最高月薪为 400 元，年薪 4800 元；主任看守最高月薪为 200 元，年薪 2400 元。[①] 二职务人员年获奖金分别为其工资的 478.56 倍和 11.82 倍。当然，按马克斯·韦伯的理论，“在一个官僚体制的社会中，对于拥有专业知识并训练有素的管理人员来说，得到相应的薪俸待遇应是当然之事。否则，行政管理机构难以正常运转，行政管理人员无以维持正常的生存”[②]，并且在当时国统区货币贬值、物价飞涨情况下，适当提高监狱管理人员收入是无可指责的。但这些奖励金来源于作业收入，必然导致监狱管理者为最大程度追求自身利益，而使作业经济功能急剧膨胀，社会功能丧失殆尽。

与此形成鲜明对比的是，罪犯奖与金在作业收入结构中的比例大幅降低。《监狱行刑法》虽规定以作业收入 25%用于赏与金，但此比例被各种新增补贴和狱官腐败所侵占。如 1948 年后该监狱在作业资产项下又增加了“员工福利基金”“电话保证金”[③] 等福利，使赏与金在作业收入结构中的比例被压到最低限度。如 1947 年 9 月河北第一监狱发放的赏与金为 124.8 万元（法币），仅占同月作业收入 19 311.3 万元（法币）[④] 的 0.65%。这说明此时该监狱作业罪犯几乎变成了无偿劳动力。

以上说明，抗战胜利后，北京监狱作业已由教化罪犯的基本形式，异变

---

① 参见《司法部关于监狱薪水搭放现洋的指令及京师第一监狱对此事、加看守长月俸的呈报通知、监职员等级俸薪单》，北京市档案馆藏，档号：J191-002-11969。

② ［德］马克斯·韦伯著，林荣远译：《经济与社会》（上卷），商务印书馆 1997 年版，第 248—263 页。

③ 《河北第一监狱贷借对照表》，载《北平河北第一监狱报告书》，北京市档案馆藏，档号：J191-002-16035。

④ 参见《河北第一监狱经常及作业月报各种表册一览表》，北京市档案馆藏，档号：J191-002-15632。

为通过榨取罪犯无偿劳动，牟取监狱管理集团利益和为南京国民政府筹集资金的机器。

四、监狱作业功能异变原因

北京监狱转属地方是其作业功能发生异变的直接原因。北京监狱由中央转属河北地方后，丧失了原有优势，并产生一系列后果。如它使来自中央的经费和作业基金断绝，而河北高等法院对监狱财政支持能力极为有限。1928年，经司法行政部核定，河北第一监狱年度经费为每月 7847.71 元，但历年因河北省司法经费异常支绌未能照数拨给。① 1932 年，河北高等法院拨给该监狱每月维持费仅 2679.3 元。② 如此微薄的经费连监狱正常运转都难以维持。这不但使作业完全靠作业盈利来运转，而且部分作业盈利被监狱运转所占用，从而导致罪犯赏与金所占比例降低，作业社会功能减弱。再如，河北省政府及其各机构的采购能力有限，导致北京监狱经营方式不得不由以官司业为主向承揽业为主转变，逐步使作业经济功能占据首要地位，造成社会功能衰弱。可见，监狱隶属关系变化是监狱作业功能异变的直接原因。

南京国民政府监狱与内战政策和抗战胜利后的经济环境，是北京监狱作业功能发生异变的根本原因。1932 年，司法行政部改良监所方案，制定的改变“监狱开支仰给于国库局面”③，并为国家提供财政积累的政策，导致有利于作业社会功能发挥的奖与金大幅减少。1935 年南京国民政府对监狱作业“类企业型”经营方式的推动，以及 1945 年后为支持全面内战，将作业作为监狱“中心工作”而强令推进，导致该监狱开展作业的目的和运作方式都以获取盈利为唯一追求，脱离了作业功能的本质要求。同时，抗战胜利后，国民党经济和内战政策，导致国统区货币急剧贬值，物价飞涨，使监狱管理人员的法定薪资入不敷出，生活艰难。南京国民政府更把作业盈利作为监狱管理人员奖励金的主要来源，既在减少国家财政支出的前提下，监狱管理人员

---

① 参见《北平河北第一监狱报告书》，北京市档案馆藏，档号：J191-002-16035。

② 参见《河北第一监狱署收关于河北银行汇寄月维持费的函》，北京市档案馆藏，档号：J181-033-02580。

③ 《司法行政部改良监所方案》，载中华人民共和国司法部编《中国监狱史料汇编（下册）》，群众出版社 1988 年版，第 234 页。

不致因币值低落而奖金减少，又将其获奖励金多少与厉行作业情况挂钩，从而“提高各监所作业效能”①。可见，正是南京国民政府厉行作业政策的外在压力和其经济与内战政策造成的监狱管理人员内在生活压力，导致该监狱作业以追求经济效益为中心，从而使其作业由教化手段蜕变为监狱管理人员和南京国民政府残酷压榨罪犯无偿劳动的机器。

第六节　罪犯作业发展及其功能演化评价

通过以上考察，可对民国时期北京监狱罪犯作业及其功能演化做出如下评价。

一、罪犯作业发展与功能演化经历了曲折过程

这个过程经历了如下几个阶段。第一阶段是北京监狱成立后的前十年（1912—1922）。这是其初期发展和双重功能协调发挥阶段。第二阶段是1923年至该监狱改属河北之前。这是其作业功能由经济功能衰退，到两种功能双双衰落阶段。第三阶段是1928年6月至1937年全面抗战爆发，该监狱沦于日本之手以前。这是该监狱作业逐步回升，规模扩大，其经济功能被强化，社会功能生成异化趋势的阶段。在上述三个阶段中，前两个阶段主要反映了该监狱自身发展逻辑与特征，对全国监狱包括新式监狱而言是一个特例；后一阶段则在很大程度上反映了中国监狱作业的规模扩展与功能异化的过程。

二、不同阶段作业发展对中国狱制转型有不同作用

北京监狱在其成立后十年间，为中国监狱从传统劳役制度向近代作业制度转型付出了艰辛努力，做出了开创性重要贡献。它在中国最早建立和实施了比较系统的罪犯作业制度，并使罪犯作业功能尤其社会功能得到了较好发挥，成为全国各监狱罪犯作业的佼佼者和模范，促进了中国由传统劳役制向近代作业制、由传统监狱向近代监狱的转型。尽管其作业制度存在历史局限，

① 《司法行政部三十六年十月九日京（36）训监（三）字第一一六三七号训令》，北京市档案馆藏，档号：J181-003-12505。

其功能发挥也是初步和低水平的，但将其置于中国由传统劳役制到近代作业制转变初期来衡量，与清末前传统劳役制相比是一巨大进步。南京国民政府时期的北京监狱，则反映了南京国民政府在作业制度引进和制度设计上的努力。尽管由于上面谈到的原因，其制度与执行、执行与效果之间的差距也越拉越大，其作业功能更出现异化趋势，但在半殖民地本封建的中国，有了这些制度总比没有强。在这个意义上，这些制度本身也具有促进近代中国狱制转型的作用。

三、作业功能衰退与异变具有历史必然性

这种必然性源于作业功能的二重性矛盾和中国半殖民地半封建的社会条件对作业社会功能的制约。在作业两种功能中，社会功能是本质，经济功能是实现社会功能的载体和手段。正如近代监狱学家芮佳瑞所说："监狱工厂，主要目的，只在训练，而不在营利，其所生营利，视为当然附带产物。"① 因此，在作业过程中既要以发挥社会功能为中心，又要注重经济效益，使二者相辅相成，相得益彰。然而，作业经济功能具有天生的逐利性，并且在现实性上能够带来一定经济利益；而其社会功能发挥，则需要付出巨大经济与人力成本，并且由于监狱劳动力流动性强、素质低等原因，这种经济成本"不能靠监狱作业解决"②，而必须由政府的足够投入为支撑。一旦过分重视其经济功能，把营利作为追求目标，或者缺乏政府的资金投入，必然会弱化作业的社会功能，而导致其异变为压榨罪犯劳动的工具。

清末民初，作业制度作为近代教育刑的重要组成部分被引进中国，但近代中国经济的落后性使其监狱劳动力素质和技能比西方国家更低，支持作业发展的市场条件更差，导致监狱作业的效益很低。这要求中国政府付出比西方国家更多的监狱投入，才能支撑教育刑的实现。然而，辛亥革命后历届民国政府造成的国内持续不断的内战和经济危机，导致其财政经常处于捉襟见肘状态。他们既不愿意也不可能支付高昂教育刑成本，而是力图通过监狱作业，将教育刑成本转嫁到罪犯身上。北洋政府给予京师第一监狱的一定支持，

---

① 王传敏主编：《民国监狱法规汇编》，光明日报出版社 2014 年版，第 335 页。

② 何勤华、姚建龙编：《赵琛法学论著选》，中国政法大学出版社 2006 年版，第 411 页。

并使该监狱作业功能一度得到较好发挥，是迫于当时争取收回领事裁判权从而维护其统治的压力。而当此企图落空，它便减少这些支持，造成后来罪犯作业两种功能双双衰退。南京国民政府更在一开始便以改变“监狱开支仰给于国库局面”[①] 为宗旨，赋予作业以更沉重的功利目的，这必然使作业异化为榨取罪犯劳动的工具。

可见，北京监狱作业功能由初期发挥到衰落再到异化的演变过程，正是这一必然性作用的结果。因此，从一定意义上说，该监狱作业这一演变过程，是近代中国监狱作业走向的缩影。而作业是“监狱行刑之生命”[②]，是教化罪犯最主要的途径，它的衰退与异化必然对近代监狱转型产生深刻影响，从而决定近代监狱向真正教育刑转变是当时中国不可能完成的任务。

---

① 中华人民共和国司法部编：《中国监狱史料汇编（下册）》，群众出版社 1988 年版，第 234 页。

② 王元增：《北京监狱纪实》，北京监狱 1913 年印刷，第 22 页。

第六章 北京监狱罪犯分析

罪犯是监狱刑罚执行的主体，罪犯的服刑状况实际上是一定狱制的运行过程的反映，抑或说罪犯服刑过程，自然成为一定狱制及其实现效果的综合反映。因此，监狱研究包括北京监狱研究，就不能不考察其罪犯，不能不关注罪犯的特点、犯罪原因及服刑终结问题。这不仅是该监狱研究的重要内容，也应是对北京监狱总体研究的落脚点。而且，由于北京监狱在民国时期监狱史上的特殊地位，使得此研究不仅有助于加深对该监狱狱制运行状态及其效果的认识，而且对思考民国时期北京地区乃至全国犯罪状况不无裨益。

第一节 北京监狱罪犯特点

与民国时期各其他监狱罪犯相比，北京监狱罪犯有其明显特点。分析这些特点，有助于以新的角度加深对北京监狱的认识。

一、罪犯数量庞大

北洋政府时期北京监狱罪犯数量由少到多，逐步成为北洋政府时期中国在押罪犯最多的监狱之一。1912 年 11 月北京监狱成立时，收容罪犯 144 人[①]，而后其人数虽有起伏，但总的趋势是不断增长。遗憾的是，由于现有资料缺乏，1916—1919 年和 1927 年及 1928 年 6 月该监狱改属前的罪犯数据，

---

① 参见《京师第一监狱二年十二月已决犯出入四柱清册》，北京市档案馆藏，档号：J191-002-16249。

不能完整列出历年数据和总数。根据可查阅到的档案资料，1920—1926 年北京监狱男犯和女犯人数见下表（见表 6-1）。

表 6-1　1920—1926 年北京监狱押犯情况①

年份	罪犯人数		共计
	男犯	女犯	
1920	424	137	561
1921	479	176	655
1922	326	100	426
1923	708	147	855
1924	709	105	814
1925	1322	143	1465
1926	840	174	1014
共计	4808	982	5790

由表 6-1 可知，1920—1926 年北京监狱共关押罪犯 5790 人，年平均关押 827 人。其中关押人数最多的 1925 年和 1926 年，分别为 1465 人和 1014 人。1925 年国际调查法权委员会报告书第二编附表列出的当年 80 处监狱及分监罪犯人数中，关押 1000 名以上犯人的监狱仅有北京监狱、奉天第一监狱和山西第一监狱三座。其他监狱多则关押 900 名犯人，少则 100 名犯人不等。② 这一数据，说明北京监狱是北洋政府时期中国各监狱中关押罪犯最多的监狱之一。

北京监狱改属后到全面抗战爆发前，关押罪犯总人数比北洋政府时期稍有增加。由表 6-2 可见，从 1929—1935 年 7 年间，该监狱关押罪犯总人数为 5976 人，年均关押 853 人，比 1920—1926 年年均关押数增加 27 人。其中人

① 《京师第一监狱十年十二月已决犯出入四柱清册》，北京市档案馆藏，档号：J191-002-16249；《京师第一监狱关于民国十二年度入出监人数表、新受徒刑拘役执行人犯罪名表、年令表、在监人疾病死亡表、病名区别表》，北京市档案馆藏，档号：J191-002-16277；《京师第一监狱关于民国十三年新受徒刑拘役执行人犯罪名月报表、监狱月招表、初犯与再犯比较表》，北京市档案馆藏，档号：J191-002-16268。《入监人数统计》，北京市档案馆藏，档号：J191-002-16035。

② 参见《入监人数统计》，北京市档案馆藏，档号：J191-002-16035。

数最多的1932年为1081人。据南京国民政府公布的数据，1935年48座监狱关押罪犯总人数为22 198人，平均每座监狱关押罪犯462人。其中，关押罪犯人数超过同年北京监狱的有江苏第一监狱（1138人）、江苏第二监狱（2288人）、江苏第三监狱（988人）、河北第三监狱（天津）（1709人）及山西第一监狱（915人）。①

表6-2　1929—1935年北京监狱押犯情况②

年份	罪犯人数		共计
	男犯	女犯	
1929	657	128	785
1930	736	135	871
1931	660	89	749
1932	973	108	1081
1933	775	108	883
1934	640	108	748
1935	782	77	859
共计	5223	753	5976

由此可见，北京监狱作为中国在押罪犯人数最多监狱之一的地位仍未有明显变化。然而，如果将1935年北京监狱与江苏第一监狱、江苏第二监狱和河北第三监狱（天津）的罪犯绝对数进行比较，该监狱罪犯人数则少得多。这反映出北京监狱的衰落，尤其是国都南迁南京后，北京监狱罪犯相对数量

① 参见《入监人数统计》，北京市档案馆藏，档号：J191-002-16035。

② 1929年数据来自《申报年鉴》社：《申报年鉴》，1933年；1930年数据来自司法行政部总务司第五科编：《司法统计》（1930年度），南京，司法行政部总务司第五科，1933；1931年数据来自司法行政部统计室编：《司法统计》（1931年度），南京，司法行政部统计室，1934；1932年数据来自司法行政部统计室编：《司法统计》（1932年度），南京，司法行政部统计室，1935；1933年数据来自《河北第一监狱年度统计表》，北京市档案馆藏，档号：J191-002-13201，1933；1933年数据来自《河北第一监狱年度统计表》，北京市档案馆藏，档号：J191-002-13201，1933；1934年数据来自《河北第一监狱二十三年度统计年报表》，北京市档案馆藏，档号：J191-002-14102，1934；1935年数据来自《北平河北第一监狱报告书》，北京市档案馆藏，档号：J191-002-16035。

减少及其在中国各监狱中的地位明显下降。

二、罪犯类型由相对简单到复杂

罪犯类型可以根据不同目的和需要做出不同划分。关于罪犯类型，根据年龄可划分为少年犯、青年犯、壮年犯和老年犯；根据性别可划分为男犯和女犯；根据刑事处罚可划分为管制犯、拘役犯、有期徒刑犯、无期徒刑犯和死刑犯；按国别可划分为国内犯人与外国犯人；根据犯罪人主观罪过形式，可分为故意犯和过失犯等。在刑罚实务中还有政治犯、刑事犯和经济犯等划分。

北京监狱的罪犯类型，经过了一个由相对简单到复杂的转变过程。

北洋政府时期其犯罪类型相对简单，尽管其关押罪犯的犯罪罪名繁多，如盗窃、鸦片、略诱①、和诱、诈欺取财、赌博、赃物等。但其罪犯类型相对简单，主要表现为以下几种。一是以经济罪犯为主体。根据严景耀对1920—1926年北京监狱男犯罪名分类统计（见表6-3），经济罪犯为4065人，占同时期罪犯总数（4808人）的84.6%；犯仇害罪的为603人，占这一时期罪犯总数（4808人）的12.5%；犯性欲罪的为140人，占这一时期罪犯总数（4808人）的2.9%；犯政治罪的为0人。女犯罪名（见表6-4）中，犯经济罪的有731人，占女犯总数（982人）的74.4%；犯仇害罪的有731人，占女犯总数（982人）的74.4%；犯性欲罪的计151人，占女犯总数（982人）的15.4%；犯仇害罪（包括侵害生命及其他各罪）的为100人，占女犯总数（982人）的10.2%；犯政治罪的为0人。二是只收容五年以上徒刑罪犯。该监狱在“开办之初，接收人犯不拘之长短，至民国二年十二月人犯拥挤，司法部始规定五年以上之人犯归本监狱执行”②。三是没有政治犯。不仅如表6-3、6-4所显示，1920—1926年其政治犯为零，而且在此前和此后至1937年之前，该监狱也均无政治犯。北京监狱之所以主要收容五年以上的经济罪犯，而使其罪犯类型相对简单，与北洋政府承继清末把该监狱打造成“示文明于

① 以强暴、胁迫或诈术拐取妇女或未满20岁之男子者为略诱。刑法上以对于被诱人施用强暴胁迫或诈术为该罪的构成要件。参见北洋政府司法部颁布的《暂行新刑律》。

② 王元增：《京师第一监狱报告》，京师第一监狱1915年印刷，第93页。

各国”的模范监狱有关。由此可见，作为国家机器重要组成部分的北京监狱，主要发挥着维护社会公共治安秩序的功能，其镇压功能不明显。

表 6-3　1920—1926 年北京监狱男犯罪名分类统计①

经济罪		性欲罪		仇害罪②		政治罪	
窃盗	2138	奸非	69	伤害	329		
诈欺取财	480	和诱	67	杀人	125		
侵占	451	猥亵	3	诬告	29		
强盗	187	重婚	1	私擅逮捕监禁	22		
略诱	180			妨害公务	22		
和诱③	135			放火	16		
鸦片	127			妨害安全	9		
吗啡	102			渎职	9		
赃物	72			危险物	7		
伪造货币	63			玩忽业务	7		
赌博	50			妨害秩序	6		
伪造文书印文	48			毁损	6		
掘坟	18			脱逃	6		
贿赂	6			监禁人脱逃	3		
强制亲属为娼	3			遗弃	2		
伪证	2			骚扰	2		
销毁制钱	2			妨害交通	2		
私盐	1			私决河堤	1		
共计	4065	共计	140	共计	603	共计	0
占比	84.6%	占比	2.9%	占比	12.5%	占比	0%

① 本表根据 1920—1926 年北京监狱男犯罪名整理，参见《京师第一监狱十年十二月已决犯出入四柱清册》，北京市档案馆藏，档号：J191-002-16249；《京师第一监狱关于民国十二年度入出监人数表、新受徒刑拘役执行人犯罪名表、年令表、在监人疾病死亡表、病名区别表》，北京市档案馆藏，档号：J191-002-16277；《京师第一监狱关于民国十三年新受徒刑拘役执行人犯罪名月报表、监狱月招表、初犯与再犯比较表》，北京市档案馆藏，档号：J191-002-16268。《入监人数统计》，北京市档案馆藏，档号：J191-002-16035。

② 包括侵害生命及其他各罪。

③ 1920—1926 年犯和诱罪的男犯共 201 名，犯和诱罪的动机有 67%是经济原因，所以 135 人为经济原因的和诱罪；33%的动机是性欲，所以 67 人为性欲原因的和诱罪。

表 6-4　1920—1926 年北京监狱女犯罪名分类统计①

经济罪		性欲罪		仇害罪		政治罪	
略诱	227	奸非	134	伤害	65		
和诱	210	重婚	17	杀人	13		
窃盗	84			诬告	10		
诈财	78			放火	4		
吗啡	66			妨害公务	3		
鸦片	32			堕胎	2		
侵占	13			妨害安全	2		
赃物	10			遗弃	1		
伪造货币	4						
赌博	3						
掘坟	2						
强制亲属为娼	2						
共计	731	共计	151	共计	100	共计	0
占比	74.4%	占比	15.4%	占比	10.2%	占比	0%

北京监狱改属河北后，其罪犯类型逐步复杂起来。根据有关资料统计，1933—1935 年三年间，北京监狱男犯排在前三位的罪名分别是窃盗罪、抢夺强盗罪和鸦片罪。犯窃盗罪的人数最多，为 504 人，占罪犯总数（2186 人）的 23.1%；第二位是抢夺强盗罪，为 254 人，占罪犯总数的 11.6%；排在第三位的是鸦片罪，计 219 人，占罪犯总数的 10%。窃盗罪和抢夺强盗罪都属于经济罪，经济罪总人数为 1450 人，占罪犯总数（2186 人）的 66.3%（见表 6-5）。

① 本表根据 1920—1926 年北京监狱在押犯罪名整理，参见《京师第一监狱十年十二月已决犯出入四柱清册》，北京市档案馆藏，档号：J191-002-16249；《京师第一监狱关于民国十二年度入出监人数表、新受徒刑拘役执行人犯罪名表、年令表、在监人疾病死亡表、病名区剥表》，北京市档案馆藏，档号：J191-002-16277；《京师第一监狱关于民国十三年新受徒刑拘役执行人犯罪名月报表、监狱月招表、初犯与再犯比较表》，北京市档案馆藏，档号：J191-002-16268。《入监人数统计》，北京市档案馆藏，档号：J191-002-16035。

表 6-5　1933—1935 年北京监狱男犯罪名分类统计①

经济罪		性欲罪		仇害罪②		政治罪	
窃盗	504	妨害婚姻家庭	126	伤害	149	危害民国紧急治罪法	117
抢夺、强盗	254	妨害风化	93	杀人	127	反革命	5
鸦片	219			恐吓	26		
亵渎祀典、发掘坟墓	129			妨害自由	19		
惩治盗匪法	76			军用枪炮取缔条例	19		
伪造货币	59			亵渎	16		
诈欺及背信	58			公共危险	16		
伪造文书印文	46			妨害公务	9		
侵占	47			脱逃	4		
伪证及诬告	40			毁弃损坏	3		
赃物	17			藏匿罪犯、湮灭证据	3		
赌博	1			堕胎	1		
				妨害名誉	2		
				遗弃	1		
共计	1450	共计	219	共计	395	共计	122
占比	66.3%	占比	10%	占比	18.1%	占比	5.6%

由表 6-5 可见，南京国民政府时期，男犯因经济原因犯罪的人数最多。同年度北京监狱女犯排在前一位的罪名是妨害婚姻家庭罪，为 112 人，占女犯总数（292 人）的 38%；第二是鸦片罪，为 43 人，占女犯总数（292 人）的 15%；排在第三位的是杀人罪，计 40 人，占女犯总数（292 人）的 14%。将女犯罪名按严景耀提出的分类方法进行划分，犯经济罪的共计 80 人，占女犯总数（292 人）的 27.40%；犯性欲罪的计 127 人，占女犯总数（292 人）的 43.49%；犯仇害罪的为 84 人，占女犯总数（292 人）的 28.77%；犯政治罪的为 1 人（见表 6-6）。

① 1933 年数据来自《河北第一监狱年度统计表》，北京市档案馆藏，档号：J191-002-13201，1933；1934 年数据来自《河北第一监狱二十三年度统计年报表》，北京市档案馆藏，档号：J191-002-14102，1934；1935 年数据来自《北平河北第一监狱报告书》，北京市档案馆藏，档号：J191-002-16035，1935。

② 包括侵害生命及其他各罪。

表 6-6 1933—1935 年北京监狱女犯罪名分类统计①

经济罪		性欲罪		仇害罪②		政治罪	
鸦片	43	妨害婚姻家庭	112	杀人	40	危害民国紧急治罪法	1
诈欺及背信	9	妨害风化	15	妨害自由	17		
惩治盗匪法	8			伤害	16		
伪证及诬告	4			公共危险	4		
窃盗	4			遗弃	2		
赌博	2			妨害公务	2		
伪造货币	2			军用枪跑取缔条例	2		
抢夺、强盗	2			藏匿罪犯、湮灭证据	1		
赃物	2						
私盐	2						
亵渎祀典发掘坟墓	1						
伪造文书印文	1						
共计	80	共计	127	共计	84	共计	1
占比	27.40%	占比	43.49%	占比	28.77%	占比	0.34%

由表 6-6 可见，女性罪犯中，犯性欲罪计 127 人，占女犯总数（292 人）的 43.49%，在女性罪犯中占比最多，但同时期女性罪犯只占罪犯总数的 11.8%左右（1933—1935 年北京监狱共关押男犯 2186 人，女犯 292 人），加上女犯中的经济犯罪，依然不能改变北京监狱经济罪犯占主体的事实。但是，该监狱罪犯刑期从无期徒刑，到五年以下，甚至一两个月徒刑犯均有③，北洋政府时期仅关押五年以上徒刑罪犯特权不复存在。此外，如表 6-5、6-6 所示，1933—1935 年北京监狱关押政治犯 123 人（男犯 122 人，女犯 1 人）。1929 年夏，严景耀在该监狱亲眼看到关押和杀害共产党员和爱国学生的情形④，也证明了这一点。南京国民政府治下的北京监狱罪犯的这种复杂性，与北洋政

---

① 1933 年数据来自《河北第一监狱年度统计表》，北京市档案馆藏，档号：J191-002-13201，1933；1934 年数据来自《河北第一监狱二十三年度统计年报表》，北京市档案馆藏，档号：J191-002-14102，1934；1935 年数据来自《北平河北第一监狱报告书》，北京市档案馆藏，档号：J191-002-16035，1935。

② 包括侵害生命及其他各罪。

③ 参见《北平河北第一监狱报告书》，北京市档案馆藏，档号：J191-002-16035。

④ 参见严景耀《中国的犯罪问题与社会变迁的关系》，北京大学出版社 1986 年版，第 20 页。

府时期罪犯类型相对简单形成鲜明对比。这不仅说明其面临政治环境的巨大变化，而且说明该监狱在履行其维护社会秩序的公共职能的同时，亦成为国民党直接镇压共产党人和革命志士的工具。

三、具备某些独有服刑条件

与其他监狱的罪犯比较，北京监狱罪犯具有某些得天独厚的监狱设施和经济条件。首先，监狱设施先进，功能齐全，使罪犯具有较好的生活与服刑条件。如监室一开始就按昼夜分房制建成，从而为其在1920年实行分房制，消除拥挤和开展个别教诲提供了基础。再如，该监狱建成伊始，便预留了各种工场，为其开展作业提供了空间。其次，受到北洋政府的经费支持。该监狱经费匮乏状况虽始终存在，但在北洋政府时期相较其他监狱情况要好得多。特别是罪犯作业初期的基本金5100多元直接由司法部拨付①，而其他监狱的基本金，则靠转借和捐款②而来，这成为该监狱罪犯所得奖与金较高的重要原因。最后，其作为中央第一监狱的地位，为其获得社会支持和资助提供了先天优势，如招聘管理人员、引进宗教教诲、捐书办书社等都得益于这些优势。

第二节　北京监狱罪犯犯罪原因

一、社会原因

分析民国时期罪犯犯罪的原因，社会原因首先是需要重点考量的因素。诚如周叔昭所言："罪犯除了是一个恶人，假定他们也负了一定责任，他们也是可原恕的人，如果我们肯去了解，我们将发现社会对于他们也要负一部分责任。"③ 周叔昭认为："当社会本身正在源源不断地产生罪恶，人民的犯罪在

---

① 参见王元增《京师第一监狱报告》，京师第一监狱1915年印刷，第22页。

② 参见高艳《清末民初罪犯作业研究》，中国社会科学出版社2008年版，第83—85页。

③ 李文海主编：《民国时期社会调查丛编》（底边社会卷），福建教育出版社2014年版，第271页。

某种情形下也就是一种不得已的出路。”① 严景耀在其所著《北京犯罪之社会分析》的结论中认为，“失业—贫穷—水旱灾—人口稠密—战争—疾病—失德—犯罪”等都是互为因果的，要制止犯罪的恶毒，几乎完全要靠其他社会恶毒的防免。即使是看重犯罪个人原因的意大利著名犯罪学家龙勃罗梭②，在其晚年也不否认社会原因的重要性。意大利犯罪学家菲利认为犯罪是人类学因素、自然因素及社会因素相互作用的结果。其中社会因素在这三种因素中起的作用最大。犯罪的社会原因是指“能够促使人类生活不诚实、不完满的社会环境。”③

清末民国时期，中国处于社会急速转型期，社会的变迁引起了新旧法律观点与道德规范的矛盾。很多民众在急剧的社会变化中失去了方向，不辨是非，不谙世事而犯法。辛亥革命前的旧中国，宗族制度和传统的道德观点起着重要的社会制约作用，甚至可以取代政府和法庭。西方社会认为的非法律不能解决的矛盾，在旧中国可以由矛盾双方的家长、族长协商处理解决。1911 年的辛亥革命，推翻了数千年的封建统治，促使社会急剧变迁。1921 年中国共产党的诞生，给中国带来了马克思主义，引起了思想和意识形态领域的矛盾斗争。1927 年北伐成功，结束了军阀混战的局面，但随之而来的是国民党的反革命镇压和屠杀，又把中国人民置于社会动荡之中。很多民众在风云变幻的社会变迁中失去适应能力，犯法成为谋生的唯一出路。

二、经济原因

从古至今，由西方到东方，贫困均与犯罪有很大关系。早在春秋战国时期，我们的先哲对此就有论述，如《孟子·滕文公上》：“民之为道也，有恒产者有恒心，无恒产者无恒心。苟无恒心，放辟邪侈，无不为已。”《荀子·

① 李文海主编：《民国时期社会调查丛编》（底边社会卷），福建教育出版社 2014 年版，第 271 页。

② 龙勃罗梭作为犯罪学家，其早年多将犯罪原因归于犯罪人的生理、心理方面，以为犯罪人多半是生理心理反常的，即看重个人原因。在其晚年所著《犯罪学》一书中，将社会经济原因列为犯罪原因之一。

③ ［意］恩里科·菲利著，郭建安译：《犯罪社会学》，中国人民公安大学出版社 1990 年版，第 5 页。

富国》："欲恶同物，欲多而物寡，寡则必争矣。"马克思主义经典作家就资本主义社会贫困与犯罪的关系，更是做过十分精辟的论述："在资本主义社会里，产生违反公共生活准则的捣乱行为的社会根源是群众受剥削和贫困。"① "当无产阶级穷到不能满足最迫切的需要，穷到要饭和饿肚子的时候，蔑视一切社会秩序的倾向也就愈来愈增长了。"② 在这种情况下，"男人进行抢劫或是盗窃，女人盗窃或是卖淫"③ 是无法避免的。因此，贫困所造成的犯罪是不拘性别的，只是犯罪类型因性别的差异有所不同。在民国时期，经济原因同样是该时期犯罪的最大诱因。

民国之前，北京的经济发展模式是一种消费型的经济结构。皇室及中央官署的官吏及其家庭是北京经济发展的消费主体，大部分人是为这一消费主体服务的。北洋政府时期，北京虽然仍是中央政府所在地、全国的政治中心，但时局不稳、连年的战争加上自然灾害严重，使北京的经济发展受到严重影响。1920 年直鲁豫等省遭遇空前的旱灾，大秋毫无收获，粮价飞涨。1924 年春季雨水稀少，小麦收获极少。1925 年京直一带又发生旱灾，收成极少。另一方面，军阀混战，战事连连。1920 年 7 月直奉联军大败安福系军队，1922 年 4 月、5 月直奉作战，1924 年直奉再次发生战争。北洋时期的北京不是旱灾就是兵灾，常年的战事致使铁路为军事征用，米粮不能运抵北京，导致物价上涨，铜元价值低落。1920—1925 年每块银元换铜元的平均数增加一倍。铜元价值的低落对北京下层民众的生活产生很大影响，因为他们以铜元为进项，所以他们的生活日苦一日。按 1928 年 2 月 3 日《晨报》的报告：1927 年 10 月至 12 月三个月中，歇业店铺共有 1616 家之多。④ 1929 年北京共有工厂 145 间，仅有工人 7045 人。⑤ 而当时北京的人口超过 100 万人，在这种情况下，在北京找一份工作不是一件很容易的事。"受民国时期工商业发展水平以

① 《列宁全集》第 25 卷，人民出版社 1958 年版，第 450—451 页。

② 《马克思恩格斯全集》第 2 卷，人民出版社 1957 年版，第 400—401 页。

③ 《马克思恩格斯全集》第 2 卷，人民出版社 1957 年版，第 556 页。

④ 参见《晨报》1928 年 2 月 3 日，第 4 版。

⑤ 参见袁熹《近代北平的市民生活》，北京出版社 2000 年版，第 19 页。

及城市规模的限制，城市虽为社会创造了许多的就业机会，但毕竟有限”①，因此，许多人因失业导致贫困，“憔悴之极者，而以北平尤甚。承数代逸俟腐化流毒之余，重以军阀吸髓铁蹄躁踊之后，述复废为市，失业益多，穷黎委为沟壑者，触目惊心”②。南京国民政府时期，随着国都的南迁，北京失去了全国政治中心的地位优势，大量中央政府机关的迁移给北京的经济造成巨大打击。经济问题成为阻碍北京发展的重要问题，北京社会贫困化趋势不断加剧，1934 年北京极贫的贫民达到了 118 326 人。③ 许多人迫于生计，走上犯罪的道路。在北京市档案馆查阅的 1920—1926 年和 1933—1935 年北京监狱入监人犯的统计资料显示，大部分罪犯的财产关系为“无资产”，生活状态为“贫”或“贫寒”，超过半数以上的罪犯处于一无所有的状况。④ 如北京监狱罪犯牛永顺，其档案记载，大兴人，父母双亡，妻子已逝，有一子。财产关系为“无资产”，生活状态为“贫”，受教育程度为“不识字”。1928 年 5 月因窃盗罪被京师地方审判厅判处徒刑四个月，出狱后，重操旧业。1929 年又因窃盗罪被判处徒刑三年。⑤ 北京监狱类似牛永顺的罪犯有很多，“牛永顺”们也构成了北京犯罪者的绝大部分。

三、个体原因

一是性格缺陷。西方国家研究犯罪的原因，认为人的生理与心理因素与犯罪有很大关系，而北京监狱的罪犯，大多生理是没有缺陷的。据严景耀在北京监狱半年以上的观察，他认为罪犯生理上没有多大缺憾，“他们平常做工

---

① 朱汉国、王印焕：《民国时期华北农民的离村与社会变动》，《史学月刊》2001 年第 1 期，第 134—142 页。

② 《北平特别市社会局第一习艺厂·序》，参见管欧编《北平特别市社会局救济事业小史》，北平特别市社会局，1929 年。

③ 参见《北平贫民的调查》，《世界与中国》1932 年第 3 期。

④ 《入监人数统计》，北京市档案馆藏，档号：J191-002-16035；《河北第一监狱年度统计表》，北京市档案馆藏，档号：J191-002-13201，1933；《河北第一监狱二十三年度统计年报表》，北京市档案馆藏，档号：J191-002-14102，1934；《北平河北第一监狱报告书》，北京市档案馆藏，档号：J191-002-16035，1935。

⑤ 参见《牛永顺因盗窃判刑三年、黄永春因盗窃判刑四年》，北京市档案馆藏，档号：J191-002-02945。

不见得有不能适应的地方（有不愿做工的，那是另一个问题），与常人简直没有分别”①。至于心理方面，由于民国时期中国没有普通成人方面的相关智力、心理测验，所以罪犯的心理是否存在问题不得而知，但大多数罪犯的性格是有缺陷的。这些罪犯处于急剧变迁、经济凋敝、社会复杂多变的民国时期的北京社会，生存竞争非常激烈，许多人犯罪，是因为缺乏百折不回、敢于直面困难的精神，在遭遇生活困难、生存危机时怨天尤人、悲观失望，自然容易流入歧途。他们大多虚伪狡猾、无赖懒惰、残暴易怒、欲望过奢而又爱慕虚荣，甚至许多累犯具有天生犯罪人的性格，这种种偏执不健全的性格也是造成他们犯罪的重要原因。

二是受教育程度低。调研发现，北京监狱罪犯受教育程度普遍偏低。受教育程度低也是他们犯罪的重要原因。一方面，受教育水平的低下，使罪犯的智识严重缺乏，以致有的罪犯竟不知道略诱是犯法的事。如周叔昭在《北平 100 名女犯的研究》中曾写道：“有一次有一个犯诱拐的女犯同我谈话，她以为贩卖人口与贩卖物没有什么不同。”再如日本医学博士小南又一郎氏在《法律详论》第 77 期论及妇女与犯罪的关系时说：“妇女于理性方面比较感受薄弱，其犯罪也由于静思沉虑，阴谋秘图者较少。复因一般女性类皆意志薄弱，缺乏自主之力，易受恶性男子之煽惑，以至陷于犯罪。”这两点是否能用来形容不同环境下的一般妇女有待商榷，但在当时教育不发达的中国社会，智识缺乏应当是妇女犯罪的一个主要原因。另一方面，缺乏教育，尤其是缺乏职业教育，使很多人没有一技之长供给社会需要，势必不能获得相当的职业，于是因贫困而有犯罪的危险。严景耀 1928 年在北京监狱调研时，其中一个罪犯也谈道：“我倘若以前识得字，有了做事的本领，决不至于弄到这步田地。”②

---

① 李文海主编：《民国时期社会调查丛编》（底边社会卷），福建教育出版社 2014 年版，第 230 页。

② 李文海主编：《民国时期社会调查丛编》（底边社会卷），福建教育出版社 2014 年版，第 233 页。

第三节　北京监狱罪犯服刑终结

一、罪犯服刑终结内涵阐释

这里的罪犯服刑终结，是指罪犯服刑过程的结束或消灭。一般说来，死刑和无期徒刑罪犯，只要未被改判，其服刑过程将随着其生命终止而终结。在教育刑制度下，有期徒刑既有刑满释放，又有因罪犯确有改过表现而通过假释有条件地提前终结其刑期。在罪犯服役过程中，如有幸遇到赦免，除规定不被赦免之外的罪犯，便可获得意外出狱的机会。然而，并非每一个罪犯都能有机会等到刑满释放或提前出狱，等待他们的往往是在狱中死亡的厄运，并成为罪犯服刑终结的一种特殊形式。概言之，罪犯服刑终结包括死刑和无期徒刑罪犯的生命终结，也包括刑满释放、假释、赦免和狱中死亡等不同形式。

二、北京监狱罪犯服刑终结

北京监狱罪犯的服刑终结，同样包括上述不同形式。但鉴于主题需要，本书不拟涉及其死刑、无期徒刑和刑满释放这些比较程序化的终结形式，而是重点探讨更能反映其近代化程度的假释、赦免和死亡等形式。

假释，是北京监狱罪犯服刑终结的一种形式。所谓假释，是指犯人入监之后，接受教化，自身的恶性逐渐消除，成效显著，且刑期过半，可以逐渐宽假对其自由的限制，予以奖励。假释并非真正的释放，只是放其在外，管束的范围较为宽泛，如果假释的犯人不能遵守管束的要求，则停止假释。1935 年南京国民政府《刑法》对假释的规定为："受徒刑之执行而有悛悔实据者，无期徒刑逾十年后，有期徒刑逾二分之一后，由监狱长官呈司法行政最高官署，得许假释出狱。"[①] 民国时期，监狱对犯人的假释管理十分严格。按照北洋政府司法部《假释管理规则》与南京国民政府《假释管束规则》的规定，监狱在对犯人做出假释决定时，主要审查犯人本身事项、犯罪情状及保

---

① 《行政院公布中华民国刑法的训令（附刑法）》，北京市档案馆藏，档号：J001-001-00141。

护管束事项[①]三大类内容。监狱对犯人假释事项审查完毕后，将调查结果报告给典狱长，由典狱长召集监务委员会研究决定是否准予假释。

1913年，北京监狱假释了第一名犯人——贾万和，这也是中国监狱第一例假释。[②] 贾万和，别名贾丫头，系顺天府宛平县人，于清光绪二十八年（1902）犯强盗罪，依章程伙盗供出首盗罪限内拿获减为斩监候，秋审缓决十次，例应减遣，照新刑律施行细则第四条第四款改处徒刑十二年，于民国元年（1912）十一月转入北京监狱服刑，至民国三年（1914）三月刑期届满。因该犯在服刑期间表现良好，北京监狱特呈请为其假释。该监狱在呈请司法部假释呈文中道："为呈请事查本监狱人犯贾丫头即贾万和一名，系顺天府宛平县人，算至三年三月期满。现在刑期已过十分之九，兹界第一次行状审查期间审定行状善良，确有改悔之据，自应依据暂行刑律总则第六十六条呈请假释。"[③] 北洋政府司法部很快发布第二百五十三号指令，核准了贾万和的假释呈请，"贾万和在监行状善良，确已悔悟，证据俱甚完备，核与暂行刑律六十六条所载假释条件悉相符合，应即准予假释"[④]。北京监狱接到指令后，即对贾万和施行教诲，发给其假释证书，另委托宛平县西郊第四区自治会张廷龄于贾万和假释期间对其进行监督。《假释管理规则》第一条规定假释者须受居住地该管警察署之监督，贾万和住所位于西直门外龚村，归宛平县西郊第四区自治会管辖，该处尚未设立警察署。北京监狱在呈请中建议"由司法部行知内务部转饬该区自治会监督"。该监狱在致自治会的公函中道："本监狱人犯贾万和一名，系顺天府宛平县人……按照暂行刑律呈请司法部假释业奉指令准予假释，惟监督一项因该处尚无警察机关，指令查照假释管理规则第十四条斟酌办理。本监狱现将假释之贾万和一名委任伊师张廷龄于假释期间

---

① 犯人的本身事项主要包括入监后之行状、健康状态、精神状态、工作生活经历及教育程度等；对于犯罪情状，主要审查犯人的犯罪动机、犯罪手段、犯罪时年龄、犯罪后之态度、刑期等内容；对于保护管束事项的审查主要包括假释后之住所、假释后之生活状况、犯人家庭情况、被害人及其家庭情况等。参见《河北第一监狱关于假释犯人实质条件清册及同意书附保护管束规则、在监人动作时间表》，北京市档案馆藏，档号：J191-002-14661。

② 参见《京师第一监狱假释证书》，北京市档案馆藏，档号：J191-002-13373。

③ 王元增：《北京监狱纪实》，北京监狱1913年印刷，第71页。

④ 《京师第一监狱假释证书》，北京市档案馆藏，档号：J191-002-13373。

内实行监督。受委任者应于每月末日将假释者行状之良否、职业生计之种类、勤惰、亲族之关系等事项报告监督警察署，监督警察署又须将假释者行状之良否、职业生计之种类、勤惰、亲族之关系等事项每六月一次制作调查书报告给假释者居住地该管之检察厅、假释者原判决之检察厅及支付证书之监狱。查贾万和居住地在贵会管辖以内，该处并无警署，所有前项事务不得不恳请代办。除由司法部函达内务部转饬贵会外，相应函请贵会查照办理。贾万和所持证书即请查验并盖印于记事及警察官吏钤印栏内。”[①] 1914 年 1 月，北京监狱派教诲师张以坊前往宛平县所属之龚村实地调查贾万和假释后的情况，得知贾万和假释后表现良好，无违法越轨行为。贾万和出监后“以监中所习之鞋业课其子，并课其弟，而父子兄弟均以此为生焉”[②]。

总之，假释是适用于服刑人确有改恶向善表现，在其刑期未满时，使其具结遵守一定的条件而提前释放的一种制度，也是体现教育刑制度和罪犯改造效果的体现。对罪犯而言，更是最期望的结果。由于资料限制，本书未找到 1930—1935 年相应数据，但从已有资料看，北京监狱部分罪犯正是通过这种形式提前出狱的。北京监狱在 1915 至 1929 年共假释 98 人（不包括外国人）。[③] 据《河北第一监狱报告》记载，1936 年该监狱假释人数为 178 人。[④]

赦免，是北京监狱罪犯服刑终结的另一种形式。赦免指国家免除或减轻犯罪人罪责或刑罚的制度[⑤]，主要有大赦和特赦两种形式。从民国元年到抗战全面爆发前，共实行过六次赦免。第一次是 1912 年 3 月袁世凯赦免除谋杀和抢劫犯以外罪犯；第二次是 1916 年黎元洪赦免所有政治犯；第三次是 1924 年 11 月段祺瑞赦免除贿赂以外的所有犯人；第四次是 1926 年 6 月张作霖实行的大赦；第五次是 1931 年 1 月赦免了一批政治犯；第六次是 1932 年 6 月赦免了一批一般刑事罪犯。从上述六次赦免时间和罪犯类型看，北京监狱很大一部分罪犯属于被赦免范围，其自应由此得以出狱。遗憾的是，这些赦免在目前看到的出自该监狱的各次报告中均未有提及，因而无从对其做出系统准

---

① 王元增：《北京监狱纪实》，北京监狱 1913 年印刷，第 74 页。

② 王元增：《京师第一监狱报告》，京师第一监狱 1915 年印刷，第 90 页。

③ 参见《京师第一监狱假释人犯清册》，北京市档案馆藏，档号：J191-002-13335。

④ 参见《北平河北第一监狱报告书》，北京市档案馆藏，档号：J191-002-16035。

⑤ 参见马克昌主编《刑罚通论》，武汉大学出版社 1999 年版，第 692 页。

确的统计。不过，严景耀的调查提供了1924年大赦中北京监狱的一些情况："十四年正月大赦（应是1924年11月大赦在该监狱落实的时间——作者注），监狱里的罪犯出去了一大半。"① 没有理由否定这则材料的真实性。它说明这次大赦使北京监狱50%以上罪犯获释出狱。以此推论其他各次赦免亦应有数量不等的被赦免罪犯。但鉴于资料限制，其实际情况有待进一步探讨。

狱中死亡，是该监狱罪犯服役终结的一种特殊形式。北京监狱尤其是北洋政府前期卫生环境与医疗条件相对较好，但也始终存在监狱拥挤、卫生条件差、传染病流行以及防治手段低下和治疗不当问题，从而导致该监狱一些罪犯狱中死亡。同样因资料限制的原因，本书不能对该监狱非正常死亡人数做出系统统计，但从已掌握的资料亦可对有关情况做出大致判断。据统计，1912—1915年末，该监狱死亡罪犯82人，死因主要是肺病和胃病。② 其中1914年春瘰疬病导致34人死亡，占当年押犯总数642名③的5.3%。1936年因病死亡36人④，占押犯总数865人的4.2%。1937年1—5月因病死亡14人⑤，占5个月平均押犯846名的1.7%⑥。可见，该监狱大约占押犯总数3.7%左右的犯人，以死亡的悲惨命运结束刑期。

三、北京监狱罪犯服刑终结状况评价

北京监狱罪犯服刑终结状况，集中反映了该监狱狱制及其实务的效果，因而成为评价该监狱狱制及实务的主要依据。从上述分析可见，北京监狱绝大部分罪犯是通过刑满释放出狱的，但也有部分罪犯服刑终结是通过假释、赦免和死亡形式实现的。这种状况，一方面反映出教育刑制度在该监狱得到

① 民进中央宣传部编：《严景耀论文集》，开明出版社1995年版，第9页。

② 参见《京师第一监狱关于全年死亡人犯请检验的呈》，北京市档案馆藏，档号：J191-002-11583。

③ 参见《京师第一监狱关于全年死亡人犯请检验的呈》，北京市档案馆藏，档号：J191-002-11583。

④ 参见《河北第一监狱关于二十五年查病犯因病死亡、函请派员莅验的报告、公函》，北京市档案馆藏，档号：J191-002-13554，1936。

⑤ 参见《河北第一监狱关于二十五年查病犯因病死亡、函请派员莅验的报告、公函》，北京市档案馆藏，档号：J191-002-13555，1937。

⑥ 参见周占元《北京第一监狱报告》，北京第一监狱第三科1941年印刷，第23页。

相当程度实行，并收到较好效果。这不仅体现在该监狱狱中死亡率明显低于清末刑部监狱的35%和民国时期大部分时间10%的死亡率[①]，从而使绝大部分罪犯在监禁过程得到大体保障，而且体现在部分罪犯通过赦免尤其是假释得到提前出狱。孙雄所说“数千年罪犯桎梏囚禁之处，异变为实施教养之所”[②]，虽不无过誉之处，但不仅与清末及其以前的传统监狱相比，即使与同时期的其他旧式监狱相比，北京监狱的近代教育刑性质和特征是明显的。这是辛亥革命后中国监狱近代转型的集中体现。

同时，该监狱罪犯服刑终结状况，也集中反映出民国狱制和该监狱实务存在重大缺陷和一系列问题。一是狱中死亡率在有的年份仍较高，其中包括一些非正常死亡。如1914年春瘰疬病导致死亡34人。[③] 其死因固然与罪犯身体状况有关，但更大程度上是监狱卫生防疫条件差与治疗不力所致。正如严景耀在该监狱调查时所指出：“因为监狱不能注意切实的卫生，无形中断送了多少囚犯的生命，他们的罪名，在法律上并不是死罪，但是入了监，竟于无形中被害。”[④] 这说明该监狱罪犯生活卫生与治疗制度存在诸多问题。二是假释制度及北京监狱执行存在问题。假释制度及北京监狱的执行固然在一定程度上体现了教育刑使服刑人复归社会的要求，但1929年存在适用过低问题，其假释平均每年仅6.5名。[⑤] 1936年则存在适用过宽问题。同年全国假释为621人[⑥]，而北京监狱却假释178人[⑦]，占比高达28.7%。1936年该监狱罪犯总人数为865人，而假释人数占比为20.6%，即1/5强。这两种倾向都不利于罪犯改造。前者减弱了该制度对监犯改造的吸引力；后者可能降低适用要

① 参见［荷］冯客著、徐有威等译《近代中国的监狱犯罪与惩罚》，江苏人民出版社2008年版，第123页。

② 孙雄：《监狱学》，商务印书馆2011年版，第73页。

③ 参见《京师第一监狱关于三年死亡人犯请检验的呈》，北京市档案馆藏，档号：J191-002-11583。

④ 民进中央宣传部编：《严景耀论文集》，开明出版社1995年版，第64页。

⑤ 参见《河北第一监狱假释人犯清册》，北京市档案馆藏，档号：J191-002-13335。

⑥ 参见王素芬《教育刑理念的彰显与背离：近代中国假释制度考论》，《法制与社会发展》2007年第6期，第36页。

⑦ 参见《河北第一监狱关于假释犯人实质条件清册及同意书附保护管束规则》，北京市档案馆藏，档号：J191-002-14661。

求。二者反映了民国时期假释制度和北京监狱执行假释制度的不成熟性。三是赦免失之过宽，并带来不良后果。仍以前述严景耀调查材料为例，该次大赦使“监狱里的罪犯出去了一大半，二个月以后就有三十多人入监，其中一半是大赦时出去了又回来的，他们罪名十分之九是盗窃。有一个罪犯第一天出狱，第二天就在东便门偷了一只牛被捕入监。不到六月，监狱内又恢复原状了，而且大多是出去了又回来的”[①]。这说明该次赦免是出于疏解监狱压力的功利目的，不顾罪犯是否确有改悔表现，导致多数被赦免者很快重新犯罪，加剧了社会治安危机和后来监狱的压力。它同时也说明，此时该监狱对多数罪犯改造的效果不佳。

总之，北京监狱罪犯服刑终结状况表明，该监狱狱制和实务既在相当程度上体现了近代教育刑要求，在一定程度上改变了中国古代监狱的残酷状况和罪犯命运，同时也存在多方面的弊端和问题，体现了近代中国监狱半封建半殖民地社会监狱的特征。

① 民进中央宣传部编：《严景耀论文集》，开明出版社 1995 年版，第 9 页。

结　语

北京监狱的建立与发展，经历了一个极为曲折的过程。这不仅体现在清末筹建时期围绕建筑方案、选址和经费筹集等问题上的激烈争论与时光蹉跎，而且体现在1912年正式运行之后，由民国初年的上升与功能初步发挥，到1923年后的衰落与功能减弱，再到1928年之后的规模扩展与功能蜕变的历史演变。而其由“模范中之模范”的监狱，至京师第一监狱，复为河北第一监狱的名称更易，则标志性地体现着它的狱治水平和地位、影响，在曲折中沿阶而降，逐步归于平庸和异化的下行轨迹。

北京监狱走过的这一曲折进程，绝非偶然，而是植根于20世纪前半叶中国特定社会条件及政治局势的变化，反映了在半殖民地半封建社会的中国实施法律移植的客观必然性。如果说，清末在面临亡国灭种空前深重民族危机之际，在“数千年未有之变局”面前，面对国内外对黑暗残暴的旧式监狱的愤怒和抨击，出于收回领事裁判权的直接目的，统治阶层中的各种势力达成了监狱改良“尤为内政外交最要之举”的共识，从而使筹建以西式监狱建筑为蓝本的北京监狱，起草具有浓厚西方教育刑狱制色彩的《大清监狱律草案》成为必然。那么，在辛亥革命之后，面对救亡与启蒙的时代主题，面对日益高涨的民主与法制政治潮流和收回领事裁判权的滚滚声浪，继续延续《大清监狱律草案》的基本内容，推动以西方式监狱制度为蓝本的监狱改良，并为此在各方面给予北京监狱发展以特殊支持，将其建成引领当时新式监狱发展的标杆，成为北洋政府维护其统治的必然选择，也为该监狱从“精神形式均步武泰西，去数千年桎梏缧绁之苦，实施教养感化之法”，提供了较良好环境与条件。概言之，北京监狱在清末筹建和民初的上升发展，是当时法学界精英们救亡图存、变法图强，在器物和制度层面全盘移植西方监狱模式，与清王朝及北洋政府维护自身统治需要相互交汇的结果。

然而，西方监狱模式的这种移植，是在中国特定社会条件下进行的，不能不受到本国各种政治势力的制约。在清末筹建时，北京监狱即受到清廷保守势力的拖延而迟滞。在正式成立并获得初期发展的同时，其制度脱离中国实际的弊端和落后经济文化条件的制约，尤其是1926年收回领事裁判权努力失败，使其失去了支撑其发展的最大动力，再加上北伐战争引发的北京局势动荡和北洋军阀势力的分化，造成了此后该监狱功能逐步衰减的趋势。由此，这种被移植过来的西方监狱模式，必须与中国本土资源相结合，获得本土资源的支撑，才能将悬于蓝图和文本的西方监狱模式付诸实施。因此，作为这一模式集中载体的北京监狱，必然在一条坎坷曲折的道路上踉跄而行。

尽管北京监狱的建立与发展经历了一个曲折的过程，但不能否认，北京监狱的司法实践对民国时期中国狱制的近代转型与发展产生了重要影响。同时，透过北京监狱在具体运行当中出现的诸多问题，可以看出一所监狱在近代化转型过程中无法完全独立于历史与社会，因而在制度与实践、理想与现实之间存在矛盾与差距。

一、北京监狱的实践经验对民国狱制产生了重要影响

清末狱制改良之初是以地方为主导的，虽然有比较丰富的地方治狱经验，但是在中央层面缺乏较为统一的制度及实践经验。因此，许多经验与做法都是在北京监狱先行实践，而后形成法律制度推行至全国。因此，北京监狱的实践对民国狱制的发展产生了重要影响。

首先，北京监狱的实践经验推动了民国时期监狱立法的发展。民国初年，所有监狱法令尚未颁布，各省按照旧律或自拟制度对监狱进行管理，以致全国狱制不能统一。1912年8月，王元增被南京临时政府司法部委任为北京监狱典狱长后，鉴于当时“所有监狱法令尚未颁布，事属创始，无所遵从”①，遂参照日本监狱体制并结合自身所学监狱学知识，自行拟出《北京监狱试办章程》。该章程内容涵盖监狱管理机构设置、人事管理制度、罪犯管理制度

① 王元增：《北京监狱纪实》，北京监狱1913年印刷，第28页。

等，为北京监狱的初期发展提供了较为全面的依据。北京监狱按照该章程的规定运行，不仅积累了初步的实践经验，取得了较好的司法效果，也为中国近代监狱立法提供了范本。民国二年（1913），北洋政府司法部在《北京监狱试办章程》及其实践基础上，制定并颁布了《中华民国监狱规则》，包括监狱管理机构设置、罪犯教育教诲、罪犯作业等一系列制度被立法采纳。此后，南京国民政府于1928年颁布的《监狱规则》、1935年颁布的《监狱法草案》均是《北京监狱试办章程》的翻版。因此，北京监狱的实践经验对推动民国时期监狱立法的发展起到了重要作用。

其次，北京监狱筹办时期构建的“三科两所”管理体制在中国近代监狱史上具有开创性意义。王元增上任伊始，为适应近代监狱“教育刑”理念的实施，便向司法部申请改革监狱管理体制，提出“三科两所”的监狱机构设置方案。经司法部“准先试办”后，北京监狱设立了“第一科、第二科、第三科、教务所、医务所”，初步形成了典狱长负责下的“三科两所”管理体制。此后不久，北洋政府司法部公布《监狱规则》，“三科两所”以法律的形式固定下来，成为民国监狱内设机构的普遍设置和基本管理体制。北京监狱首创的“三科两所”制是中国监狱管理体制由传统向近代转型起步的标志，它不但体现了重视人道与教化的近代刑罚理念，而且改变了宋朝以来以监狱官职设置管理职能的传统体制，从而在制度上改变了监狱管理体制模样，为实行教育刑所需要的多种功能提供了可能。

最后，北京监狱监狱官任用实践代表了民国时期监狱官任用实践的最高水平。该监狱民国初年举行的监狱官考试，是中国监狱史上第一次以社会发布布告，通过公开考试形式选拔监狱官，在实践上首开中国近代监狱官选拔先河，为后来监狱官考试制度的逐步完善提供了有益经验。此外，北京监狱还承担着为全国各监狱培养管理人才的重任。1914年，北洋政府司法部颁布《北京监狱练习员规则》，对北京监狱培训职员进行了详细规定。经北京监狱培训合格的人员分配至全国各省监狱任职，将北京监狱先进的实践经验带至全国各监狱施行，客观上促进了全国狱制的统一与进步。

二、监狱制度与司法实践之间存在差距

在民国时期，北京监狱素以制度先进、执行严格著称，与其他监狱比较，

它的确可称为佼佼者。但事实上，即使在这个被称为“模范”的监狱，同样存在制度与实践之间的距离，如欠薪现象时有发生、惩罚制度不能得到公平贯彻等。但更能体现此观点的则是北京监狱教育教诲与罪犯作业制度。

北京监狱初期的治狱理念与目标，正如王元增所论述的“精神形式均步武泰西，去数千年桎梏缧绁之苦，实施教养感化之法”。为此，该监狱建立了一整套初步系统的监狱制度与规则，在实践上“庶几毅力、热心，到底不懈”，并取得了一些实际效果。

一方面，北京监狱较好地实行了教育教诲制度。据严景耀调查，该监狱在 1922 年 11 月进行的国文、算术、修身三门功课测试中，99 人中有 53 人答中。因此，他把该监成立后至 1924 年秋，称作北京监狱“教育教诲的鼎盛时期”。1928 年后，由于监狱把主要人力、财力、物力和时间都用于发展罪犯作业，教育教诲制度受到极大冲击，导致该监狱教育教诲流于形式，甚至在许多方面连形式都难以维持。据严景耀实地调查，“十七年革命后，北京监狱间有两三个月没有教诲师，后来有了教诲师。每星期还见不着教诲师一次面，而教育自我十六年入监以来，见过不多”。教育教诲的名存实亡，使该监狱由原先的“实施教养之所”，变成了单纯监禁和被强制从事繁重劳役的牢笼，偏离了近代监狱“教化为本”的要求。北京监狱是一座按照现代教育刑功能要求建造的近代中国设施最先进、功能最齐全，备受当局重视的近代化监狱，但其教育教诲实践何以存在与教育刑制度和效果之间的明显差距，根源在于其教育教诲实践与其他行刑实践一样，不得不面临种种内外矛盾。它们主要是教育教诲人员少与受教监犯人数多且不断增加的矛盾、现代教育刑制度与当时中国国情之间的矛盾以及当时国家政权性质与教育教诲需要之间的矛盾。这些矛盾造成了北京监狱教育教诲与教育刑制度和效果之间的明显差距。

另一方面，该监狱初期，罪犯作业不以营利为目标，而是以使犯人心灵由恶变善，并健全其身体、提高其技能，以便出狱后能自谋生路，不再犯罪为宗旨。因此，该监狱作业不但在经济效益上长期居于全国监狱前列，而且较好发挥了作业的教化功能，对犯人改造起到了一定作用，出现了贾万和、李万幅等假释后以在监所学技艺谋生的事例。1924 年秋以后，罪犯作业每况愈下。1928 年后特别是抗战胜利后，南京国民政府为减轻其因不断扩大内战而造成的财政负担，把作业列为司法行政部和各监狱的中心工作而强力推进。

在此过程中，它虽声称“监狱本非生利机关，犯人作业之目的亦不在营利”，但同时要求各监狱改变“开支仰给于国库局面”，实际上要求将作业收入作为维持监狱运转的主要经费支撑。在监狱生产力极其落后的条件下，试图通过罪犯作业实现监狱自给自足，势必导致包括北京监狱在内的各监狱，都把追求经济效益当作罪犯作业的主要目标，从而导致监狱罪犯作业性质发生异变。这种异变不但表现在改变了其前身以提高罪犯谋生技能，以便出狱后顺利谋生的作业宗旨，而且把追求盈利作为主要目的。更主要的是，其所获盈利不是用于改善监狱设施、犯人生活条件和增加犯人从事作业所获得的赏与金，而是将其中大部分作为奖金和补贴装入监狱管理者的个人腰包。近代采取教育刑理念的监狱制度，主要是通过教育教化和作业来实现的，其中作业更被看作“监狱行刑之生命”。而在北京监狱，不但教育教化名存实亡，其罪犯作业也异变为监狱管理者牟取私利的工具。

许章润先生认为，在清末民初的监狱改良中，“中国的改革者往往变法图强心切，因而对引进的西制多不及细细消化，欲在器物与制度层面全盘照搬，却无相应的理念与之呼应，客观上亦无此从容，故虽有开风气之效，却无长久之功”①。而就北京监狱的实践来看，其在监狱治理上凸显的浓厚的理想主义，当然与王元增“变法图强心切，因而对引进的西制多不及细细消化，欲在器物与制度层面全盘照搬”密切相关，同时也与北洋政府试图把该监狱建成争取废除领事裁判权的一张王牌，南京国民政府为塑造其开明进步现象，巩固其统治的政治需要紧密联系。当然，如前所述，北京监狱治理上的理想主义努力，虽实现了该监狱一定程度的发展，并促进了中国监狱转型进程，但由于中国国情和其所处社会发展阶段，其注定遭遇巨大曲折。因而，北京监狱在近代化转型过程中无法完全独立于历史与社会，在制度的具体运行当中出现了诸多问题，制度与实践、理想与现实之间存在矛盾与差距。

---

① 许章润：《清末对于西方狱制的接触和研究——一项法的历史和文化考察》，《南京大学法律评论》1995 年第 2 期，第 42 页。

参考文献

档案资料：

[1] 京师第一监狱档案，北京市档案馆藏，全宗号 J191。

[2] 河北第一监狱档案，北京市档案馆藏，全宗号 J191。

[3] 河北高等法院档案，北京市档案馆藏，全宗号 J065。

[4] 北平地方法院档案，北京市档案馆藏，全宗号 J065。

[5] 京师警察厅档案，北京市档案馆藏，全宗号 J181。

[6] 京师地方检察厅档案，北京市档案馆藏，全宗号 J174。

汇编资料：

[1] 中国第二历史档案馆．中华民国档案资料汇编［G］．南京：江苏人民出版社，1979.

[2] 故宫博物院明清档案部．清末筹备立宪档案史料［G］．北京：中华书局，1979.

[3] 湖北省司法行政史志编纂委员会．清末民国司法行政史料辑要［G］．武汉：湖北省司法行政史志编纂委员会，1988.

[4] 薛梅卿．清末民初改良监狱专辑［G］．北京：中国监狱学会，1997.

[5] 司法部．中国监狱史料汇编（上、下）［G］．北京：群众出版社，1988.

[6] 山东省劳改局．民国监狱法规选编［G］．北京：中国书店，1990.

[7] 万仁元．中华民国史史料长编［G］．南京：南京大学出版社，1993.

[8] 孙毓堂．中国近代工业史资料［G］．北京：科学出版社，1957.

[9] 彭泽益．中国近代手工业史资料［G］．北京：生活・读书・新知三联书店，1957.

[10] 立法院编译处. 中华民国法规汇编 [G]. 上海：中华书局，1934.
[11] 孔庆泰. 国民党政府政治制度档案史料选编 [G]. 合肥：安徽教育出版社，1994.
[12] 王传敏. 民国监狱法规汇编 [G]. 北京：光明日报出版社，2014.

著作类

[1] 赵琛. 监狱学 [M]. 上海：法学编译社，1931.
[2] 孙雄. 监狱学 [M]. 上海：商务印书馆，1936.
[3] 孙雄. 狱务大全 [M]. 上海：商务印书馆，1935.
[4] 端方. 列国政要 [M]. 上海：商务印书馆，1907.
[5] 秦瑞介. 大清新刑律释义 [M]. 上海：商务印书馆，1916.
[6] 刘锦藻. 清朝续文献通考 [M]. 上海：商务印书馆，1936.
[7] 戴鸿慈. 出使九国日记 [M]. 长沙：湖南人民出版社，1982.
[8] 郭嵩焘. 伦敦与巴黎日记 [M]. 长沙：岳麓书社，1984.
[9] 麦林华. 上海监狱志 [M]. 上海：上海社会科学院出版社，2003.
[10] 南京监狱志编纂委员会. 南京监狱志 [M]. 南京：南京监狱编委会，2009.
[11] 沈家本. 历代刑法志 [M]. 北京：中国检察出版社，2003.
[12] 张秀夫. 提牢备考译注 [M]. 北京：法律出版社 1997.
[13] 蔡枢衡. 中国刑法史 [M]. 北京：中国法制出版社，2005.
[14] 汪楫宝. 民国司法志 [M]. 北京：商务印书馆，2013.
[15] 费正清. 剑桥中华民国史 [M]. 上海：上海人民出版社，1991.
[16] 王人博. 宪政文化与近代中国 [M]. 北京：法律出版社，1997.
[17] 张晋藩. 中国法律的传统与近代转型 [M]. 北京：法律出版社，2005.
[18] 李甲孚. 中国监狱法制史 [M]. 台北：商务印书馆，1984.
[19] 李甲孚. 监狱制度之比较研究 [M]. 台北："中央"文物供应社，1983.
[20] 薛梅卿. 中国监狱史 [M]. 北京：群众出版社，1986.
[21] 张凤仙等. 中国监狱史 [M]. 北京：群众出版社，2004.
[22] 万安中. 中国监狱史 [M].》，北京：中国政法大学出版社，2003.
[23] 韩延龙，苏亦工等. 中国近代警察史 [M]. 北京：社会科学文献出版社，2000.

［24］马志冰等．中国监狱文化的传统与现代文明［M］．北京：法律出版社，2006.
［25］李贵连．沈家本与中国法律近代化［M］．北京：光明日报出版社，2005.
［26］李细珠．张之洞与清末新政研究［M］．上海：上海书店出版社，2003.
［27］王尔敏．中国近代思想史论［M］．北京：社会科学文献出版社，2003.
［28］王戌生．欧洲监狱制度与进展［M］．北京：中国工商出版社，2004.
［29］蔡枢衡．中国刑法史［M］．北京：中国法制出版社，2005.
［30］陈兴良．刑法的价值构造［M］．北京：中国人民大学出版社，1998.
［31］陈兴良．刑法哲学［M］．北京：中国政法大学出版社，1997.
［32］何勤华．西方法学史［M］．北京：中国政法大学出版社，1996.
［33］袁熹．近代北平的市民生活［M］．北京：北京出版社，2000.
［34］陶孟和．北平生活费之分析［M］．北京：商务印书馆，2010.
［35］罗荣渠．现代化新论——世界与中国的现代化进程［M］．北京：北京大学出版社，1993.
［36］曹全来．国际化与本土化——中国近代法律体系的形成［M］．北京：北京大学出版社，2005.
［37］吴永明．理念、制度与实践：中国司法现代化变革研究（1912—1928）［M］．北京：法律出版社，2004.
［38］赵金康．南京国民政府法制理论设计及其运作［M］．北京：人民出版社，2006.
［39］瞿同祖．中国法律与中国社会［M］．北京：商务印书馆，2010.
［40］米歇尔·福柯．规训与惩罚：监狱的诞生［M］．刘北成，杨远婴译．北京：生活·读书·新知三联书店，2003.
［41］冯客．近代中国的犯罪、惩罚与监狱［M］．徐有威等译．南京：江苏人民出版社，2008.
［42］小河滋次郎．监狱学［M］．熊元翰编．上海：上海人民出版社，2013.
［43］西田太一郎．中国刑法史研究［M］．段秋关译．北京：北京大学出版社，1985.
［44］岛田正郎．清末之狱制改革及大清监狱则例之编纂［M］．台北：华冈出版有限公司，1977.

[45] 理查德·霍金斯，杰弗里·P. 阿尔珀特. 美国监狱制度——刑罚与正义 [M]. 孙晓雳、林遐译. 北京：中国人民公安大学出版社，1991.

[46] 约翰·列维斯·齐林. 犯罪学及刑罚学 [M]. 查良鉴译. 北京：中国政法大学出版社，2003.

[47] 吉尔伯特·罗兹曼. 中国的现代化 [M]. 国家社会科学基金比较现代化课题组译. 南京：江苏人民出版社，1988.

[48] 弗兰茨·冯·李斯特. 德国刑法教科书 [M]. 徐久生译. 北京：法律出版社，2000.

[49] 马克斯·韦伯. 经济与社会（上卷）[M]. 林荣远译. 北京：商务印书馆，1997.

[50] 恩里科·菲利. 犯罪社会学 [M]. 郭建安译. 北京：中国人民公安大学出版社，1990.

论文：

[1] 柳岳武. 抗战前南京国民政府监狱建设及经费问题研究 [J]. 史学月刊，2014（12）.

[2] 陈兆肆. 清代自新所考释——兼论晚清狱制转型的本土性 [J]. 历史研究，2010（3）.

[3] 吴燕. 理想与现实：南京国民政府地方司法建设中的经费问题 [J]. 近代史研究，2008（4）.

[4] 薛梅卿. 我国监狱及狱制探源 [J]. 法学研究，1995（4）.

[5] 张九洲. 论晚清官办工艺局所的兴起和历史作用 [J]. 河南大学学报（社会科学版），2005（6）.

[6] 栗克元. 略论中国古代狱制的特质 [J]. 史学月刊，2002（9）.

[7] 王春霞，王颖. 试论清末监狱近代化的法制前提 [J]. 广西社会科学，2002（5）.

[8] 唐自斌. 论张之洞与沈家本的修律 [J]. 历史教学研究，1993（5）.

[9] 王长芬. 清末新政狱制改良原因浅析 [J]. 社会科学家，2005（5）.

[10] 肖世杰. 清末监狱改良思想的现代性 [J]. 河北法学，2007（7）.

[11] 马自毅，王长芬. 狱务人员与清末监狱改良 [J]. 社会科学，2009（8）.

[12] 陶阳. 论刑罚目的的多元与价值多元 [J]. 法学评论，2004（4）.

[13] 万安中. 国民党统治时期广东监狱发展探讨 [J]. 中山大学学报（社会科学版），2003 (3).
[14] 万安中. 关于监狱史研究的若干问题 [J]. 中国政法大学学报，2004 (2).
[15] 张仁善. 略论南京国民政府时期司法经费的筹划管理对司法改革的影响 [J]. 法学评论，2003 (5).
[16] 肖世杰. 清末监狱改良 [D]. 湘潭：湘潭大学博士学位论文，2007.
[17] 郭明. 中国监狱学史研究——清末以来的中国监狱学术论述 [D]. 北京：中国政法大学博士学位论文，2005.
[18] 艾晶. 清末民初女性犯罪研究（1901—1919 年）[D]. 成都：四川大学博士学位论文，2007.
[19] 李春雷. 清末民初刑事诉讼制度变革研究 [D]. 北京：中国政法大学博士学位论文，2003.
[20] 张欣. 军阀政治与民国社会（1916—1928 年）[D]. 上海：华东师范大学博士学位论文，2005.
[21] 王素芬. 明暗之间——近代中国的狱制转型研究 [D]. 上海：华东政法大学博士学位论文，2006.

后　记

本书是在我的博士论文《清末民国时期北京监狱研究（1907—1937）》的基础上修改而成。这部书稿的写作是我多年的想法，我于2013年到中央司法警官学院工作后，一直从事《中国监狱学刊》的编辑工作，与监狱学结下了不解之缘。在工作中，我逐渐对监狱史产生了浓厚的兴趣，于是在攻读博士学位时，便将中国近代监狱史作为选题进行研究。真正开始写作时，才深切地体会到过程的艰辛与枯燥，因天资愚钝，资质平平，尽管我竭尽全力，却仍存在很多不足：一是理论水平有限，有的内容分析不够深入；二是史学功底浅薄，缺乏将中国近代狱制转型置于当时宏观社会背景下的深度分析；三是有的资料欠缺，因而对北京监狱的制度与实践效果的分析论述，不敢说十分准确和周全。

读博的几年，是最辛苦的几年，也是我学业上进步最快、收获最多的时期。呈现给读者的这本书，尽管它在学术水平上不令人满意，但作为我学业进步的印记，还是不惴冒昧地把它奉献给读者，以期能从各位专家读者的批评指正中得到进步提升的机会。

在书稿的写作过程中，得到了众多老师、领导、同事、亲友的帮助和指导。

感谢我的博士生导师范铁权教授！范老师学识渊博，虚怀若谷，他严谨、睿智、平实与宽容的师者风范，是我永远的精神导引；他严谨的治学态度、深厚的学术造诣、谦和真诚的待人风格，是我终身学习的典范。感谢河北大学历史学院博士生导师团队的教授们！老师们学识渊博、视野广阔、思想深刻，他们对我的指导、鼓励、帮助和毫无保留的中肯建议，使我如沐春风，受益匪浅。

本书为中央司法警官学院监所治理体系和治理能力现代化研究专项项目“清末民国时期北京监狱研究（1907—1937）”（XYJS2101）的研究成果。中央司法警官学院2020年度学术创新团队“清代地方治理视域下的监狱制度研究”、中央司法警官学院罪犯危险评估与项目矫正研究中心亦对本书提供了许多指导与帮助。在拙作即将付梓之际，我真诚地感谢中央司法警官学院的领导、同事们多年来对我的支持和厚爱；感谢我的家人赋予我坚持不懈的信心和勇往直前的勇气；感谢河北大学出版社王红梅女士为本书出版付出的大量心血。

崔嘉欣

2022年4月6日